全球化与中国经济

QUANQIUHUA YU ZHONGGUO JINGJI

（第四辑）

邓　达　刘婷文　主编

首都经济贸易大学出版社

Capital University of Economics and Business Press

·北 京·

图书在版编目（CIP）数据

全球化与中国经济．第四辑/邓达，刘婷文主编．－－北京：
首都经济贸易大学出版社，2018.9
ISBN 978－7－5638－2839－5

Ⅰ．①全⋯　Ⅱ．①邓⋯　②刘⋯　Ⅲ．①中国经济—经济
发展—研究　Ⅳ．①F124

中国版本图书馆 CIP 数据核字（2018）第 199133 号

全球化与中国经济（第四辑）

邓　达　刘婷文　主编

责任编辑	彭伽佳	
封面设计	风得信·阿东 FondesyDesign	
出版发行	首都经济贸易大学出版社	
地　　址	北京市朝阳区红庙（邮编 100026）	
电　　话	(010) 65976483　65065761　65071505（传真）	
网　　址	http://www.sjmcb.com	
E－mail	publish@cueb.edu.cn	
经　　销	全国新华书店	
照　　排	北京砚祥志远激光照排技术有限公司	
印　　刷	北京玺诚印务有限公司	
开　　本	710 毫米×1000 毫米　1/16	
字　　数	295 千字	
印　　张	16.75	
版　　次	2018 年 9 月第 1 版　2018 年 9 月第 1 次印刷	
书　　号	ISBN 978－7－5638－2839－5/F·1570	
定　　价	48.00 元	

前　言

　　全球化是我们当今时代的基本特征，也是未来人类社会无法阻挡的发展趋势。自古以来，人类社会就不乏远距离的经济往来和文化交流。有人把古代中国的"丝绸之路"视为东西方跨区域联系的典范；也有人把 15 世纪和 16 世纪的"地理大发现"看作全球化的开端，因为在随后的几个世纪里，全球范围的人员流动、商品贸易以及思想文化的传播呈现出加速发展的态势。19 世纪初期，由于蒸汽机的发明和应用、铁路的修建，以及通信技术的进步，大大缩短了全球交往的空间距离；20 世纪初期，因为汽车和飞机等交通运输工具的使用，世界范围的交往速度大为提高。20 世纪 80 年代以来，随着电子通信技术的广泛应用，特别是移动电话和互联网的普及，数以亿计的人以一种全新的方式被裹挟着进入全球化的新时代。

　　无论愿意与否，支持还是反对，全球化都是现实的发展状态，已不同程度地渗透到我们日常生活的方方面面，这是任何个人、民族、国家以及经济体都无法回避的现象和问题。无论是从现实层面还是从理论层面，全球化都是一个正在"进行时"的时代，需要我们全方位地了解和认识。

　　全球化问题是一个国际性的研究课题，吸引了国内外众多研究者前赴后继地跟踪研究，也引起了不同国家的政治家和环保人士的关注。1897 年，美国学者查理·泰兹·罗素把当时美国的大企业和大型垄断公司看作全球化的主要载体。1930 年，在一本有关新教育的出版物中，"全球化"作为一个名词概念使用。1951 年，美国的词典中第一次提及全球化问题。20 世纪 60 年代，"全球化"这一术语开始被经济学家和社会学家所使用。不过，直到 20 世纪 80 年代中后期，这一概念才被大众主流媒体广泛关注，有关全球化的思想才得到了真正的传播。20 世纪 90 年代初期，关于全球化问题的学术研究论著在美国国会图书馆的分类目录中也不过几十本，但是 2000 年以后，每年出版的与全球化相关的图书都超过 1 000 种。各国政治学家、历史学家、社会学家以及经济学家等都参与了这一问题的研究和讨论。

　　美国经济学家米尔顿·弗里德曼认为，全球化的力量是无法抵挡的，因为他无法想象政府除了能够调控货币供应量和保护私有产权之外，还能做什么更有用的事情。另一个弗里德曼（即美国新闻工作者托马斯·弗里德曼）则通过其畅销书——《世界是平的》（2007）使全球化问题的讨论传播得更广、更远，他之后的作品《世界又平又热又挤》（2008）更是用另一种笔调谈论全球化中的环境和能源问题。美国哈佛大学教授潘卡吉·盖马沃特认为，全球化有三个版本，即世界1.0、世界2.0和世界3.0。在世界1.0时期，国家之间是互相孤立的，3.0时期的世界则是彻头彻尾的全球一体化，但是目前的全球化远未达到这样的水平，我们目前的现实是一个"半全球化"状态，即世界2.0时期，离完全的全球化还有很长一段距离。世界是平的成为"全球主义的鬼话"。

"全球化"是一个褒贬不一的词，拥护者憧憬它会给整个世界带来空前的进步和繁荣，批评者断言它会给发展中国家带来贫困、战争，甚至文化灭绝。事实上，曾被有些经济学家所标榜的经济全球化并没有成为发展中国家崛起的千载良机，似乎只是一个"美丽的谎言"而已。关于全球化对各国的影响到底是好还是坏，确实没有一致的看法。但是无论是全球化的支持者还是反对者，对"人类基本上已经创造了一个一体化的世界"这样的观点是基本认可的。在这样的全球一体化世界里，作为最大的发展中国家——中国会有怎样的损益？中国经济将以怎样的方式获得可持续发展？发达国家的经验对我们又有怎样的借鉴和启示呢？……凡此种种问题，都是我们所关注的，也是我们编辑这本论文集——《全球化与中国经济》的初衷。

全球化对中国经济发展的影响是不言而喻的。20世纪80年代以后的全球化快速发展时期正好也是中国推行改革开放和制度转型的关键时期。中国利用自身的劳动力资源和市场优势，大力发展外向型经济，引进外国的资本和先进技术，积极融入世界经济的发展潮流，取得了经济高速发展的奇迹，初步实现了从计划体制向社会主义市场经济体制的结构性变迁。2001年中国加入世界贸易组织以后，中国以更加积极和理性的态度走向世界，同时也以更加包容的心态迎接"走进来"的人流、物流、商品流和文化流，甚至意识流。

加入世界贸易组织后的十几年间，"中国制造"开始走向全球各地，但随之而来的问题也相当突出。中国的经济发展遭遇了环境、资源和人口的约束，效率与公平不能兼顾的矛盾，城乡之间的差别和地区之间的差距，以及处于低端产业链和缺乏高端制造的困境。诸如此类的发展问题不可能在短时间内解决，中国政法大学商学院的师生们从不同的角度对这些问题进行持续地研究，试图用不同的理论加以解释，并提出相应的政策建议。编者将论文分为四个部分：全球化与中国对外经济，经济增长与制度变迁，产业发展与结构调整，他山之石，可以攻玉。

《全球化与中国经济》是一个长期的动态发展课题，不可能有一个最终的答案，构建人类命运共同体的理念为本课题打开了更加开放和广阔的研究前景。我们的研究观点和成果权且当作抛砖引玉，由于知识水平和研究领域所限，偏颇之处或陋见在所难免，恳请各方专家和读者批评指正。

编者
2018年3月

目　录

全球化与中国对外经济

经济增长与制度变迁

产业发展与结构调整

他山之石　可以攻玉

全球化与中国对外经济

一带一路背景下中国对泰国的直接投资研究

马丽娜　王朝娟①

摘要： 泰国重要的地理区位条件、丰富的自然资源以及巨大的市场潜力是世界各国对其进行直接投资的关键因素。2013 年，习近平主席提出共建"丝绸之路经济带"和"21 世纪海上丝绸之路"的倡议，更是为中国对泰国直接投资提供了政策支持。本文研究中国对泰国的直接投资，用数据、图表相结合的方式从直接投资的发展历程、投资规模以及投资的行业结构分布等方面对直接投资的现状入手；其次从投资方式、产业分布、投资风险等多个层面分析中国对泰国直接投资的特点；再次，站在有利和不利两个角度分析影响中国对泰国直接投资的因素；最后，通过研究中国在泰国进行直接投资时存在的问题，得出结论并提出相应的建议。

关键词： 直接投资；中国；泰国；投资现状；投资特点

一、引言

中泰两国是友好邻国，也是全面发展中的重要合作伙伴。中国已经成为泰国最大的贸易合作伙伴和产品进口市场。

2013 年，习近平主席提出的"一带一路"重大倡议，引起国际社会包括东盟国家的广泛关注。其中，"21 世纪海上丝绸之路"的发展战略规划是畅通中国与东南亚、南亚以及印度洋的海上之路，泰国作为东盟第二大经济体，位于东盟国家的核心地带，是"一带一路"沿线的重要节点国家，这意味着随着"21 世纪海上丝绸之路"建设的深化落实，东盟国家尤其是泰国将迎来新一轮的经济发展浪潮。截至 2016 年 7 月，中泰两国双边贸易总额已达到 361 亿美元，同时，中国对泰国的新增直接投资项目总数和投资总额同比都已实现翻番。2016 年 10 月 10 日，中泰经济论坛的成功召开更是为中泰两国企业家和投资者搭建了有利平台。随着中国企业对泰国市场的了解以及泰国为促进外商直接投资和国家长远发展提出的优惠政策的实施，中泰两国在工商业方面实现了取长补短，互利互惠，共同发展。

2015 年，全球经商环境报告通过调研全世界 189 个国家和地区，将泰国定位

---

① 马丽娜，教授，中国政法大学商学院；王朝娟，经济学硕士，中国政法大学商学院。

为全球最适宜投资国家第 26 位,较 2014 年的第 28 位上升两位,说明在开设公司难易程度、财产转移、解决贸易争端、进出口商品检查时长、电力供应申请等其他投资者在国外投资所需面临的系列问题方面,泰国的投资环境得到了较大的提升和改善,这对我国国内有意向对泰国投资的企业是一个非常难得的机会。然而,泰国国内的政治问题却使投资者信心受损,因此,本文在"一带一路"背景下,通过更新我国对泰国的直接投资数据,让对泰国直接投资持观望态度的中国企业能够更深层次地了解中国目前对泰国直接投资的现状、特点、难度,有利于中国企业做出更好的投资策略,实现中泰两国企业的互利共赢。

二、中国对泰国投资的现状

(一)投资规模

中泰两国于 1975 年正式建交,中国对泰国的直接投资始于 1987 年,但初期数量一直较少,这与泰国国内局势以及投资者对泰国经济环境不了解有很大关系。自 2007 年开始,中泰之间的直接投资进入快速发展阶段,尤其是在 2010 年,中国—东盟自由贸易区建立,此时发展中的东盟自由贸易区是全球人数最多、发展中国家最多的自由贸易区,在这一年,中国对泰国的直接投资实现了飞速增长。2011 年,由于泰国发生了严重洪灾,导致泰国经济损失惨重,由此导致中国对泰国的投资也减少一半。随着泰国政治、经济的稳定发展,2012 年以后,中国对泰国的直接投资呈稳步上升态势。据《人民日报》,截至 2015 年 8 月,中国对泰国新增直接投资项目与 2014 年同期相比实现翻番,中国已成为泰国第二大直接投资来源地(见表 1)。中国对泰国直接投资的代表性项目有泰国洛加纳工业园集团大城工业园项目、中国电建与泰国共同开发和投资海上风电项目、中泰铁路合作项目(建设中)、克拉运河项目(计划中)等。

表 1　2007—2015 年中国对泰国直接投资情况　（单位：万美元）

年份 类别	2007 年	2008 年	2009 年	2010 年	2011 年	2012 年	2013 年	2014 年	2015 年
流量	7 641	4 547	4 977	69 978	23 011	47 860	75 519	83 946	40 724
增长率		-40.49%	9.46%	1 306.21%	-67.12%	107.99%	57.79%	11.16%	-51.49%
存量	37 862	43 716	44 788	108 000	130 726	212 693	247 243	307 947	344 012
增长率		15.46%	2.45%	141.14%	21.04%	62.70%	16.24%	24.55%	11.71%

资料来源:《2015 年度中国对外直接投资统计公报》。

(二)投资结构

中国对泰国的投资结构不均衡,从投资项目的数量来看,2014 年,中国对泰国的投资项目主要集中于金属及机械行业、化工产品及造纸行业以及电子与电器行业，从数据显示的投资金额角度分析，投资主要集中在金属及机械行业、电子与电器行业以及农业等（见表2）。这些行业主要是劳动密集型产业，对服务业、旅游业等潜力巨大但成本较小的第三产业却鲜有涉足。同时，从投资地点来看，中国对泰国投资主要分布在离曼谷较近的第二区、有廉差邦工业区和罗永府内工业园区的第二区，享有最高优惠政策，交通便利。

表2 2011—2014年通过批准对泰国直接投资的中国企业的行业结构

（单位：百万铢）

年份 行业	2011年		2012年		2013年		2014年	
	项目数量	金额	项目数量	金额	项目数量	金额	项目数量	金额
农业	9	4 649.8	6	1 262.7	6	887.8	11	6 173.9
矿业及陶瓷行业	1	5.1	5	6 755.4	1	126.9	5	5 275.3
轻工业及纺织行业	6	2 102.6	–	–	3	106.5	4	633.5
金属及机械行业	8	20 513.7	15	2 543.6	18	31 040.4	19	10 505.9
电子与电器行业	7	1 097.2	4	168.5	9	5 511.1	14	8 308.9
化工产品及造纸行业	4	118	10	830.8	5	584.9	16	1 525.6
服务行业	1	8.6	4	1 268	3	4 273	5	1 284
合计	36	28 495	44	12 829	45	42 530.6	74	33 707

资料来源：泰国投资促进委员会。

三、投资特点

（一）投资发展特点

由图1可以看出，中国对泰国的直接投资呈现出投资地位逐渐上升而投资金额波动明显的特征。具体来说，一方面，中国对泰国的直接投资从无到有，到现在位居对泰直接投资国家排名的前列，从2008年开始，投资金额每年都呈快速

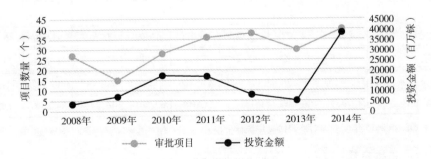

图1 2008—2014年中国企业对泰国直接投资的项目数量及投资金额

资料来源：泰国投资促进委员会。

增长的趋势，有些年份甚至达到了翻倍以上的增长速度。而2011年至2012年期间，由于自然环境因素的影响，中国对泰国的直接投资呈现剧烈下降的趋势。2014年伊始，在"一带一路"倡议等政策的影响下，中国投资者对泰国的投资超过历史最高水平。尽管中国对泰国的直接投资水平仍低于日本等国家，但是与以往水平相比，其增长速度已相当惊人。另一方面，中国对泰国的投资金额近年呈现较大的波动，2008年至2010年稳定增长，2010年至2013年小幅滑落，投资金额的波动较为明显。2013年至2014年实现迅猛增长，这表明政策优势对国际投资的重要作用。

（二）投资方式特点

中国对泰国的直接投资方式单一。对中国投资者而言，由于泰国投资政策的限制以及投资环境的影响，他们更倾向于与泰国采取合资企业的形式，合作伙伴则选择较为信任的海外华侨。中国投资者在泰国的合资企业中一般占有少数股权或者实行有限责任公司制度。泰国法律规定，外商在泰国投资必须保证泰国公民持有股份合计不低于注册资本的51%，因此，中国投资者在合资企业中不占控股地位。同时，中国投资者的投资集中在技术、设备方面，投资企业所需的资金以及劳动力都由泰国负责，因此在重大项目中，以中国生产设备结合泰国贷款的投资方式为主。

（三）投资产业分布特点

从中国企业在泰国主营业务的基本状况来看，中国对泰国投资的产业主要分布在农业、机械制造业、批发和零售业、采矿业、电子电器业等；从企业数量来看，以中泰合资企业居多（见表3）。

表3　中国企业在泰国投资的行业和业务

行业	企业名称	主营业务
农业和农产品行业	泰国国际贸易有限公司	大米、糖类、淀粉、薯类
	广垦橡胶有限公司	橡胶、水产、水果、茶叶
	昌隆食品有限公司	大米、小麦、小麦面粉
	泰中春布里米业有限公司	香米、碎糯米、木薯
	华泰橡胶有限公司和杭州中策橡胶有限公司	橡胶
纸制品、化工品和塑料制品	NEW MOONINDUSTRIAL. LTD	化工产品、三氧化二铝
	TONRICH PLASTIC FACTORY CO. LTD	橡胶手套
	THAI CHONG CHEMICAL INDUSTRIAL CO. LTD	橡胶手套
机械、金属制品和交通设备	WPS PIPE CO. LTD	无缝钢管
	DUNAN METALS CO. LTD	空调配件
	MINTH AAPICO CO. LTD	汽车产品

续表

行业	企业名称	主营业务
纺织产业和轻工业	华源集团	纺织业行医药业
	THAI SILK AGRO INDUSTRY 公司	丝绸
	ROYAL CAN INDUSTRIES 公司	包装铝金属薄片、罐头盒
	SIAM PARAWOOD 公司	铁艺家具、橡胶木家具
电子电器业	海尔集团	洗衣机、电视、冰箱
	华立集团泰国电气有限公司	彩电
	四川长虹集团	电视、空调
制陶业、矿业和基础金属业	中国石油天然气集团公司	管道建设
	SUN HING DAIMON CO. LTD	上光用品
服务业和公共事业	PHUKET MERLIN CO. LTD	住宿

资料来源：中国驻泰王国大使馆经商参处。

农业和农产品行业的项目及投资数量较多主要是因为作为热带农业国的泰国，在气候、耕地面积以及劳动力方面占据优势，中国投资者在泰国的投资可以享受低关税甚至零关税等其他农业项目的优惠政策。除农业以外，中国在泰国的直接投资在工业和制造业方面也较多，就汽车制造业来说，作为东南亚汽车制造中心的泰国，也是东盟最大的汽车市场，然而泰国在汽车制造方面并不存在技术优势，中国投资者可以从技术和研发方面对泰国汽车制造业进行投资合作，把握市场时机，实现与泰国的互惠互利。

值得注意的是，中国投资者在泰国的第三产业（包括服务业以及公用事业）中投资不足，这主要是因为泰国本身作为著名的旅游国家，其自身在旅游服务和公用事业方面已做得很到位，吸引外国投资者的需求相对偏弱。

（四）投资风险特点

根据经济学人智库发布的国家风险等级评估报告，在对综合风险、安全风险、政治稳定性、税收政策风险、基础设施风险等 10 个指标的评级打分中，泰国的各项风险都保持中等水平，说明在泰国投资的各项风险程度都很低。就中国投资者担心的政治稳定性风险、金融风险、基础设施风险来说，泰国都保持了良好水平，因此，中国企业选择对泰国进行投资时，主要考虑的是泰国的市场环境以及市场需求，提升自身企业的竞争力，实现与泰国企业合作中优势互补。

表4 泰国和中国的风险评级情况

评价指标	泰国		中国	
综合风险	46	C	45	C
安全风险	50	C	36	B

续表

评价指标	泰国		中国	
政治稳定性	60	C	55	C
政府效率	68	D	64	D
法律和监管风险	48	C	52	C
宏观经济风险	25	B	30	B
对外贸易风险	39	B	32	B
金融风险	38	B	38	B
税收政策风险	25	B	56	C
劳动力市场风险	54	C	57	C
基础设施风险	53	C	31	B

资料来源：经济学人智库。

四、影响我国对泰国投资的主要因素

第二次世界大战之后，国家间的直接投资迅速发展，越来越多的学者开始研究对外直接投资现象。美国学者海默提出垄断优势理论，巴克莱和卡森提出内部化理论，弗农提出产品生命周期理论……在他们研究的基础上，邓宁提出国际生产折中理论等。这些理论主要着眼于发达国家对发展中国家，或者发达国家之间的对外直接投资现象。20世纪80年代后，发展中国家的对外直接投资有了很大发展，原有理论无法给出令人满意的解释，于是相继出现了很多研究发展中国家直接投资的理论，如威尔斯的小规模技术理论、投资环境冷热比较分析理论等。其中，投资环境冷热比较分析理论是通过7种因素对各国投资环境的影响进行综合分析的理论，涉及政治稳定性、市场机会、经济发展与成就、文化一元化、法律障碍、实质阻碍、地理及文化差距7种因素。本文对影响我国对泰国直接投资的主要因素的分析主要以投资环境冷热比较分析理论为基础。

（一）有利因素

第一，经济发展及政策优势。泰国主张经济外交，由此与国际经济相协调，进而实现国内经济发展。为积极推动双边、多边贸易发展，泰国与多国签署了自由贸易协定或成为贸易伙伴，与中国通过开展中国—东盟自贸区、亚太经济合作组织、东盟地区论坛、博鳌亚洲论坛等实现经济互助。一方面，中国愿意发挥自身的优势，通过深化与东盟国家在各个领域的互惠合作，让东盟以及周边国家分享中国发展和中国这个庞大市场带来的商机。另一方面，泰国通过不断完善自身的基础设施建设，使自身的交通枢纽区域优势得到发挥，更在"一带一路"倡议的项目中发挥了重要的推进作用。

第二，市场机会。这是指一国是否拥有广大的顾客群，对外国投资企业生产出来的产品或者提供的劳务拥有未满足的需求，而且能够转化为切实的购买力。除了在橡胶产业及旅游业方面，泰国市场在汽车产业、建筑业、珠宝业、塑料产业等领域也具有明显优势。以汽车产业为例，中国投资者不光可以投资泰国汽车产业的制造领域，也可以在汽车产业的研发方面投入资金与技术。此外，泰国的房地产业、制药业、住宿餐饮业等都是非常有潜力的投资方向。

第三，文化一元化。这是指一国社会各阶层的民众之间的关系、人生观念、奋斗目标、处世哲学、生活习惯等都受到传统文化的影响。文化一元化有利于外国企业的投资，反之则会带来很大的障碍。泰国华人众多的文化亲缘成为中泰经济交往的一大有利因素。泰国 14% 的人口为华人，总数约为 800 多万人。早在清朝就有华商在泰国谋生，并逐渐成为泰国的重要经济支柱，当地有不少大型企业都是由华商开办的。因此，中国投资者在泰国的投资，无论是经济上还是政治上，或者是当地的文化习俗方面，华侨都可以给予帮助。

（二）不利因素

1. 泰国方面

泰国的投资环境以及中泰之间的良好合作对中国投资者在泰国的投资总体上是比较有利的，与此同时，泰国以及国际上存在的一些不利因素仍严重影响着中国投资者的投资信心。

第一，法律障碍。每个国家都有不同的法律法规，如果一国的法律限制和阻碍外国企业的经营活动，会对投资环境造成负面影响。泰国有着严格的法律体系，比如经济法、外商投资法等。这些严格的法律体系对投资者来说可以保证其正常利益，但如果不了解泰国法律的限制，如房地产期限限制、居留期限、土地买卖以及期限限制、可进入泰国的技术工人及专家人数等，可能会影响中国投资者在泰国的发展，某种程度上会降低投资工作的效率。

第二，政治风险。东道国内部或外部的政治环境或关系给大多数外国商业的运作与投资带来的负面影响。近年来，泰国政局不稳定，不时发生党派冲突、反政府示威游行，如 2014 年的"封锁曼谷"等，大多发生在曼谷附近，而这里正是中国投资者选择最多的投资地点。泰国南部边境的不安定、宗教问题及恐怖袭击严重影响了本地区橡胶行业的发展，也挫伤了中国投资者的勇气与信心。政局的不稳定导致经济政策的不稳定，在经济政策缺乏连续性的情况下，外国包括中国投资者的项目审批受到严重制约。

2. 中国方面

第一，中国在泰国投资企业的投资规模小，中泰铁路合作、开挖克拉运河等重要项目并未顺利进行。规模经营的企业可以实现生产成本的降低、经济效益的提高，但在泰国投资的小规模中国企业相较其他外国企业的竞争优势不足，缺乏竞争力的小规模中国企业无法实现长远大规模的项目投资。

第二，地理及文化差距。这是指投资国和东道国之间距离遥远，文化差异较大，人们的社会观念、风俗习惯和语言的不同妨碍了思想交流，影响到投资环境。具体来说，中国企业环保意识薄弱，几乎不和当地民众交流。由于中国前期发展较快，部分企业养成了掠夺性开发的习惯，不考虑可持续发展和环保问题，这使当地民众很反感，再加上中国企业通常是少说多做，没有和当地民众深入沟通，信息不对称容易被别有用心之人利用，造成当地民众的反对，激化双方矛盾。

第三，中国企业品牌知名度低。片面追求效率、不注重经济附加值提升的中国企业在产品的质量、售后服务方面都无法提供保障。另外，中国企业对外国品牌产品的模仿与假冒对中国企业的产品竞争优势也产生了不良影响。

五、结论与建议

泰国拥有十分重要的地理位置，丰富的自然资源和劳动力资源使泰国的市场潜力拥有无限的可能性，但由于政治、资金、技术方面的问题，一直未能得到充分开发和利用。而中国投资者在资金实力、技术水平、文化亲缘、地域相邻、政策支持等方面具有较强的比较优势，因此，中国对泰国的直接投资具有必然性。

由前面的分析可知，中国投资者在对泰国直接投资的过程中会面临泰国国内和中国企业自身两方面的困境。其中，针对泰国方面的不利因素，中国投资者可以从以下两个方面着手加以改善：

第一，面对泰国法律法规方面的障碍，我国政府应当发挥在信息收集方面的重要作用，采取各种方式为中国企业收集海外信息，及时发布信息，并设立专门的机构为中国企业提供法律咨询服务。同时，中泰双方应当加强贸易谈判，促进贸易与投资自由化，扫清双方制度和法律法规方面的障碍。

第二，面对泰国政治风险的障碍，我国政府应当进一步完善中国企业海外投资保险机制，为符合条件的对外投资企业提供相关补助和担保。中国企业自身需要及时了解泰国政治环境最新动向，建立政治风险评估和预警机制，以便在最短时间内做出战略调整。

而面对中国企业自身存在的不足，中国投资者可以从以下三个方面提升自身的竞争力：

第一，在投资规模方面，目前，中国在泰国投资企业大多属于中小企业，而在外国市场这类型企业难以生存。因此，中国企业应该走向联合，形成集团，才能够成为对外直接投资的控制者。形成集团还有利于节约交易成本，降低市场经营风险。

第二，在地理和文化差异方面，中国企业应该尽量采取本土化管理原则。一方面有利于中国企业降低经营管理人员从中国国内派到泰国的费用，即企业经营中只派出具有全面的知识以及有管理外国员工能力和水平的人员，而对其他人员可使用泰国本地人。另一方面，因本地人对泰国文化十分了解，在管理上能够使用相对适合的方法，解决或减少上下层人员的文化冲突，引导中国企业在泰国直接投资长期健康的发展。

　　第三，关于自主品牌方面，中国企业应该不断地加强技术和研发，推出能够满足泰国消费者需求的差异化产品，塑造中国产品质量高、技术好的新形象，消除泰国人对中国产品的恶劣印象，培育泰国人对中国品牌的认同感。另外，中国企业也可以在企业经营上实现投资项目多元化，优化投资的产业结构，在产品结构上实现高附加值化。

参考文献

[1]郭艳,王世钰.泰国加大吸引外资力度"一带一路"促中泰贸易加速升温[J].中国对外贸易,2016(6):68-69.

[2]邱圣岘.中国对泰国直接投资现状及前景研究[J].时代金融,2016(11):196-197.

[3]彭牧青.基于VAR模型的中国对泰国直接投资与贸易促进研究[J].玉溪师范学院学报,2014,30(4):34-38.

[4]曾海鹰,陈琭婧.泰国直接投资环境分析与评价——基于主成分分析法的比较研究[J].东南亚纵横,2013(2):40-44.

[5]张英椿.中国企业在泰国的直接投资研究[D].济南:山东大学,2013.

[6]柳素莲.中国对泰国直接投资问题与对策研究[D].昆明:昆明理工大学,2013.

中国与"一带一路"沿线国家贸易往来前瞻性研究

张　巍　沈亚军①

摘要： "一带一路"倡议是以中国与沿线国家既有的双多边机制和既有的、行之有效的区域合作平台为基础提出的，自该倡议提出以来，中国同沿线国家的贸易往来不断深化，它为中国解决部分产业产能过剩、经济结构升级、经济资源获取和贸易主导等战略问题提供了良好的契机。在传统的国际贸易理论中，影响国际贸易发展的因素众多，影响中国同"一带一路"沿线国家的贸易发展的因素有其特殊性，随着"一带一路"倡议的不断推进，有必要进一步分析中国同"一带一路"沿线国家的贸易发展问题。本文结合中国同"一带一路"沿线国家的贸易现状，从经济规模、政策沟通、经济结构、资源禀赋和基础设施建设等角度分析中国同"一带一路"沿线国家的贸易发展问题，并提出促进中国同"一带一路"沿线国家贸易发展的建议。

关键词： "一带一路"；贸易；产品结构；禀赋

一、引言

随着经济全球化的不断深化，如何处理同他国的贸易关系、把握周边国家和世界贸易格局的变化、定位自身在全球市场经济中的地位成为各国关注的重中之重。自2008年全球金融危机以来，全球经济陷入低谷，持续低迷。而中国经济在30多年的高速发展后，2015年，经济增长率首次低于7%，步入"新常态"。随着经济增长速度的放缓，之前积累的问题逐渐凸显，产能过剩、经济结构急需优化升级、经济增长动力单一等一系列问题亟待解决。在此"外忧内患"的情况下，2013年，习近平总书记初次提出"一带一路"倡议构想，"一带一路"倡议可谓伴随着我国经济发展的一系列新局面而诞生。

近年来，中国对"一带一路"沿线国家出口总额除2015年有较小回落外，整体保持增长态势。2016年，中国向"一带一路"沿线国家出口总额已达5 874.8亿美元，占中国全球出口总额比重的27.8%（见图1）。"一带一路"倡议有助于解决中国部分产业产能过剩、经济结构升级、经济资源获取和贸易主导

---

① 张巍，教授，中国政法大学商学院；沈亚军，经济学硕士，中国政法大学商学院。

等战略问题。经过近4年的发展，"一带一路"倡议已经取得了巨大的成就，对我国和"一带一路"沿线国家乃至世界经济都具有十分深远的影响。在中国同"一带一路"沿线国家贸易取得巨大成就的同时，也存在很多的问题，如贸易大而不强、结构急需优化、全球产业链低端、能源依赖等。合理、有效地解决这些问题，将是未来中国同"一带一路"沿线国家经贸持续稳定发展的重要前提。

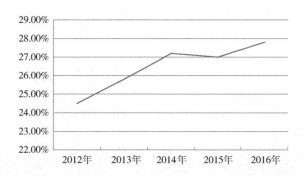

图1　2012—2016年中国对"一带一路"沿线国家出口额占中国出口总额比重

数据来源：国家信息中心：《"一带一路"大数据报告（2017）》，商务印书馆2017年版。

二、文献回顾

自"一带一路"倡议提出以来，专家学者对其进行了深入而广泛的研究。樊明等（2017）通过对"一带一路"沿线62国2015年经济截面数据进行分析，认为中国与其贸易额的大小最主要的决定因素是这些国家的体量。在实施"一带一路"倡议的过程中，中国应该注重提高"政策沟通度"，并积极参与这些国家的基础设施建设。加强中国同沿线国家的贸易往来，这需要政府与市场各司其职。公丕萍等（2015）根据2001—2014年中国与"一带一路"沿线国家商品贸易数据，采用线性比较优势指数、敏感性行业度量及后聚类算法等方法，梳理了中国同沿线国家的商品结构演化历程，并深入分析了贸易商品结构及格局。他们提出，中国同沿线国家的贸易结构有所优化，进口趋于集中，出口偏向能源及劳动密集型产品。贸易商品结构取决于各国出口优势行业，中国与经济规模较小且产业结构单一国家之间的贸易存在敏感性，出口主要为工业制成品，而进口涉及能源、矿产等初级产品。由于各地区发展的不平衡，中国出口商品国内地区空间连续性较差。在中国同沿线国家的贸易潜力方面，孙金彦等（2016）以"一带一路"沿线53个国家的出口贸易效率与总贸易效率为基础，利用时不变和时变衰减随机前沿引力模型，分析了影响中国出口贸易效率和总贸易效率的主要因素。他们认为，这两个效率呈现时间递增趋势，中国对沿线国家具有较大出口贸易潜力，且对出口国经济规模及市场规模变化较为敏感。此外，中国对进口国的贸易潜力也受关税水平、进口清关时间、政体指数和物流绩效指数等因素影响。

中国应该加快推进同"一带一路"沿线国家的自贸区谈判和建设，提高以海运互联互通为重点的贸易互通便利化水平。

目前，学者们对我国同"一带一路"沿线国家贸易发展这一问题已经从贸易规模、商品结构、贸易潜力等角度进行了深入细致的研究，但是由于研究时间距"一带一路"倡议提出较近，所以"一带一路"倡议对中国对外贸易的影响尚未凸显。本文在"一带一路"倡议提出以来近4年成果积累的基础上，结合"一带一路"倡议的发展现状，对中国同"一带一路"沿线国家贸易发展这一问题进行研究。

三、中国同"一带一路"沿线国家贸易现状分析

"一带一路"沿线国家地理区域幅员辽阔，它贯穿亚欧非大陆，一头是活跃的东亚经济圈，一头是发达的欧洲经济圈，中间广大腹地国家经济发展潜力巨大，是一个开放的国际区域经济合作网络。目前，"一带一路"的参与国家有东北亚2国、中亚5国、东南亚11国、南亚8国、西亚北非20国、中东欧19国（见表1）。

表1 "一带一路"参与国家

地区	国家	数量
东北亚	俄罗斯、蒙古	2
中亚	哈萨克斯坦、乌兹别克斯坦、土库曼斯坦、塔吉克斯坦、吉尔吉斯斯坦	5
东南亚	新加坡、马来西亚、印度尼西亚、缅甸、泰国、老挝、柬埔寨、越南、文莱、菲律宾、东帝汶	11
南亚	印度、巴基斯坦、孟加拉国、斯里兰卡、马尔代夫、尼泊尔、不丹、阿富汗	8
西亚北非	伊朗、伊拉克、土耳其、叙利亚、约旦、黎巴嫩、以色列、巴勒斯坦、沙特阿拉伯、也门、阿曼、阿联酋、卡塔尔、科威特、阿塞拜疆、格鲁吉亚、亚美尼亚、埃及、巴林、希腊	20
中东欧	波兰、立陶宛、爱沙尼亚、拉脱维亚、捷克、斯洛伐克、匈牙利、斯洛文尼亚、克罗地亚、波黑、黑山、塞尔维亚、阿尔巴尼亚、罗马尼亚、保加利亚、马其顿、乌克兰、白俄罗斯、摩尔多瓦	19

贸易发展主要体现在"质"和"量"两个方面，因此，分析中国同"一带一路"沿线国家的贸易结构和规模将有助于对贸易发展问题的研究。

（一）进出口贸易额整体增长

中国同"一带一路"沿线国家贸易总额近年来有升有降。2007年，与沿线国家贸易总额为4 730.6亿美元；2008年受全球金融危机的影响，贸易额有所下降，但随着我国一系列应对措施的出台，很快恢复，并自2009年持续增长；2014

年达到近年来的最高点，为 11 204 亿美元；2015 年以来，受全球经济发展放缓、全球贸易发展徘徊低迷、国际市场大宗商品价格下降等因素的影响，中国与"一带一路"沿线国家贸易额有所下降。从出口来看，2007—2014 年，除 2009 年受金融危机影响，整体不断增长，近两年有所下降；2016 年，中国向沿线国家出口 5 874.8 亿美元，较 2015 年下降 4.4%。从进口来看，近 10 年来，中国从沿线国家进口额整体变化不大，2016 年达到 2 661.1 亿美元（见图 2）。

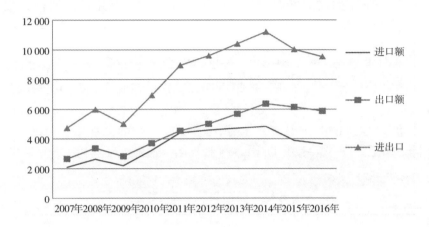

图 2　2007—2016 年中国同"一带一路"沿线国家进出口贸易额（单位：亿美元）
数据来源：国家统计局：《2007—2016 年度中国同各国（地区）海关货物进出口总额》。

（二）进出口贸易差额逐渐扩大

2011—2015 年，中国与沿线国家的贸易顺差额逐渐扩大，2015 年为 2 262.4 亿美元，较 2014 年增加 47.2%，是 2011 年的 16 倍；2016 年顺差额为 2 213.7 亿美元，较 2015 年少 48.7 亿美元，为近年来的首次下降（见图 3）。2016 年，中国与 52 个国家存在贸易顺差，其中，与印度的顺差额最大，达 470.7 亿美元；与 12 个国家贸易逆差，其中，与马来西亚的逆差额最大，达 109.0 亿美元。近年来，"一带一路"沿线国家经济增长迅速，中国同这些国家的贸易额不断攀升。中国是制造大国，而这些国家都是发展中国家，对中国进口需求旺盛。然而，随着中国产业结构调整升级、供给侧改革的进行，一些低端制造业开始向外转移，中国对沿线国家制造业出口也受到一定影响。

（三）进出口商品结构稳定

从中国对"一带一路"沿线国家的出口来看，出口额排名前四的为电机、电气设备及其零件，锅炉、机器、机械器具及零件，钢铁，以及塑料及其制品，分别占出口额的 19.8%、15.7%、4%、3.4%（见表 2）。受 2016 年出口总额下降的影响，出口商品均较 2015 年有所降低。分析历年来我国对"一带一路"沿线国家出口商品的种类可以看出，出口商品结构相对稳定，主要以机电、机器设

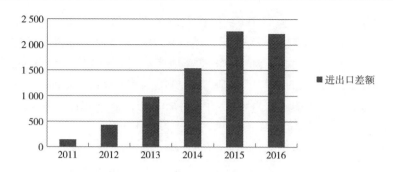

图 3 2011—2016 年中国同"一带一路"沿线国家进出口顺差(单位:亿美元)
数据来源:国家统计局。

备等为主。这是由于我国拥有完整的工业生产配套体系,生产能力强大、国际市场占有率高、竞争优势明显,但产品主要为劳动、资源密集型产品,因此对新兴国家出口增速较快,对发达国家出口相对低迷。出口产品全球产业链仍处于低端,技术研发能力有待提高。

表 2 2016 年中国自"一带一路"沿线国家进出口额前 10 位产品

	出口额前 10 位产品	出口额(亿美元)	占比(%)	进口额前 10 位产品	进口额(亿美元)	占比(%)
1	电机、电气设备及其零件	1 165.9	19.8	矿物燃料、矿物油及其蒸馏产品等	1 109.9	30.3
2	锅炉、机器、机械器具及零件	920.0	15.7	电机、电气设备及其零件等	772.0	21.1
3	钢铁	237.2	4	锅炉、机器、机械器具及零件	232.9	6.3
4	塑料及其制品	200.7	3.4	塑料及其制品	168.3	4.6
5	家具、寝具	193.4	3.3	矿砂、矿渣及矿灰	128.7	3.5
6	车辆及其零附件	189.7	3.2	有机化学品	126.0	3.4
7	钢铁制品	186.0	3.2	特殊交易品及未分类商品	112.2	3.1
8	针织或钩编的服装及衣着附件	171.2	2.9	光学、计量、检验、医疗用仪期及设备等	87.2	2.4
9	光学、计量、检验、医疗用仪器及设备	167.6	2.9	珍珠、宝石、贵金属及其制品等	84.6	2.3
10	非针织物非钩编服装及衣着附件	156.7	2.7	木及木制品、木炭	83.3	2.3

数据来源:联合国数据库。

从中国自"一带一路"沿线国家进口看,进口额最高的产品为矿物燃料、矿物油及其蒸馏产品等，为 1 109.9 亿美元，下降 15.1%；其次为电机、电气设备及其零件，进口额为 772.0 亿美元，增长 1.7%；锅炉、机器、机械器具及零件进口额为 232.9 亿美元，下降 1.4%；其他产品进口额均小于 200 亿美元（见表 2）。中国从沿线国家的进口产品主要为资源和中低端制造业产品。这是由于沿线国家多为发展中国家，生产水平相对落后，而自然资源储量丰富，中国又是能源消耗大国。同"一带一路"沿线国家不断深化的贸易往来使中国不断增长的能源需求问题得到了缓解，同时也为中国解决能源安全问题提供了契机。

四、中国与"一带一路"国家贸易往来的前瞻性分析

在经济全球化的今天，影响国家间贸易水平的因素很多，本文从中国同"一带一路"沿线国家的贸易现状入手，结合以往关于中国同沿线国家贸易的相关文献资料，对中国同"一带一路"沿线国家的贸易发展进行分析。

（一）沿线国家经济规模增长，促进双边贸易往来

国家间贸易的增长受贸易双方经济规模的影响。一般来说，两国经济总量之和越大，收入水平越相似，其需求结构也越相似，则两国贸易量越大。当前，中国经济体量巨大，"一带一路"沿线国家经济规模虽参差不齐，既有像印度、俄罗斯这样的发展中大国，也有印度尼西亚、土耳其、南非这样的新兴国家，还有不丹、老挝这样的贸易小国。近年来，随着全球经济的增长、新兴国家的不断发展，"一带一路"沿线国家经济规模不断增长，这些都有力地促进了双边贸易的发展。

（二）中国经济转型，同沿线国家贸易往来深化融合发展

自加入世界贸易组织以来，中国经济面临国际市场的激烈竞争，在这一过程中走出了一条主动适应国际分工变化趋势、不断探索要素分工和贸易投资一体化、积极发挥自身比较优势的道路。当前中国处于工业经济向知识经济和服务经济转型阶段，中国企业生产的产品和服务多处于全球价值链的中低端，调整国内经济结构已然成为现阶段中国经济发展的重要问题。为此，中国近年来不断提高自主创新和科技研发能力，加强高附加值产品对"一带一路"沿线国家的辐射影响。

在制造业方面，中国的机电产品、数控机床、工程机械、港口设备、船舶制造等行业居世界前列，且与"一带一路"沿线国家拥有良好的制造业对接，通过对沿线国家进行装备制造业产品输出，极大地促进了"一带一路"沿线国家互联互通建设。另外，随着产业结构升级调整，中国一些产业如鞋帽、纺织、服装等初级制造业开始向中国中西部和东南亚地区转移，这不但促进了中国同沿线国家的投资贸易，也推动了中国中西部地区与中亚贸易的对接，既为东部产业升级腾出了空间和资源，也为深化未来双边贸易打好基础。

（三）基础设施建设的不断投入带来"互联互通"

"一带一路"倡议一经提出，基础设施建设便被提上日程。中国在 2015 年发

布了《推动共建丝绸之路经济带21世纪海上丝绸之路的愿景与行动》，该文件指出，要重点进行"一带一路"沿线国家基础设施互联互通建设，其中，重点为交通设施的关键通道、关键节点和重点工程，大力改善道路通达状况和提高航空营运能力，加快推动口岸基础设施和港口合作项目建设，实现国际运输陆、水、空联运通道的畅通便捷。在2017年5月北京举行的"一带一路"国际合作高峰论坛上，中国国家主席习近平宣布，中国国家开发银行、中国进出口银行将分别提供2 500亿元和1 300亿元等值人民币专项贷款，用于支持"一带一路"沿线国家基础设施建设以及产能、金融合作。近年来，中国对"一带一路"沿线国家基础设施建设的投入不断增加，取得了一系列成果。

传统贸易理论认为，在其他条件不变的情况下，贸易国相距越近、交通越便利，交通运输成本越低，越有利于双方的贸易往来。"一带一路"倡议包括"海上丝绸之路"和"路上丝绸之路"，各国交通状况各异，对"一带一路"沿线国家的交通基础设施建设，有利于拉近中国同沿线国家的距离，对提高各经济走廊的运输效率、降低运输成本和促进投资贸易便利化水平具有积极作用。

除了交通基础设施建设，油气管道、输电线路和通信网络等也是重要的贸易影响因素，从前面的中国与"一带一路"沿线国家贸易现状分析可知，中国同"一带一路"沿线国家有很多能源贸易，而有些能源（如石油、天然气等）要依赖国家间的管道建设，没有能源管道，一些贸易往来根本无从谈起。由于"一带一路"沿线国家基本都是发展中国家，交通基础设施相对落后，近年来，随着基础设施建设状况的改善，它对贸易的促进作用不断凸显。

（四）有效政策沟通，促进双边贸易

"一带一路"倡议的施行需要充分依靠中国与有关国家既有的双多边机制，借助行之有效的区域合作平台，而建立这些机制和平台需要国家间良好的政治关系及广泛有效的政策沟通。"一带一路"沿线国家众多，幅员辽阔，加上宗教、文化、民族和历史等一系列问题，政治关系复杂，这加大了贸易壁垒，加大了中国同沿线国家的贸易难度。当前，随着经济全球化和区域经济一体化的不断推进，以及中国经济的不断增长，中国在国际经济格局和世界政治事务中的话语权不断提升，此外，中国秉持"睦邻友好、和平共处、互惠互利"的外交政策，使中国同沿线国家的关系不断取得新的进展，这些都为中国同沿线国家进行政策沟通打下了良好的基础。有效的政策沟通对打破各种贸易壁垒至关重要，而贸易壁垒的破除将极大地促进双边贸易的增长。

（五）"一带一路"沿线国家发挥资源优势，中国能源需求巨大

随着中国经济的发展，中国对能源的需求日益增加。"一带一路"沿线国家地处中东、西亚、中亚、东北亚等自然资源丰富地区，单就石油和天然气而言，沿线国家和地区石油剩余探明储量占世界石油总量的近57%，天然气的剩余探明储量占世界天然气总储量的78%。根据传统的贸易禀赋理论，沿线国家可以充分发挥其自然资源禀赋，扩大出口，并带动相关产业发展，促进国内经济增长。中国同"一带一路"沿线国家开展能源合作，既能缓解中国国内的能源需求问题，也能够带动沿线国家的资源开发与能源建设，为其他国家能源开发方面的技术和资金带来广阔的市场，这些都有利于中国加强同沿线国家之间的能源贸易。

五、对策建议

（一）加强基础设施建设，增强互联互通

通道建设是中国同"一带一路"沿线国家加强贸易往来的基础。中国应加大力度，促进同沿线国家之间的交通、通信等基础设施建设。交通基础设施的建设要注重关键通道和重点工程。"海上丝绸之路"重点在于港口码头、海上运输能力建设。"陆上丝绸之路"重视公路、铁路、航运等路上交通设施的建设。中国应该与沿线国家共同开拓基础设施合作空间，在互惠互利的基础上共同建设跨境交通设施，建立全程运输协调机制，降低国际运输成本，提高运输效率。

（二）价值链升级

首先，基于中国对"一带一路"沿线国家出口商品贸易集中于机电产品的现状，中国应着力提高科技研发能力，增加以技术密集型及高精尖机械设备为主的机电产品出口比重，注重机电产品出口的品牌意识，增强机电产品的国际影响力。其次，加大高速铁路、核电、太阳能、遥感等优势技术和产品的出口，改善出口商品的价值结构，抢占国际市场。最后，以国内产业转型带动出口商品结构升级，将国内部分劳动密集型产业、资源密集型产业转移到沿线国家，在全球范围内进行配置和利用资源，增强中国产业链和产能的外延性，建立自己的国际产销体系，实现全球价值链由低端向高端攀升。

（三）能源合作

能源供给安全对国家经济安全至关重要，因此，中国应逐步减少对一些动乱国家及地区的能源依赖，加强同中亚国家和俄罗斯的能源合作。此外，中国还应深化同"一带一路"沿线国家的合作，建立多层次、稳定性的能源供给体系。为此，第一，中国应该通过实体项目合作的方式，在原有合作的基础上，继续深化或者不断寻求新的合作机会。与各国合作进行勘探开发与基础设施建设，开展道路运输合作，共建共营油气管线和新能源设施，积极进行技术创新。第二，中国与各国积极探索建立统一的规范，建立各国政府和企业在能源合作领域的交流平台，规范中国与各国的结算方式，制定统一的国际法律法规，在平等、互惠、互利的前提下，保证双边能源合作的安全。第三，积极推动清洁能源的合作和能源的就地就近加工转化合作，形成能源合作上下游一体化产业链。

（四）优化贸易投资便利化环境

贸易投资便利化程度是促进中国与"一带一路"沿线国家贸易发展的重要

影响因素，要加快提高贸易便利化水平。第一，深化与"一带一路"沿线各国的海关、质检、电子商务、过境运输等合作，加强边境和通关管理，推动沿线各国的检验检疫交流与合作，制定统一的供应链安全标准及检验标准，开展 AEO 互认。第二，与"一带一路"沿线国家进行监管互认和信息交换，进行海关数据联网，搭建海关跨境合作平台和电子通关系统，互认海关监管数据，实现数据共享，提高通关效率。第三，加强与沿线国家的贸易金融合作，继续加强双边避免双重征税协定、投资保护协定的协商，疏通人民币清算渠道，通过协商搭建金融结算服务平台，完善支付结算的相关政策安排和区域内的票据阶段联合结算、银行卡网络互联，逐步建立统一的支付结算网络体系。

"一带一路"倡议覆盖国家广泛，不同国家（或地区）情况不同。中国同"一带一路"沿线国家贸易往来的发展需要注重中国和沿线国家地理、政治、经济等的发展现实。只有在此基础上加强政府间沟通，优化贸易投资便利，深化企业间合作，加强基础设施建设、能源合作，发挥各自禀赋，才能真正做到互惠互利、共同发展。

参考文献

[1]樊明,孙优,宋媚婷,等.中国与"一带一路"沿线国家贸易增长的因素分析[J].河北经贸大学学报,2017,38(5):31－37.

[2]公丕萍,宋周莺,刘卫东.中国与"一带一路"沿线国家贸易的商品格局[J].地理科学进展,2015,34(5):571－580.

[3]孙金彦,刘海云."一带一路"战略背景下中国贸易潜力的实证研究[J].当代财经,2016(6):99－106.

[4]张理娟,张俊玲,张晓青.基于"一带一路"沿线国家的中国对外贸易格局变动及优化研究[J].鲁东大学学报(哲学社会科学版),2016,33(3):91－96.

[5]陈博.我国出口贸易结构的优化研究[D].北京:首都经济贸易大学,2015.

人民币汇率变动对我国进出口贸易的影响及对策

邓 达 吴光光[①]

摘要： 本文将汇率变动和我国进出口贸易相结合，从贸易收支的角度进行研究分析。本文将相关经济数据进行横纵向对比，通过绘制图表以及进行相关性分析，得出结论：人民币汇率升值率和贸易收支呈负相关，但由于存在 J 曲线效应以及贸易摩擦等因素，人民币贬值并不能立刻扭转贸易逆差的情况。同样，基于我国国情，鼓励出口的经济政策能够削弱人民币升值对贸易收支的影响，并且人民币升值可以促进贸易结构的优化升级。

关键词： 人民币汇率；贸易收支；影响

一、引言

汇率作为货币交换的比价，一直是调节国际贸易的重要指标，汇率变动对一国的国际经济活动和对外贸易平衡有着深远意义。从 1994 年汇率改革开始，我国先后经历了东南亚金融危机、2005 年第二次汇率改革、2008 年国际金融危机，中国经济在全球经济发展失衡的背景下迅速腾飞，同时也面临着贸易顺差扩大使人民币升值的压力。2015 年，人民币加入特别提款权和"一带一路"建设，标志着人民币进一步朝国际化方向迈进。

在以出口为导向的经济模式下，中国 1978 年进出口位居世界第十位，经历了一系列汇率改革和至关重要的财政货币政策调整，到 2015 年进出口总值达到 24.59 万亿元人民币，跃居成为世界货物贸易第一大国，对外贸易依存度逐年升高，经济规模越大，所受的汇率影响就越大。

从理论上说，一国的货币贬值，将使该国的出口商品价格下跌，进口商品价格上涨，进而促进出口、抑制进口，导致贸易顺差扩大。然而现实情况往往更加复杂，通过分析历年数据，虽然人民币呈现升值趋势，贸易顺差依然逐年扩大。因此，本文以贸易收支作为切入点，首先从理论层面分析人民币汇率波动如何影响国际贸易，其次针对中国的实际情况，结合汇率制度变迁，研究中国国情与贸

---

① 邓达，教授，中国政法大学商学院；吴光光，经济学硕士，中国政法大学商学院。

易收支的关系，进一步就人民币汇率、规避风险以及优化产业结构方面提出意见和建议。

二、汇率波动对贸易收支影响的传导机制

（一）弹性分析理论

弹性分析理论以英国的 Joan Robinson 为代表，该理论详尽分析了货币贬值促进贸易收支所要取得的条件，以及汇率变动对本国进出口贸易产品相对价格的影响，进而影响一国贸易收支。其核心理论包括马歇尔—勒纳条件以及 J 曲线效应。

马歇尔—勒纳条件揭示了一国货币贬值如何改善贸易收支，认为一国在非常具有供给弹性的情况下，货币的升贬值是否能够改变贸易收支主要取决于该国进出口的需求弹性，其中，供（需）求弹性 = 供给（需求）量变动百分比/价格变动百分比。在本币贬值的情况下，若进出口的需求弹性相加的和比 1 大，则可以改善贸易收支。具体推导如下：

经常账户的差额可以用 CA 代替，出口额则表示为 EX，进口额的符号为 IM，直接标价法下的外汇汇率用 e 来表示，则：

$$CA = EX/e - IM \qquad\qquad (公式 2.1)$$

对 e 求导之后可得：

$$\frac{dCA}{de} = -\frac{EX}{e^2} + \frac{1}{e} \times \frac{dEX}{de} - \frac{dIM}{de} \qquad\qquad (公式 2.2)$$

整理后得到：

$$\frac{dCA}{de} = -\frac{EX}{e^2}\left(1 - \frac{dEX}{EX} \div \frac{de}{e} + \frac{eIM}{EX} \times \frac{dIM}{IM} \div \frac{de}{e}\right) \qquad\qquad (公式 2.3)$$

将出口商品需求价格弹性的绝对值设定为 η_x，进口商品需求价格弹性之绝对值设定为 η_m，则：

$$\eta_x = \frac{dEX}{EX} \div \frac{de}{e} \quad , \quad \eta_m = \frac{dIM}{IM} \div \frac{de}{e} \qquad\qquad (公式 2.4)$$

代入上式推导可得：

$$\frac{dCA}{de} = -\frac{EX}{e^2}\left(1 - \eta_x - \frac{eIM}{EX} \times \eta_m\right) \qquad\qquad (公式 2.5)$$

整理后得：

$$\frac{dCA}{de} = -\frac{EX}{e^2}(1 - \eta_x - \eta_m) \qquad\qquad (公式 2.6)$$

由推导可知，若 $\eta_x + \eta_m > 1$，则 $\frac{dCA}{de} > 0$，本币贬值将使贸易收支得到好转。

弹性分析理论提出后，各国经济学家纷纷开始测算，却发现在马歇尔—勒纳条件下，贸易收支并不能立刻好转，而是先趋于恶化。究其原因，他们发现马歇尔—勒纳条件忽视了长期弹性和短期弹性之间的区别。因此，作为马歇

尔一勒纳条件的补充，J 曲线指出这种影响其实具有时滞性。比如，在贬值之前，贸易合同已经签订，本币贬值后，凡是以外币计价的商品进口价格上升，以本币计价的商品在折成外币之后出口价格将降低，进口价格的上升有时并不能被进口产品数量的减少所削减，所以贸易支出会进一步增加；其次，就算是贬值之后才签订的协议，生产周期、决策以及资源依然是影响出口产品增加的主要因素。同时，一国货币出现贬值时往往会引起经济市场对本币进一步贬值的预期，有可能导致进口商订货速度加快（见图 1）。

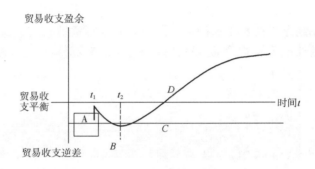

图 1　J 曲线效应

（二）不完全汇率传递理论

不完全汇率传递理论是在一价定律的基础上衍生出来的。一价定律认为，在完全竞争市场，经过厂商的套利，汇率波动会引起进出口产品的价格同比例波动，此时的传递是完全的。当厂商具有一定的定价能力时，汇率传递效应带来的价格波动会被厂商调整价格所抵消，此时汇率表现为不完全传递。造成汇率不完全传递有很多原因，如分销运输成本导致的市场分割、定价歧视，以及厂商的价格决策等。由此可见，当一国货币贬值时，其贸易收支影响相对有限，价格能够保持在一定平稳的区间内。

三、人民币汇率变动对我国贸易收支的影响

（一）汇率制度变迁

一般而言，一国汇率上升会增加本国货币的购买力，从而刺激本国进口，同时，由于以外币计价的出口商品价格随之升高，对出口不利。因此，本币升值有可能进一步扩大贸易逆差，不利于贸易收支的改善，反之亦然。所以，根据所实行的汇率制度的不同，本文分别从三个阶段来阐述我国汇率制度变化对贸易收支的影响。

1. 汇率双轨制到并轨制

人民币从双轨制向并轨制的转变处于 1981 年至 1993 年，外汇制度的制定仍然处于摸索阶段。改革之前，人民币汇率长期低于出口的创汇成本，但是比国内

外消费物价之比高，因此，为了扩大出口，人民币需要贬值。然而，人民币贬值对非贸易的外汇收入会产生不利影响。为了兼顾非贸易以及贸易两个方面，1979至1984年间，双轨制规定了不同的贸易汇率和非贸易汇率。

双重汇率无疑能够调动出口者的积极性，使国家的外汇储备上升。然而，双轨制的存在引起了国外进口者的异议，双重汇率被看作政府对出口的一种变相补贴，同时，国内双重汇率给外汇管理也造成了一定的混乱。因此，为了配合外贸改革，我国开放调剂汇率市场，在经历了1985年到1991年的人民币大幅贬值调整之后，从1991年开始实行了浮动汇率制度。但由于J曲线效应，贸易收支无法在短期内得到改善，直到1994年，我国才结束了贸易逆差的反复出现，正式步入贸易顺差。

2. 汇率改革前

我国官方汇率与调剂汇率于1994年正式合并，形成在市场供求基础之上有管理的、单一的浮动汇率制度，人民币汇率制度以及贸易政策开始由完全的计划经济向市场经济转变。1996年，国际货币基金组织的第8项条款正式被我国接受，这一举措使经常项目实现了人民币的可兑换，为之后加入全球贸易竞争打下了坚实的基础。1997年，亚洲普遍遭受金融危机，中国坚持盯住美元的经济战略，汇率变动微小而且一直坚持人民币不贬值。如图2所示，1994—1997年，人民币有小幅度的升值趋势，由1:8.45上升到1:8.28，而我国贸易收支由逆转顺，这是因为当时贸易发展正值高潮，国内物价水平居高致使储蓄大于消费和投资，进而引发消费品市场供过于求，进口速度减缓。2001年中国加入世界贸易组织后，国内市场进一步开放，外贸依存度不断增加，并且一举成为欧美地区出口产品中间环节的大型加工地，使资本流入远大于资本流出，有利于物价回落和经济稳定。

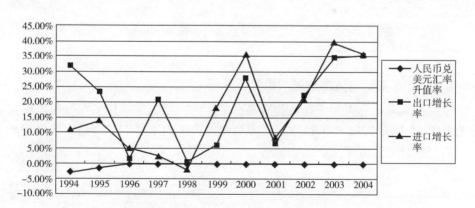

图2　1994—2004年人民币汇率变动情况

数据来源：国家外汇管理局网站。

3. 汇率改革后

2005 年 7 月 21 日，我国开始实行参考一篮子货币进行调节来代替紧盯美元，有管理的浮动汇率制度正式登上舞台。人民币兑美元升值 2%，之后一直稳健升值到 2008 年的 1:6.97，贸易顺差不断扩大。为了增强人民币汇率的弹性，2010 年 6 月，央行在之前的基础上开启第二次汇率改革（见图 3）。人民币升值预期成为我国贸易顺差加大的最强推动力，同时资本项目中的资金流入也被包含在贸易中，这就使顺差加剧同时升值预期更大。2010 年，出口增长率为 31.3%，进口增长率为 38.8%，贸易顺差比同期减少 6.2%，虽然 2008 年金融危机给我国的对外贸易带来了严峻的挑战，但是 2011 年和 2012 年，我国贸易额恢复并且再创新高。2016 年，人民币汇率下跌近 9%，下跌的原因包括：第一，中国处于产业结构调整时期，不断的去产能导致出口下降。第二，2016 年楼市的降价风波引起市场隐忧，存在唱空人民币的言论。同时，美国退出量化宽松政策令资金回流也成为人民币贬值的另一原因，再加上国际大宗商品的价格大幅度下跌和国内出口疲弱，这些都直接导致我国进出口额纷纷下降。

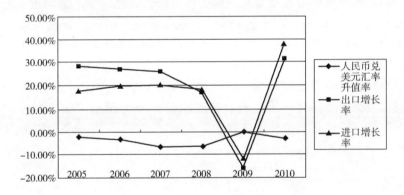

图 3　2005—2010 年人民币汇率变动情况

数据来源：国家外汇管理局网站。

（二）汇率变动与贸易总量的相关性分析

本文把人民币兑美元中间价和贸易总量作为变量来进行相关性分析。本文数据选自 1995 年到 2016 年的数据，汇率数据来自于国家外汇管理局，贸易额数据来自中国统计局官方网站。

$$r = \frac{\sum XY - \dfrac{\sum X \times \sum Y}{N}}{\sqrt{\left[\sum X^2 - \dfrac{(\sum X^2)}{N}\right]\left[\sum Y^2 - \dfrac{(\sum Y^2)}{N}\right]}} \qquad （公式 3.1）$$

通过公式 3.1 求得人民币汇率升值率和贸易相关系数为 -0.73，说明人民币贬值有利于贸易总额上升。根据之前的弹性分析论，在满足马歇尔—勒纳条件的前提下，本币贬值有利于一国贸易收支。我国的汇率变动和贸易收支可以分三个阶段进行研究。

首先，在双重汇率时期，我国的出口产品多为低档产品，在人民币贬值之后出口商品价格下降，但由于 J 曲线效应，贸易顺差扩大的现象并没有很快显现出来。随着生活水平的提升，人们的购买力增强，国内物价上涨引发通胀从而导致进口增加，再加上人民币几次大幅度贬值，由此引发的贸易摩擦对出口不利。因此，综合以上各种因素，人民币贬值不仅未体现出贸易顺差的效果，并且在这段时间贸易收支呈现长时间的逆差。

其次，在固定汇率时期，政府实行出口导向性经济政策，加之出口退税拉动出口增加，我国内需不足，进口增加幅度小，同时国家出台了一系列出口退税、出口信贷国家担保等经济政策，保证了对外市场的进一步开放，同时降低关税也对进口有利。

最后，在浮动汇率时期，人民币经历了先是较为缓慢然后加速的升值过程，同时我国贸易结构的改变和企业风险管控意识的增强减弱了人民币升值对进出口的不利影响，产业升级虽然使我国逐渐摆脱了劳动密集型的生产模式，与此同时带来的贸易摩擦和对外贸易依赖度的增加也为我国经济的发展带来了挑战。

四、研究结论与政策建议

本文从贸易收支的角度探究人民币汇率对我国进出口贸易的影响，在总结和回顾相关传导机制的基础之上，运用图表数据展示了人民币汇率和我国贸易发展和改革的现状，揭示出我国对外贸易和汇率变动之间的某种相关性，得出如下结论：人民币升值率和我国贸易收支呈负相关关系，但是在中国某个特定时期的国情下，人民币贬值并不一定能够促进贸易收支，人民币升值不一定阻碍贸易收支。在双重汇率制下，人民币贬值，但由于 J 曲线带来的时滞效应和双重汇率带来的贸易摩擦，导致贸易收支并不能好转；在固定汇率制时期，人民币虽然有小幅度的上升，但是由于我国出台出口退税等经济政策，拉动了进出口；在浮动汇率时期，人民币持续升值，与此同时，金融工具的普及、高新技术产品比例的提高和企业提高风险管控能力部分消减了升值带来的贸易额下降。

央行在外汇市场上的操作影响外汇市场的供求关系，汇率短期和中期波动的调节是十分有效的，但这并不利于发挥市场价格信号的重要作用，对资金的配置也不能起到有效合理的作用。因此，需要放松对外汇汇率浮动的约束，增加汇率浮动的灵活性以及弹性，减少来自央行的直接干预，营造一个高度市场化的竞争环境，体现广泛市场参与者的真实交易意愿，为汇率的进一步市场化奠定坚实的基础。

人民币贬值给我国进出口带来了显著的负面影响，而且汇率风险的不可预期性显然不利于国民经济的稳定发展，因此，加强汇率风险管理是必要的。2017

年以来，全球非美元的主要货币包括日元、欧元和卢布等的贬值造成了人民币的相对升值，从客观上削弱了我国产品的竞争力，加大了外贸企业的经营压力和收汇风险。因此，银行和企业要同样重视汇率变动带来的风险，积极采取相关措施，进行风险控制。首先，企业要有汇率风险意识，将外汇风险控制加入企业管理战略中，学会灵活使用各种结汇以及交易方式，以降低外汇风险。其次，央行以及商业银行等金融机构同样要重视在结汇和资金理财业务中对可能会出现的汇率风险做出明确的提示，引导消费者和企业合理规避风险，加强对外汇交易的限额管理。

如果进出口目标市场过于集中，一旦汇率发生波动，一个国家的进出口额很容易受别国左右，有时甚至可能遭受严重损失。2015 年，美国退出量化宽松政策所引起的人民币贬值就是一个很好的例子。扩大目标市场的前提是有一个稳定的贸易环境和政策保障，通过推进跨境贸易人民币结算，改善融资服务，扩大出口信用保险规模和覆盖面，适时扩大融资租赁的出口退税试点范围等政策措施，鼓励中国装备走出去。此外，我们可以积极发展东南亚、拉丁美洲、中东等地区的合作伙伴，比如习近平总书记提出的"一带一路"经济战略布局，以及亚洲基础设施投资银行的建立，都有助于各国加强多边合作，使人民币国际化。同时，政府还可以针对部分劳动密集型产业征收部分出口关税，从政策上引导，在保持原有贸易出口国优势的基础上，培育新的竞争优势，从根本上改变出口产品结构，让出口市场更加多元化。

参考文献

[1] O. M. Bahmani, F. Niroomand. Long – run Price Elasticity and the Marshall – Lener Condition Revisited[J]. Economic Letters,1998,61(10):101 – 109.

[2] Balassa. The Purchasing – Power Parity Doctrine：A Reappraisal[J]. The Journal of Political Economy,1964(72):584 – 596.

[3] Marshall. A Principles of Economics[M]. London：MaCmillan, 1961.

[4] 曹伟,倪克勤. 人民币汇率变动的不完全传递——基于非对称性视角的研究[J]. 数量经济技术经济研究,2010(7):105 – 118.

[5] 卢向前,戴国强. 人民币实际汇率波动对我国进出口的影响[J]. 经济研究,2015(5).

[6] 田化. 人民币汇率变动对中国贸易结构影响的实证分析[J]. 当代经济管理,2009,31(9):72 – 76.

[7] 曾铮,张亚斌. 人民币实际汇率升值与中国出口商品结构调整[J]. 世界经济,2013(5).

[8] 朱晓莉. 试析人民币对内升值对外贬值并存[J]. 经济研究,2013(4):65 – 68.

经济增长与制度变迁

北京市农业转移人口分步骤获得社会保障和公共服务研究①

陈明生　　焦雪姿②

摘要： 为农业转移人口提供完善的社会保障和平等的公共服务具有重要的意义。西方国家渐进式建立社会保障和公共服务体系能给我国提供很好的启示。由于面临较为严重的财政约束和企业财务约束，农业转移人口在获得社会保障和公共服务方面存在参保率低、覆盖面小、享受公共服务少等严重问题，从有利于各方利益的角度，北京市应采用向农业转移人口分步骤提供社会保障和公共服务的方案，优先提供医疗保险、工伤保险、失业保险以及就业培训，解决随迁子女教育问题，其他保险、保障及公共服务应根据实际情况灵活安排。

关键词： 农业转移人口；社会保障；公共服务；北京市

一、引言

农业转移人口的市民化是我国推进新型城镇化建设、统筹城乡经济社会协调发展、培育经济发展新动能的重要内容。其中，稳定可靠的社会保障供给是加快农业转移人口市民化进程的关键（张燕，2014）。国家为农业转移人口提供社会保障和公共服务，是在我国当前户籍制度条件下实现"农民—农业转移人口—城市市民"的市民化过渡的有力保障，是稳步改善社会民生、促进基本公共服务均等化建设、完善公共治理体系的重要举措。

中共中央在《关于制定国民经济和社会发展第十三个五年规划的建议》中明确提出，要建立更加公平、更可持续的社会保障制度，这充分体现了以创新、协调、绿色、开放、共享为理念的新发展观，突出强调社会保障制度建设不光要注重覆盖面的扩张、基金规模的扩大等外延式发展，更要注重提高社会保障制度的公平性和可持续性等内涵式发展。

中共北京市委在《关于加强和创新社会管理全面推进社会建设的意见》中提出，要按照"建首善、创一流"的要求，加强和创新社会管理，努力使北京

---

① 基金项目：本文为陈明生主持的 2014 年北京市社会科学基金一般项目"严格控制特大城市人口规模背景下北京市农业转移人口的市民化研究"（项目号：14JGB077）的阶段性成果

② 陈明生，教授，中国政法大学商学院；焦雪姿，经济学硕士，中国政法大学商学院。

市的社会保障建设及基本公共服务水平始终走在全国前列，并达到中等发达国家水平，要基本实现社会服务管理网格化、社区建设规范化、村庄管理社区化，基本形成社会组织"枢纽型"工作体系，基本实现各类人群服务管理全覆盖。

在农业转移人口的社会保障方面，北京市一直积极探索并致力于逐步打破户籍、地域、身份界限，构建"职工＋居民"的社会保障体系，以实现社会保障人群全面覆盖、水平不断提高。

学者们对农业转移人口的社会保障制度建设进行了大量研究，包括建立完善的农民工社会保障制度的理论基础、意义、障碍、资金来源和实践模式，当前制度建设的问题、原因、对策等（李平，2007；吕学静，2008；赵晏、刘鑫宏，2010；张太宇，2014；王俊杰，2015；秦立建等，2017），还有学者研究了分阶段、多主体、逐步推进的农民工社会保障制度建设路径（樊晓燕，2015）。而对城市政府向农业转移人口提供平等的公共服务方面，学者们也有很多研究（岳经纶，2012；张秀中，2012；金南顺，2012；王永乐、李梅香，2014）。已有研究对推动我国农业转移人口获得完善的社会保障和平等的公共服务做出了巨大的贡献，但这些研究多以城市居民作为参照系探讨农民工获得完善社会保障和平等公共服务的目标、模式、措施等，较少从城市政府、企业的意愿和承受能力，甚至也不怎么考虑农业转移人口的意愿（只研究农业转移人口参保低的原因和对策），这种研究及实践的思路使农业转移人口社会保障和公共服务体系建设面临较多困难，效果很不理想。如果能够根据农民工的需要，考虑企业和政府的承受力，分阶段依次让农业转移人口获得社会保障和公共服务，那许多实践难题将迎刃而解。本文拟对农业转移人口分步骤获得社会保障和公共服务进行研究。

二、西方国家社会保障和公共服务体系建立过程及对我国的启示

（一）西方国家社会保障制度建立过程及对我国的启示

社会保障是通过立法对社会成员给予物质帮助的各种社会措施的总称。社会保障制度是指国家依据一定的法律和法规建立的，在劳动者或全体社会成员因年老、疾病等原因丧失劳动能力而失去生活来源以及遇到其他困难时，向其提供基本生活保障或帮助的一种社会制度（杨干忠，2004）。社会保障制度调节收入分配，促进社会公平，维护社会稳定，并能调节社会经济的运行。

世界各国社会保障制度的形成和完善经历了较长时间的过程。民间自发的互助互济和宗教的慈善事业可以被认为是社会保障制度的萌芽。1834年，英国政府颁布的《新济贫法》以国家立法的形式确立了社会救济制度，该做法为欧洲其他国家所借鉴，社会救济制度在西方国家逐渐形成。1883年，德国颁布了《疾病保险法》，建立了工伤、老年和残障保险制度，欧美工业化国家纷纷效仿，到1935年美国颁布《社会保障法》，标志着社会保险制度的完善。1942年11

月，受英国政府委托的社会保障服务委员会提交了著名的《贝弗里奇报告》，该报告设计了一整套社会福利制度，据此，英国政府相继颁布了《国民保险法》、《国民卫生保健服务法》、《家庭津贴法》和《国民救济法》等一系列社会保障法律，从而建成了世界上第一个福利国家；瑞典、芬兰、挪威、法国、意大利等也纷纷致力于建设福利国家。西方国家社会保障体系的建设遵循着"生存—发展—福利"的基本顺序，这个渐进式的建立过程对我国农业转移人口社会保障体系的建立具有重要的启示意义，我国农业转移人口社会保障制度的建设过程不必追求一步到位，而应遵守从基本需要到享受（提高生活质量）的建设逻辑。

（二）西方国家公共服务体系建立过程及对我国的启示

当前我国学术界对"公共服务"概念的使用较为混乱，不同学者在应用该概念时其内涵和外延有很大的不同。该概念的使用应符合大多数学者的认知，且符合当前的语境，尤其是政府部门对该概念的运用。中共十六大将政府职能概括为：经济调节、市场监管、社会管理和公共服务。据此，我们认同李延均（2016）对公共服务所下的定义：公共服务是以公共权力保障全体社会成员各项法定人权事务为基本内容，以实现社会基本公平和人道主义为目标，以税收为基本来源，以均等化为标准，以政府设立的公共事业机构为主要提供主体，向全民免费或低收费提供的具有法定性质的服务，包括基础教育、特殊教育、公共卫生、计划免疫、基本医疗、社会保障、就业服务、保障性住房、防灾减灾等服务。从该定义可以看出，社会保障也属于公共服务的范畴。上述公共服务的内容可以进一步概括为：教育、医疗卫生、社会保障、就业培训、居住等。

公共服务属于政府职能的范畴。资本主义社会前期政府被定位为"守夜人"，后来随着经济运行出现诸多问题，社会运行也越来越复杂，国家干预经济的范围越来越大，并全面参与到人民生活和社会运行的各个方面，20 世纪 60 年代人力资本理论提出后，政府对教育、医疗卫生、就业培训等的重视程度更是大大提高了。20 世纪 80 年代以来，西方发达国家掀起一股政府改革热潮，在建设服务型政府方面取得了明显成效。从西方国家的经验来看，国家职能拓展与提供公共服务方面经历了一个渐进式的发展过程，这同样对我国建设服务型政府以及为农业转移人口提供平等公共服务方面具有启示意义。

三、城市向农业转移人口提供社会保障和公共服务的约束条件

社会保障和公共服务事关全体社会成员的各项法定人权事务，对他们的生存和发展、对劳动力的再生产具有重要的意义，同时也关系到社会的稳定，并最终关系到地方经济的发展。地方政府主观上有意愿为农业转移人口提供完善的社会保障和平等的公共服务，客观上却面临严苛的约束条件。

（一）财政约束

社会保障和公共服务是政府以公共权力保障全体社会成员各项法定人权事

务，由政府或其设立的公共事业机构向全民提供免费或低收费的服务，因此，政府财政是农业转移人口获得社会保障和公共服务的主要资金来源，在城市政府财政收入有限的情况下，政府向农业转移人口提供完善的社会保障和平等的公共服务面临严苛的财政约束，尤其是像北京这样拥有庞大农业转移人口数量的城市。根据中国发展研究基金会发布的《中国发展报告（2010）》，农业转移人口市民化的平均成本为 10 万元/人左右。市民化成本中非常重要的部分就是向农业转移人口提供社会保障和公共服务等的成本。根据国家统计局发布的《2016 年全国农业转移人口监测调查报告》，2016 年，我国农业转移人口的总量为 27 395 万人，其中，外出农业转移人口为 16 821 万人。根据《北京市 2016 年国民经济和社会发展统计公报》，2016 年年末，北京市常住外来人口 807.5 万人，占常住人口的比重为 37.2%。要向全市农业转移人口提供完善的社会保障和平等的公共服务，北京市面临较大的财政压力。

（二）企业的财务约束

在中国目前的体制下，企业是职工参加社会保障的主要资金来源，因此，农业转移人口要获得完善的社会保障，会增加企业的用工成本，在农业转移人口为企业创造的附加值较低的情况下，这种用工成本的增加可能促使企业减少雇佣农业转移人口，或者千方百计地逃避依法应为农业转移人口缴纳社会保障费用的责任。

农业转移人口为企业创造的附加值较少，与雇佣较多农业转移人口企业的粗放经营模式有关。在我国经济发展和城市化进程中，由于各种生产要素尤其是劳动力要素供应充足，价格比较低，而社会整体的技术和管理水平较低，加上体制的制约，我国主要依靠粗放型经济发展方式实现经济增长，在微观层面，企业在发展过程中形成了粗放型经营模式。

改革开放以来，由于农民的低收入、城乡间巨大的收入差距，以及农村大量的剩余劳动力，即使存在一些阻碍农民进城的障碍，仍然形成了对城市劳动力市场的"无限"供给。而在企业的科技及装备水平方面，虽然改革开放后我国的科技事业有了很大的发展，但计划经济体制下形成的僵化的科研体制、研发投入不足、研发激励效率不高，严重影响了科技水平的提高及其在产业中的运用。在劳动力供给充裕而便宜、资本相对短缺、整体技术水平比较落后的宏观环境下，企业在生产过程中会尽可能用充裕、便宜的劳动力替换更为稀缺和昂贵的资本和技术。具体而言，企业依靠吸收大量廉价的农村剩余劳动力生产劳动密集型产品并低价销售或出口；在企业收益较低的情况下，企业难以采用先进的技术，难以在研发上投入更多资金以吸引更多人才，只能继续从事低端产品的生产。这样对企业就形成了"低技术水平—廉价劳动力—廉价产品—低端市场—低端经营模式"因果关系的循环累积，技术水平、产品质量、劳动者素质、经营模式、消费者观念之间形成了相互影响和相互制约的关系。随着时间的推移，企业发展对这种"粗放经营模式"形成了路径依赖。

四、北京市向农业转移人口提供社会保障及公共服务方面存在的问题

（一）北京市向农业转移人口提供的社会保障和公共服务概况

2016 年 9 月，北京市发布《关于进一步推进户籍制度改革的实施意见》，提出要取消农业户口和非农业户口性质的区分，建立城乡统一的户口登记制度，并建立与其相适应的教育、卫生计生、就业、社保、住房、土地及人口统计制度。该规定为农业转移人口获得完善的社会保障和平等的公共服务奠定了基础。

1. 北京市向农业转移人口提供社会保障的情况

北京市采取了很多措施，鼓励农业转移人口参加社会保障。北京市《关于 2016 年度全市职工平均工资及 2017 年度工资福利和社会保险缴费基数标准等有关问题的通知》确定了用人单位和职工缴纳城镇职工基本养老、医疗、失业、工伤和生育保险费的基数。

在工伤保险方面，外地农民工参加工伤保险，由用人单位缴纳工伤保险费，个人不缴费；用人单位在本市为外地农民工办理了工伤保险参保手续并按时足额缴费，外地农民工经认定为工伤的，由工伤保险基金支付工伤保险待遇；用人单位未给外地农民工缴纳工伤保险费，或未按核定标准支付工伤保险待遇的，外地农民工可以向劳动保障行政部门劳动监察机构举报，与用人单位发生争议，可以向劳动争议仲裁委员会申请仲裁。

在医疗保险方面，根据北京市《关于本市职工基本医疗保险有关问题的通知》，自 2012 年 4 月起，与用人单位建立劳动关系的农民工将统一纳入北京市城镇职工医保范围，按城镇职工标准缴纳医疗保险费，享受城镇职工医保待遇，这一举措实现了四项统一：①统一缴费办法。按照北京市职工医疗保险缴费标准，用人单位按全部职工缴费工资基数之和的 10% 缴纳，个人按本人上一年度月平均工资的 2% 和每人每月 3 元缴纳。②统一建立个人账户。按照职工医疗保险规定划入个人账户并计算缴费年限。③统一医保待遇。定点医疗机构的选择和医保待遇标准与城镇职工相同。④统一持卡就医。农民工参保后可领到社保卡，实现持卡就医、实时结算。

在养老保险方面，按照《北京市基本养老保险规定》，养老保险费由用人单位和农民工共同缴纳，企业应以全部城镇职工缴费工资基数之和作为企业缴费工资基数，按照 20% 的比例缴纳；个人以本人上一年度月平均工资为缴费工资基数，按照 8% 的比例缴纳，并由用人单位在发放工资时代为扣缴。农民工与用人单位终止劳动关系后，在本市行政区域内重新就业的，可以接续养老保险关系，不转移养老保险基金；跨统筹区域就业的，可以转移养老保险关系，其个人账户全部随同转移；回农村的，可以保留养老保险关系，将其个人账户封存，待在本市重新就业后继续缴纳养老保险费；用人单位招用农民工不为其办理审批、录用手续，不为其办理参加养老保险手续的，劳动保障行政部门按照国家及本市有关

规定予以处罚。

2. 北京市向农业转移人口提供公共服务的情况

为适应我国规模越来越大的农业转移人口，政府为其获得就业地公共服务做出了很多努力。在国家的总体要求和推动下，各地包括北京市政府也积极采取措施，使农业转移人口能够获得相应的公共服务。

2006 年新修订的《义务教育法》规定："父母或者其他法定监护人在非户籍所在地工作或者居住的适龄儿童、少年，在其父母或者其他法定监护人工作或者居住地接受义务教育的，当地人民政府应当为其提供平等接受义务教育的条件"，这一规定为农业转移人口随迁子女获得平等的受教育权提供了法律基础。2008 年，《国务院关于做好免除城市义务教育阶段学生学杂费工作的通知》（国发〔2008〕25 号）规定："进城务工人员随迁子女接受义务教育要以流入地为主、公办学校为主解决；地方各级人民政府要将进城务工人员随迁子女义务教育纳入公共教育体系。"从 2016 年春季学期开始，财政部会同有关部门建立了全国中小学生学籍信息管理系统以及城乡统一的义务教育经费保障机制，实现了"教育经费可携带"。2010 年，北京市中小学入学取消了户籍壁垒，来京务工人员随迁子女可办理入学登记卡，免费就近入学。[1] 几年后，北京市收紧了相关政策，《北京市教委 2012 年关于义务教育阶段入学工作的意见》规定，非京籍学生在京借读需具备"五证"（暂住证、实际住所证明、就业证明等）；在政策执行过程中还有很多附加的"隐形条款"，有人做过统计，实际上须备齐 28 个证件才有参加初审的资格，很多证件需要提前很多年准备。[2]

在其他公共服务方面，北京市自 2016 年 10 月 1 日起实施《居住证暂行条例办法》，符合条件的外地户籍来京人员可以到居住地公安派出所或者公安机关委托的来京人员社区登记服务机构申领《北京市居住证》。居住证持有人在京依法享有劳动就业，参加社会保险，缴存、提取和使用住房公积金这三项权利，享有义务教育、基本公共卫生服务和计划生育服务等六项基本公共服务，申领机动车驾驶证等 7 项便利。北京市将流动人口纳入社区卫生计生服务体系，为流动人口提供基本公共卫生计生服务，其中包括落实 11 类基本公共卫生服务项目，优先落实好儿童预防接种、传染病防控、孕产妇和儿童保健、健康档案、计划生育、健康教育 6 类基本公共服务。在农业转移人口的就业培训方面，根据《北京市农村劳动力转移就业管理办法》，人户分离的求职登记农村劳动力应由居住地村级就业服务组织或社区劳动保障协管员对其实施动态管理，并向其户口所在地乡镇社会保障事务所报告相关情况。劳动力可就近在居住地享受就业服务，但原则上应享受户口所在地的转移就业优惠政策。北京市积极推行各种职业技能培训计

---

① 王萍："北京中小学取消户籍壁垒，外地生可免费入学"，《北京晨报》，2010 - 5 - 22。
② 朱少军："农民工子女进城读书到底难在哪儿？不仅是成本高"，《人民日报》，2016 - 1 - 22。

划，将外来农民工职业技能培训纳入全市总体培训规划，推动各部门、用人单位进一步加强外来农民工职业技能培训工作。

（二）存在的问题

1. 社会保障方面存在的问题

尽管国家层面和北京市政府做出了各种努力，但离建立农业转移人口完善的社会保障体系尚有较大差距，主要存在以下问题。

（1）社会保障体系不健全。以城市居民作为参照系，农业转移人口参加社会保障体系的制度规定还有较大的缺陷。目前，我国（包括北京市）对农业转移人口可参加的社会保障项目主要包括工伤保险、医疗保险、养老保险、生育保险等，而对非缴费项目如社会救助、最低生活保障、社会福利和社会优抚等依然设置了户籍门槛，导致多数农业转移人口无法获得这部分保障。

（2）社会保障制度转移接续不连贯。由于农业转移人口较大的流动性，这就需要为农业转移人口的社会保障服务建立有效的衔接机制，使社会保险账户能实现跨区域、跨城乡流转。目前我国的社会保障多以省（区、市）为统筹单位，部分省份甚至停留在县、市统筹水平上，统筹层次偏低，加之各单位间政策及费率不统一，导致跨地转移接续困难，不适应农业转移人口流动性强、工作转换频繁的特点。虽然有部分省份已开始试行养老保险跨省和省内转移接续，但政策实施起来难度较大，进展缓慢。

（3）农业转移人口参保比例太低。由于社会保障是长期持续的保障，短期及健康状况良好的情况下受益不明显，加上农业转移人口认识不到参加社会保障的好处，对相关制度不太信任，社会保障项目的缴费额相比农业转移人口的收入而言较高，使农业转移人口参保意识不强。更重要的是，用人单位为降低经营成本，缺乏参与积极性，最终导致农业转移人口参加社会保障的比例较低，社会保障制度无法覆盖到多数农业转移人口。各种数据和调查都显示，农业转移人口参保比例很低。根据《2014年农民工检测调查报告》，农民工"五险一金"的参保率分别为：工伤保险26.2%、医疗保险17.6%、养老保险16.7%、失业保险10.5%、生育保险7.8%、住房公积金5.5%。而有学者认为，包括北京市在内的特大城市社会保险的参保率高一些，养老保险35.4%、医疗保险43.85%、工伤保险46.5%、生育保险9.3%、失业保险17.5%（冯虹、张玉玺，2016）。考虑到学者个人调研的局限性，北京市农业转移人口参加社会保障的比例比全国不会高太多。

2. 公共服务方面存在的问题

相比于城乡隔离的时代，我国允许非户籍人口到城市就业已经是巨大的进步，但受制于财政问题，城市包括北京市政府向农业转移人口提供的公共服务仍然是有限的。在医疗卫生方面，农业转移人口已经能享受到基本的相关服务，看病难的问题主要是农业转移人口参加社会保障比例偏低造成的。在住房方面，农业转移人口几乎不能享受到城市政府提供的住房服务。在就业培训方面，农业转移人口原则上主要还是享受户口所在地的转移就业优惠政策，在居住地公共就业服务机构得到的有效服务不足，解决就业的能力有限；针对农业转移人口的就业保障机制尚不健全，使其不能享有与城市市民同等的再就业保障；农业转移人口得到的培训服务较少，根据《2016 年农民工监测调查报告》，全国农业转移人口接受非农职业技能培训的只占 30.7%，北京的状况与全国类似。在教育方面，农业转移人口为其随迁子女办理到公办学校就读的手续较为烦琐，北京受制于人口规模过大的现实，事实上已经收紧了农业转移人口随迁子女的入学政策，规定了较为严苛的条件，使很多适龄儿童难以在北京入学，而且随迁子女异地参加中高考的问题仍看不到解决的曙光。

五、北京市农业转移人口分步骤获得社会保障和公共服务的对策

受制于政府的财政压力和企业的财务压力，北京市农业转移人口获得社会保障水平较低，较少获得政府提供的公共服务，从某种程度上来讲具有一定的必然性，所以，即使中央政府三令五申，地方政府和企业仍然千方百计地逃避相关规定，最终的结果是农业转移人口甚至难以得到最基本的社会保障和公共服务。因此，我们应该实事求是地分析我国面临的各种客观条件，兼顾农业转移人口、企业和政府的利益和需要，制定合理可行的社会保障和公共服务政策，实现各方面利益的最大化。综上所述，北京市应该采取渐进式的应对策略，让农业转移人口分步骤逐渐获得完善的社会保障和平等的公共服务。

（一）农业转移人口分步骤获得社会保障的方案

考虑到各方面的制约条件，我国较早提出了渐进式过渡的农业转移人口获得社会保障的方案。2006 年，国务院颁布的《关于解决农民工问题的若干意见》提出："根据农民工最紧迫的社会保障需求，坚持分类指导、稳步推进，优先解决工伤保险和大病医疗保障问题，逐步解决养老保障问题；要适应流动性大的特点，保险关系和待遇能够转移接续，使农民工在流动就业中的社会保障权益不受损害；要兼顾农民工工资收入偏低的实际情况，实行低标准进入、渐进式过渡，调动用人单位和农民工参保的积极性。"这种渐进式过渡的思路应该坚持下来，这样才最有利于包括农业转移人口在内的各方面的利益。在当前条件下，城市政府应按下述步骤和方式向农业转移人口提供社会保障。

（1）按照北京市户籍职工的标准让农业转移人口参加工伤保险、医疗保险和失业保险。工伤保险、医疗保险和失业保险能在发生意外时保证职工的生存和劳动力的发展，这方面的支出是人力资本投资的组成部分，无论对个人还是对企业和国家，都具有重要的意义，属于应该优先保证的保险部分。按照北京市的规定，农业转移人口（包括北京市户籍职工）参加这三个项目的缴费比例：医疗保险项目机关、事业单位、企业、社会团体和有雇工的个体工商户缴费比例为单

位或业主10%，个人2%；工伤保险项目单位或业主0.5%~2%，个人不用缴费；失业保险项目单位或业主0.8%，个人0.2%；三项加总单位缴费比例为11.3%~12.8%，个人缴费比例为2.2%。

（2）农业转移人口参加养老保险。养老保险对保障老年人的生活、保持社会的稳定、保持劳动力群体的正常代际更替，乃至社会经济的发展都具有重要的意义。对城市职工而言，除了个人积蓄、儿女补助外，养老金是退休人员生活费的主要来源，对保证退休人员的生活具有重要的意义。对农村居民而言，其收入来源除了积蓄、儿女支持外，年纪较大以后还能继续从事农业耕种并获取生活来源，多数农村居民也参加了国家的新型农村养老保险。当前，北京市户籍职工和农业转移人口的缴费标准为单位20%，个人8%，这个比例设定没有考虑农业转移人口的实际情况和承受能力，导致农业转移人口参保意愿低，也造成企业过高的负担，最终的结果是企业千方百计逃避缴纳各种社会保险。综合各种情况，我们建议将养老保险单位缴费比例设定为5%~20%，由单位和个人协商决定，个人缴费的比例为5%~8%，由个人决定。该规定的实质是实事求是地确定一定水平的保障后，其他事情交由劳动市场决定，由劳动市场来决定农业转移人口能否享受更高的养老保障水平，用人单位必将根据劳动力质量及劳动力供求状况，一并考虑劳动者的工资和养老保障水平。

单位和个人的缴费存入农业转移人口个人专属账户，农业转移人口与用人单位终止劳动关系后，在本市行政区域内重新就业的，可以接续养老保险关系；跨统筹区域就业的，可以转移养老保险关系，其个人账户全部随同转移；回农村的，可以保留养老保险关系，将其个人账户封存，待在本市重新就业后继续缴纳养老保险费。农业转移人口年满60周岁后应一次性将账户内所有的金额支付给农业转移人口个人。

（3）其他社会保障项目。对生育保险等，应允许单位和个人协商，由企业和个人共同决定是否参与。而对最低生活保障在内的保障措施，可以考虑设定几个门槛（如在北京工作、缴纳税收一定的年限之后），按不同的待遇标准让农业转移人口或外地户籍居民享受相应的待遇。

按照上述安排，对农业转移人口而言，需要缴纳的比例由原来最高达到单位缴费33.6%、个人缴费10.2%，降到按上述方案后的最低单位缴纳比例为16.3%、个人缴纳比例为7.2%。该方案极大地减轻了企业的负担，也增加了农业转移人口能够拿到手的工资，同时赋予单位和个人自由选择的权利，能够根据劳动力和企业的具体情况提高保障标准。考虑到当前规定下只有20%多的农业转移人口参加了各项社会保险，因此，降低标准后反而有利于保护农业转移人口的根本利益。

（二）政府分步骤向农业转移人口提供公共服务

当前，包括北京市在内的城市政府向农业转移人口提供的公共服务较少，尤其是有关农业转移人口及其子女的发展方面。除了那些容易解决、城市政府已经提供的公共服务，考虑到农业转移人口的迫切需要，以及城市政府的财政约束，城市政府可以按照下述顺序和步骤向农业转移人口提供公共服务：①就业培训。就业是民生之本，加强对农业转移人口的技能培训和职业教育，有助于提升农业转移人口的就业能力和就业质量，也有利于提高城市产业的竞争力。②子女教育。随迁子女的教育问题是深刻影响农业转移人口家庭在城市稳定发展的一大难题，子女的教育得不到有效安排和保障，一方面意味着农业转移人口家庭要么迫于收入条件及政策环境，让子女接受低水平的教育，要么就要为让子女获得高水平的教育花费更高昂的成本；另一方面，子女的教育问题会成为农民工家庭的压力和困扰，影响其工作效率以及生活幸福感的有效提升。③居住。在政府财政达到一定能力后，可考虑向农业转移人口提供廉租房或公租房。"安居乐业"自古以来就是中国人民的追求，如能满足农业转移人口"住有所居"的需求，将极大提高其生活的质量。

参考文献

[1]樊晓燕. 农民工社会保障制度的困境与破解[M]. 北京:中国社会科学出版社,2015.

[2]冯虹,张玉玺. 特大城市农民工社会保障研究——基于户籍制度改革的视角[J]. 山西大学学报(哲学社会科学版),2016(4):124－128.

[3]金南顺. 覆盖农民工的城市公共服务体系研究[M]. 北京:中国社会科学出版社,2012.

[4]李平. 中国转型时期城市农民工社会保障制度研究[D]. 武汉:华中科技大学,2007.

[5]李延均. 公共服务及其相近概念辨析——基于公共事务体系的视角[J]. 复旦学报(社会科学版),2016(4):16－172.

[6]吕学静. 中国农民工社会保障理论与实证研究[M]. 北京:中国劳动社会保障出版社,2008.

[7]秦立建,童莹,王震. 农地收益、社会保障与农民工市民化意愿[J]. 农村经济,2017(1):79－85.

[8]王俊杰. 农民工社会保障制度研究[M]. 北京:知识产权出版社,2015.

[9]王永乐,李梅香. 新生代农民工城市融合问题研究——基本公共服务均等化的视角[M]. 北京:经济科学出版社,2014.

[10]杨干忠. 社会主义市场经济概论[M]. 北京:中国人民大学出版社,2004.

[11]岳经纶. 农民工公共服务:国际经验、本地实践、政策建议[M]. 广州:中山大学出版社,2012.

[12]张秀中. 转型之路:转型时期构建农民工基本公共服务体系研究[M]. 广州:广东人民出版社,2012.

[13]张太宇. 中国农民工社会保障制度研究[D]. 沈阳:辽宁大学,2014.

[14]赵晏,刘鑫宏. 农民工就业与社会保障研究[M]. 北京:中国劳动社会保障出版社,2010.

中国继续推动东亚货币金融合作的必要性

——从"基轴货币税"和人民币国际化角度看[①]

张毅来[②]

摘要： 当前在"美元本位制"的国际体系下，美元作为国际基轴货币，使美国以外的国家大量负担"基轴货币税"，这些国家也包括中国。同时，中国正努力谋求人民币国际化，但进展缓慢，从日元和德国马克的国际化经验来看，中国应通过继续推动深化东亚货币金融合作来推进人民币国际化。人民币国际化的初步目标应该是人民币的地区基轴货币化，以此方能最大限度地摆脱当前负担的沉重的美元"基轴货币税"。

关键词： 基轴货币税；人民币国际化；东亚货币金融合作；日元国际化；德国马克国际化

尽管东亚各国都不同程度地意识到东亚货币金融合作的重要性，但合作进程仍然长期停滞不前。仅从中国的角度来说，东亚货币金融合作能够促进中国与区域内各国贸易资本交易的快速发展，促进中国周边国家经济的安定发展，进而为中国的经济发展提供稳定的外部环境等诸多重要性已被普遍认识和理解。但是仅这样一些利益，还不足以使中国热衷于东亚货币金融合作，这也是东亚货币金融合作停滞不前的重要原因之一。当然，通过东亚货币金融合作推动人民币国际化也是被经常提及的重要观点之一，但是人民币国际化的重要性和迫切性似乎并没有得到足够重视，推动东亚货币金融合作的动力自然也就不足。针对这些问题，本文从美元"基轴货币税"这一概念出发，明确了人民币国际化的迫切性，并基于这个概念及相关机制重新整理归纳了日元国际化和德国马克国际化的经验教训，肯定了人民币亚洲化战略，明确提出评定其成败与否的重要标准。

一、美元的"基轴货币税"

在当前以美元为国际基轴货币的"美元本位制"条件下，美国以外的各国，

---

① 教育部留学回国人员科研启动基金资助项目（第49批）（项目号：1061/22415005），中国政法大学"新入校青年教师科研启动资助计划"（2012年度），中国政法大学校级科学研究项目资助（项目号：1061/20116046），中国政法大学青年教师学术创新团队支持计划资助项目（16CXTD07）。

② 张毅来，副教授，中国政法大学商学院。

无论是公共部门还是民间部门，只要持有美元，就会产生"基轴货币税"负担。众所周知，中国的公共部门持有大量美元外汇储备，这就决定了中国不得不承担巨额的"基轴货币税"。中国如何才能减轻这种负担是亟须解决的问题。

在讨论"基轴货币税"之前，需要首先明确"货币税"的现代意义。一般来说，由于中央银行享有货币发行权，必然享受"货币发行利益"。"货币发行利益"是指中央银行通过给民间银行和特定金融机构提供货币来完成货币供给，而民间银行和特定金融机构则抵押给中央银行有利息的金融资产（如国债），这样中央银行就享有了利息收益，这种利息收益就是货币发行方现代意义上的"货币发行利益"。（安念潤司、岩原紳作、神田秀樹等，2004）。而这个利益换一个角度，从使用或持有货币一方来看，就形成了一种经济代价，因为这些货币的使用和持有都意味着其承担了给中央银行的利息，因此又被称为"货币税"（Seigniorage）。

需要注意的是，上述"货币税"是从国内角度定义的。如果按照同样的逻辑，把视野扩大到国际层面，就会发现这个层面也存在同样的现象，这里姑且称之为"基轴货币税"。具体来说，当 A 国货币的流通范围超过本国国界，成为所谓的国际货币的时候，其他国家公共部门或民间部门必将大量持有和使用它，那么，A 国的"货币税"负担者就转移到了外国。因此，作为最强大的国际货币（也就是国际基轴货币）——美元的发行国，美国自然就享受着来自各个国家的巨额"货币发行利益"，而这正是这些国家所负担的"基轴货币税"。美国以外的国家持有美元越多，所承担的经济代价也就越大。当然，"基轴货币税"与"货币税"尽管存在这样一些基本共通性，同时也存在一些巨大差异。

具体来说，美元是当今世界的基轴货币，也就是最大的国际货币。美国享受着美元的庞大"基轴货币税"，以美国当前享受的这种"基轴货币税"为例，可以明确"基轴货币税"与"货币税"的两大差异。

（1）美国通过美元的基轴货币地位获得了所谓"负债结算"的特权。具体来说，美国通过本国的经常项目赤字向世界供给美元，同时又通过资本流入形式接受这些美元回流美国，使美国国际收支基本持平，而这些回流美国的美元资本对美国往往是负债，因此，事实上形成了用负债结算经常项目赤字的特权。美国从中获得了巨额的"基轴货币税"。具体来说，当美国以外的国家输入其他国家的产品或服务的时候，需要用美元进行国际结算，因此首先要求该国国民必须通过出卖自己的产品或服务赚取美元外汇，然后才能够用自己的"血汗钱"完成输入时的国际结算。但是，美国输入外国产品和服务的时候完全没有这样的必要。简单来说，美国只需要印钞票就可以了，只要其他国家存在美元需求，美国的这种特权就可以一直维持下去，这也决定了美国具有控制全球财富的压倒性优势，这就是当前美国享受的最大的"基轴货币税"。这与单纯从国内角度定义的"货币税"有着很大区别。

（2）美国通过美元的基轴货币地位，不但获得了世界中央兼商业银行的实际地位，也获得了世界最强的"投机资本家"（田中素香等，2008）实力。具体来说，美国通过经常项目收支赤字和一些资本交易向全世界供给美元，由于这些美元资产往往需要在保持流动性的基础上寻求一定保值，因此其中一部分自然回流美国，购买美国较低利息的短期金融资产，而美国乐于接受外流的美元再次回流美国，因为美国可以利用这些低成本资金再投资到世界各地去赚取更高的回报。在这个资本循环中，美国获得的是国际结算货币的发行权，这对应着世界的中央银行功能；同时，回流美国的美元资金在美国绝大多数只能赚取较低利率，而美国用这些较低利息成本负担的资金投资全世界，赚取更高的资本收益差价，这种金融收益方式与商业银行的短借长贷、赚取利息差的传统盈利方式几乎完全一致，因此从这个角度来说，又对应了世界的商业银行功能。再换一个角度，美国因为拥有这些源源不断的大量低成本资金，用它们进行全球资本逐利，自然美国就成了全世界最财大气粗的"投机资本家"。无论从哪种盈利模式来看，美国都获得了实实在在的利益，这些利益是其他非基轴货币国家所不可能获得的，而这种利益也可以看成是美国独享的"基轴货币税"的另一种形态。

那么，为何说其他国家所有回流美国的美元资金只能获得美国的较低利息呢？这需要从民间部门和公共部门两个方面加以理解。

首先，从民间部门来看，各国所有回流美国的美元资金对美国是负债，而这些债权国家的民间银行为了随时应对以美元计价并结算的本国国际交易，必须保持自己所拥有的美元的高度流动性，而为了更便利高效地完成国际结算，债权国家的民间银行一般都在世界金融中心开设代理银行（Correspondent Bank），并通过代理银行进行国际结算。纽约就是这样的世界金融中心，因此，各国商业银行都有必要向美国注入巨额的美元流动资金，由于这些美元资金必须具有高流动性，因此只能获得极低利息，甚至完全无息。

其次，从公共部门来看，美国接收的巨额美元资金不但来自各债权国民间部门，还来自它们的公共部门。各债权国公共部门所拥有的美元同样也必须考虑其流动性和安全性。考虑流动性，是因为很多公共部门需要干预外汇市场，需要进行其他各种必要的国际交易结算；考虑安全性，是因为公共部门所有的美元是公共资产，公共部门必须保证其安全性。为了保证必要的流动性和安全性，各国所能进行的美元资产投资就存在很大的局限性，比如，投资美国短期国债，而美国短期国债利息也是很低的。

美国正是利用上述两类回流美元作为其在全球进行高收益投机活动的弹药，这种弹药本身成本极低，甚至可以基本忽略，因为归根结底，这些美元只不过是美国印刷的而已。美国之所以能在"世界最大负债国"身份中维持其长期经济繁荣和稳定，也正是由于美国所享受的巨大"基轴货币税"支撑了其负债。Portes和Helense（1998）认为，假如非美国国民每年持有2兆美元的美国短期国债，那么，每年光利息差所产生的收益，美国就可以享受到 50 亿～100 亿美元的利润。这种收益就是各债权国负担的"基轴货币税"，其数额是巨大的。截至 2016 年 2 月，我国中央银行公布的"官方储备资产表"和美国财务部数据显示，中国拥有的美元外汇储备已经超过 3 兆美元，其中超过 1 兆 2 千亿美元都用于美国短期国债，目前中国每年所负担的"基轴货币税"的数额是巨大的。

当然，不可否认回流美国的各债权国的美元资金也有一些是投向了收益较高的长期金融投资或直接投资，但这一部分美元规模相对上面两种情况的回流美元规模是非常小的。总体来说，美国所独具的这种世界商业银行和最强投机资本家的角色，使其每年所享受的巨额"基轴货币税"是可以定论的。

此外，除了上述两种"基轴货币税"以外，美国凭借美元的基轴货币地位，即便在以浮动汇率制度为主流的国际大环境下，其面临的汇率风险也是最小的。这也是一种美国独享的优势。比如说，从债权债务关系上看，由于美元是基轴货币，美国的债权债务很容易以美元进行计价和结算，因为对于美国的债权国也好负债国也好，都很容易接受美元。那么，美元即便出现汇率变动，也不会对美国的债权债务净值造成重大影响，无形中使美国面临的金融风险小了很多。但美国以外的其他国家就不可能具有这样的能力，即便各国都希望以本国货币作为其债权债务的计价和结算货币，但由于该国货币不是基轴货币，所以其他国家并不愿意接受这种计价结算方式，因此，除美国外的其他国家就不得不随时面临汇率不稳带来的各种风险。

综上所述，很容易发现中国目前所蒙受的巨大隐性损失，这种损失尽管不能直接从国际收支表之类的国际结算账目中解读，却是实实在在的损失。对这样的损失，我们也需要逐渐重视起来。要想减少这样的损失，就需要继续推动和深化东亚货币金融合作。

二、深度的东亚货币金融合作能有力减轻美元"基轴货币税"

通过深化东亚货币金融合作，东亚区域内的共同货币——亚元，或者人民币在东亚区域内的基轴货币化这两种情况就可能发生。而无论哪种情况，都能使本区域内的国际交易摆脱必须使用美元的困境，从而大大减轻各国所负担的美元"基轴货币税"。

首先，从民间部门来看，大量的区域内的国际交易不使用美元也可以完成了，原先回流美国以应付这些国际交易结算的美元资金此时必将大量减少。而且如果产生亚元，那么，区域内各国间的汇率风险将完全消失，导致这些国家不得不维持对美元汇率稳定的需求也会大幅下降，包括中国在内的东亚各国目前持有的大量美元外汇储备资产也就可以随之降低，转化为亚元或欧元资产，分散资产风险，最终，从区域各国公共部门回流美国的美元资金将大量减少。而由于整个东亚地区经济规模远远超过区域内的任何单一国家，更容易形成对美国、对欧洲的平等经济关系，因此，亚元对美元、对欧元更容易采取浮动汇率制。尽管采取浮动汇率制，但三种货币汇率仍然处于相对稳定的可能性比较高。首先，因为包括美国和欧洲东亚区域的周边国家和地区与东亚地区有着较深经济联系，可能会主动寻求维持与亚元的稳定汇率，采取管理浮动汇率制，以减少汇率风险，保障本国和本地区的国际交易。另外，这种汇率稳定的维持干预主体也可能是东亚。由于东亚整体经济规模庞大，已足以形成对美、欧的较对称的经济关系，因此相对现在区域内各单一国家较频繁的干预，其干预频率也会大幅下降。这样的一系列变化过程中，美元、欧元、亚元在国际结算方面的便利性将趋于相似，这样各国各地区进行国际结算时将会有选择地使用结算货币，甚至美国与亚洲的国际交易也可能会以亚元进行。这样，美元作为国际基轴货币的能力就必将大大下降，包括中国在内的东亚各国目前所承担的美元的"基轴货币税"也就会大大降低。

上述变化过程主要以亚元的形成来推动，而如果以另一种可能——人民币在东亚地区的基轴货币化来考虑，中国所能享受的潜在利益将会更大，因为在这种情况下，中国无疑将大幅降低所负担的美元"基轴货币税"，同时取代美国开始享受来自东亚地区和其他部分国家和地区的"基轴货币税"了。

需要强调的是，人民币的基轴货币化与深化东亚货币金融合作、推动亚元的形成并不完全矛盾。这可以从欧元诞生和发展的历史中总结出来。回顾欧元形成的历史，德国马克正是在欧元前身的欧洲货币体系（EMS）下才得以在西欧地区实现基轴货币化，并在此基础上最终形成了欧元。但区域内的基轴货币化并非简单轻易就可以实现。这方面存在两个极端案例，一个是日元国际化的失败，一个是德国马克国际化的成功，它们的经验都值得中国借鉴。

三、以基轴货币概念为主线看日元与德国马克国际化的经验

在探讨这个问题之前，首先需要界定一些基本概念。一般来说，基轴货币是最大最强的国际货币，而地区的基轴货币则是该地区最大最强的国际货币。基轴货币化的前提是货币的国际化，而最成功的货币国际化就是该货币的国际基轴货币化，而作为次优的区域基轴货币化则可视为"准成功"。本文将以此为基本标准来衡量一个国家货币国际化是否成功。以这个标准来看，日元国际化失败也就意味着日元没有成为地区乃至世界的基轴货币化，而德国马克国际化的成功是以德国马克在西欧区域的基轴货币化为基本标志的。因此，人民币国际化的成功至少应该以能够成为本地区基轴货币为基本标志。

不可否认，学界的确存在仅仅依靠中国自身的力量就能够实现人民币国际化的主张。比如，赵海宽（2002，2007）认为，中国只需凭借自身的经济规模和高速的经济发展，就能够构筑人民币国际化成功的基本面，如果能继续完善国内的金融体系健全化改革和资本账户的完全开放，人民币国际化的成功就是水到渠成的事。但是从实践结果和日元国际化、德国马克国际化的历史进程来看，这样的

观点可能过于乐观了。事实上，在美国主导的"美元本位制"的国际货币体系下，如果没有足够多的国家进行深度经济甚至是政治合作，单一国家的货币国际化是很难成功的。这个结论可以通过日元和德国马克不同的国际化道路得出。

（一）日元国际化失败的经验教训

首先，简单回顾一下日元国际化战略的变迁（李晓、丁一兵，2006）[①]以及日本对其战略实施进程的总结。

1980年12月，以日本《外汇交易法》的修订为标志，日本开始实施依靠自身力量推动日元国际化的战略。整个20世纪80年代初期的日元国际化基本是以完全不依靠国际或地区货币金融合作为主要特征，可称为单打独斗的"直接的日元国际化"阶段。1984年5月，当时的日本大藏省发表了《金融自由化和日元国际化的现状和展望》（大藏省，1984），明确提出了当时的日元国际化战略。根据这个战略，日元国际化被定义为：提高日元在各种国际交易中的使用和持有量。而国际交易定义为：①经常项目账户交易；②资本项目账户交易；③公共部门的外汇储备，也就是要在这三个方面提高日元的使用和持有量。紧接着，1985年3月，日本大藏省又在外汇交易审议会上发表了《关于日元国际化》（外国为替など審議会，1985）的报告书，再次强调积极推动日元国际化的方针，并对欧洲离岸金融市场的意义予以了高度肯定。紧接着，日本开始积极推行利率自由化，对外国金融机构开放金融市场，缓和对金融业务业态的管制，健全短期金融市场，促进和提高欧洲日元市场的自由化，建立东京离岸市场和东京金融期货市场等。上述措施以提高日本国内金融市场的自由化为重点，辅以促进海外日元离岸市场发展的日元国际化战略方针基本形成。

在这种主要依靠自身力量的日元国际化战略的指导下，尽管在上述三个方面的国际交易层面，日元的使用和持有量都得到了一定提高，但其规模长期徘徊在较低水平，日元国际化进程并没有获得明显进展。也就是说，尽管日元具备了作为国际货币的一些初步特征，但并没有成为强大的国际货币，没有完成基轴货币化进程。之所以这样判断，是因为基轴货币的核心特征是作为国际银行间外汇交易的中介货币被使用，显然日元并非这样的交换中介货币，作为交换中介货币被使用的仍然是美元。由于这样的交换中介货币在外汇市场上最容易找到交易对象，其交易成本是很低的，这也会进一步促进大家都使用这种货币，各国民间部门和公共部门都乐于采用该货币作为国际交易的计价和结算货币，甚至储备货币和外汇市场的干预货币，这些功能可以相互促进并最终形成基轴货币的全部内涵。以此标准来看，东亚地区依旧以美元作为基轴货币，依旧隶属于美元圈，日元国际化并不成功。

[①] 这部分关日元国际化经验的总结，本文参考了该研究提供的一定文献信息线索，重新查阅了日文原材料，并进行了整理总结。

　　这一阶段的日元国际化战略最大的特征就是没有地区合作，全凭单打独斗。从日本的这种实践活动可以解读出在当今"美元本位制"的国际货币体系下，通过一个国家单独推动自身货币国际化是非常困难的。对于其中的原因，日本也有过总结。比如，日本大藏省在日元国际化推进研究会上发表《中间论点整理》（2000 年 6 月）（円の国際化推進研究会，2000），认为在"美元本位制"下，美元具有作为基轴货币的很强的"惯性"（在大家都使用美元的基础上，美元交易成本必然很低，自然大家就更加愿意使用美元，形成良性循环），这使任何试图挑战美元地位的货币都难以成功。具体体现为："日元汇率的波乱不稳"，导致日元的交易风险较高，因而其交易成本也随之提高；"日元与亚洲各国货币间的外汇市场发展缓慢"，这是由于日元并非基轴货币，亚洲各国货币之间直接交换难以高速高效寻找到交易对象，交易成本自然很高，因此难以获得发展；"亚洲各国事实上采取对美元稳定的固定汇率制"，这进一步导致上述两个现象，而之所以亚洲各国都采取对美元稳定策略，其重要理由在于美元作为基轴货币，交易成本较低，因此对美元稳定策略将高效保证本国价值体系对外稳定，保障本国国际交易的发展。当然，日本还总结了其他一些原因，比如，日本特殊的对外贸易结构问题，市场中输出方和输入方的交涉力差异问题，日本贸易企业财务管理体制问题等（中條誠一，2001）。归根结底，这些问题都与美元作为基轴货币的"惯性"难以被克服有关。

　　从日本的经验可以看出，由于基轴货币具备很强的"惯性"，其交易成本是极低的，这样大家都愿意使用它，而这又进一步促使其交易成本下降，形成一种规模经济效应和自然垄断。任何国家的货币一旦成为基轴货币，就可以依靠其"惯性"获得自然的强有力的排他能力和压倒性竞争优势，其他国家货币将难以取代它，因为与基轴货币"惯性"相反的"反惯性"将发生在这些挑战货币身上，也就是说，在大家都不使用它的基础上，其交换成本较高，因此大家更加不使用它，形成恶性循环。这样的"惯性"和"反惯性"效应是经济内在规律，不得不高度重视。从这个角度说，日元国际化的失败关键就在于通过其自身能力无法克服美元"惯性"。

　　正是基于这样的认识，日本开始注意到，通过地区货币金融合作来形成合力，以克服美元"惯性"的重要性。与此同时，国际上接连发生了两次重大事件。1997 年发生了席卷东亚的货币金融危机，各国都遭受了很大经济损失。紧接着，1999 年，欧元诞生。这两个事件都让各国意识到了区域货币金融合作的重要性。在这样一个背景下，日本开始正式把促进东亚货币金融合作，以推动日元国际化上升为国家战略。1999 年 4 月，日本大藏省在外汇问题审议会上正式提出《面向 21 世纪的日元国际化》（外国为替など審議会，1999）方针，以此为标志，日元国际化战略开始转变为日元亚洲化战略。该报告书明确指出：与其通过日本自身力量推动直接的日元国际化，不如通过深化日本与各亚洲邻国的货币金融合作，首先推动日元在亚洲地区成为国际货币。为此，日本应该致力于促进实体经济层面与亚洲各国的国际交易发展，向亚洲地区提供日元作为结算货币，奠定在亚洲的国际交易中大量使用日元的基础。而其具体措施主要有：①从危机中尽快恢复世界对日本经济的信心；②维持日元与美元、欧元汇率的相对稳定；③为了增加东亚各国货币对日元汇率的稳定性，应促进各国使用由美元、欧元、日元组成的货币篮子，并以该篮子价值稳定本国货币汇率，为此，应该促进东亚货币金融合作；④继续推动日元金融资产市场的建设，提高日元使用的便利性；⑤重新检讨以前推动日元在国际贸易和资本交易中使用的方法。1999 年 9 月，日本还专门设立了"日元国际化推进会"这样一个机构，负责组织各种研究和交流活动，并为政府提供相应的政策方案。这些政策方案的中心思想就是，只有通过区域内各国深度经济政治合作，才可能克服美元作为基轴货币的"惯性"，因此，推动东亚地区深度的货币金融合作是日元国际化战略的基本前提。自此，日元国际化战略发生了重大改变，由之前的单打独斗转向通过区域内国际合作加以推动。

但是，日本的这种新战略推行得非常不顺利，其原因来自日本外部和内部两个方面。先看外部原因。日本推动的东亚货币金融合作首先就遭到美国的强硬打压。其代表事件是，日本主张推动成立的亚洲货币基金（AMF）的构想遭到美国的强有力抵制而失败。1997 年亚洲货币金融危机后，国际货币基金组织（IMF）的作用就受到国际社会的广泛质疑，区域内各国都开始注意到可能需要一个能够取代或部分取代 IMF 的更公平公正的国际金融组织，而日本希望通过这样的契机大力推动东亚货币金融合作，组建一个由亚洲国家共同出资、能够为应对货币金融危机和保障汇率稳定提供有力金融帮助的区域金融组织，因此，日本提出了建立 AMF 的构想，但因为美国和 IMF 的打压，这个构想没有实现。美国打压的理由表面上是 AMF 与 IMF 功能重复、AMF 的融资条件较低、容易导致道德风险，但根本理由是为了维持美元在东亚的基轴货币地位。由于美国的反对，作为 AMF 的代替方案，1997 年 11 月，美国主导构筑马尼拉框架集团（MFG），以此强化对东亚地区经济状况的监视，帮助提高东亚各国金融部门的技术水平，协助 IMF 提高对应东亚货币金融危机的援助能力。之后，由东亚各国自发创建的相互支援体系——清迈协议（CMI）也自觉不自觉地避开了与 IMF 和 MFG 的潜在利益冲突。因此可以说，日本推动的东亚货币金融合作从一开始就遭到了美国的强力压制，这给其他试图通过推动区域国际合作实现本国货币国际化的国家一个重要启示：即便通过国际合作的道路正确，也并不容易实现，其间必会遭到美国的从中破坏。当然，日本新的日元国际化战略除了这样的外部因素，其内部因素也不可忽视。简单来说，自日本泡沫经济崩溃以来，日本经历了所谓"失去的二十年"，由于处在长期经济衰退的困境，导致其国内政治保守氛围日渐浓厚，国家战略出现了对美国一边倒的态势，与中、韩关系严重恶化，在这种经济上衰落和政治上选择与中国对抗的大背景下，日本也就丧失了继续推动东亚合作的能力，日元国际化的最终失败几乎成为必然。

（二）德国马克国际化成功的经验

与日元国际化形成鲜明对照的成功例子也是有的，就是德国马克通过西欧地区的深度货币金融合作顺利实现了其在欧洲地区的基轴货币化，这标志着德国马克国际化战略的成功。欧洲以此为基础最终形成了欧洲统一货币——欧元。德国马克国际化成功的经验同样值得中国借鉴。

德国马克国际化成功的原因主要在于成功地推动了地区深度货币金融合作，也就是欧洲货币制度（EMS）。EMS是从1979年到1999年实行的欧洲经济共同体的各加盟国货币间的半固定汇率制度。它的重点在于：各加盟国的货币汇率年变动率限制在∓2.5%（除对意大利里拉可放宽到∓6%）以内，使西欧各国货币能够保持相当程度的稳定，为欧元的最终导入做足了准备。通过欧洲货币制度（EMS），西欧各国货币汇率得以稳定，汇率风险得以有效控制，区域各国直接使用本国或对方国货币进行国际交易结算的方式得以有效实施，但由于德国相对更大的贸易资本交易规模，再加上德国健全高效的金融体系和资本账户的自由化，德国马克成为区域内货币中最频繁使用于国际交易中的货币，其结果导致德国马克在外汇市场上的交易成本大幅降低，最终德国马克得以在西欧取代美元，成为区域内外汇交易中介货币，这也就意味着德国马克实现了区域的基轴货币化。由此可见，德国马克汇率的稳定和最大规模的使用是德国马克基轴货币化的两个关键，而前者就是通过深度的区域货币金融合作来实现的。

德国马克国际化的成功表明，在当今"美元本位制"的国际货币体系下，通过区域各国的深度货币金融合作所产生的合力是有效推动一国货币国际化的正确方法。当然，这里需要指明的是：这样的合作并非只对德国有利，对其他参与合作的国家也同样有利。这可以分两个阶段来看。第一个阶段，以德国马克作为区域基轴货币后，西欧各国在进行国际结算时就可以多一个选择，相比只能使用美元，多一个选择就可能产生对美元的竞争压力，促使美元更加注意维护美元信用，这有利于稳定国际货币体系，因此，所有国家都会从中受益[1]。其次，EMS体系下区域各国汇率的稳定有利于促进区域各国贸易资本交易的发展，当区域内各国的国际交易超过与美国的交易规模时，这种受益将更加明显。第二个阶段，德国马克的区域基轴货币化，成为欧元诞生的序曲，随着欧元的诞生，西欧各国通过使用共通货币，美元的基轴货币霸权在西欧地区完全丧失，西欧各国完全摆脱了美元的"基轴货币税"的重负，同时由于使用共通货币，也就实现了区域内完全对称的货币关系，不会再产生新的其他货币的"基轴货币税"。

---

[1] 这个问题将在另文探讨。

当然，尽管欧元的成功值得中国借鉴，但其独特性也不能忽视。西欧地区有着共同的历史文化背景、相近的政治制度和经济发展水平，在此基础上实现较深入的区域货币金融合作，使各国放弃本国货币的主权相对比较容易被各国人民所接受。但在没有上述条件的区域，要想让各国放弃本国货币主权去追求较深入的区域货币金融合作则是非常困难的。而东亚地区正好具有这样的条件，这也是当初日本试图依靠单打独斗去推动日元国际化的重要原因之一。如上所述，日元单打独斗的结果是根本无法克服美元作为国际基轴货币的强大"惯性"，以失败告终。

日元国际化的失败和德马克国际化的成功表明，在当今"美元本位制"条件下，要想使本国货币国际化成功，依靠深度区域货币金融合作才是最有效的方法，否则，货币国际化的努力多半是徒劳的。因此，中国在推动人民币国际化的道路上，也应认真考虑通过推动深化地区经济合作来推动人民币国际化的渐进的基本战略。回顾美元、欧元甚至英镑等主要国际货币的历史，都不是能够在短期内就能实现其国际货币化的，短的也要花费数十年时间才得以成功。因此，人民币国际化进程也不可能一蹴而就。

四、结论

综上所述，通过对美元"基轴货币税"的分析，我们意识到人民币国际化的迫切性，并以"基轴货币税"和基轴货币为主线，重新整理和总结了德、日两国的经验，我们能够得到如下一些基本结论：总的来说，人民币国际化大体应该分成两个阶段。第一阶段是实现人民币的亚洲化，第二阶段才是实现人民币的国际化。在第一阶段，首先应促使人民币在东亚地区作为国际货币的存在得到强化，最后以人民币能否在东亚地区成为外汇交易中介货币为主要标志来衡量人民币亚洲化是否成功。在这个阶段，东亚地区可能长期存在人民币、美元、日元三种国际货币的直接竞争，最终谁能够胜出，成为东亚地区最后的基轴货币，可能需要市场做出回答。为了使人民币亚洲化获得成功，中国的战略重点应该是考虑如何构筑一个能让东亚各国都能够从中受益的人民币亚洲化战略，以吸引各国积极参与和配合该战略。可以预见，人民币只有在这一阶段获得成功，最终的人民币国际化目标才有可能成为现实的目标。当然，不可否认的是，在第一阶段推行的人民币亚洲化战略过程中，类似欧元，形成东亚地区的共通货币——亚元的可能性也是存在的。最终无论哪种情况，都需要较深度的包括区域货币金融合作在内的经济政治合作才能够实现。最后需要强调的是，深度的东亚货币金融合作能够给中国和东亚各国带来巨大收益，因此，中国理应继续积极参与和推动东亚货币金融合作。在日本基本丧失推动本地区深度的经济政治合作能力的历史空窗期，中国的战略和对策选择尤为重要。

参考文献

[1]李晓,丁一兵. 亚洲的超越[M]. 北京:当代中国出版社,2006.

[2]赵海宽. 人民币可能发展成为世界货币之一[J]. 财经问题研究,2002(11).

[3]赵海宽. 人民币成为世界货币条件已经基本成熟[N]. 中国产经新闻,2007 - 3 - 21.

[4]安念潤司,岩原紳作,神田秀樹,北村行伸,佐伯仁志,櫻井敬子,塩野宏,道垣内弘人,福田慎一. 中央銀行と通貨発行を巡る法制度についての研究会[C]. 東京:日本銀行金融研究所,2004,8.

[5]田中素香,岩田健治. 現代国際金融[M]. 東京:有斐閣,2008.

[6]中條誠一. アジアにおける円の国際化[J]. 経済学論纂,2001,42(1・2).

[7]大蔵省. 金融の自由化及び円の国際化についての現状と展望[R]. 大蔵省,1984.

[8]外国為替など審議会. 円の国際化について[R]. 大蔵省,1985.

[9]円の国際化推進研究会. 中間論点整理[R]. 大蔵省,2000.

[10]外国為替など審議会. 21 世紀に向けた円の国際化[R]. 大蔵省,1999.

[11]Portes, Richard and Helene Rey. The Emergence of the Euro as an International Currency[J]. Economic Policy,1998,13(26).

产业升级、收入提高与我国农业转移人口的市民化[①]

陈明生　焦雪姿[②]

摘要：农业转移人口的市民化是推进以人为本的新型城镇化建设的关键任务。市民化是一个系统体系，其进程依赖各方面的条件，而农业转移人口收入提高在其中居于核心地位。产业升级通过提高劳动生产率、提高劳动者素质、推动各方面制度进步，成为推动农业转移人口市民化的关键举措，政府应该调动各种积极因素，大力推动产业升级。

关键词：市民化；农业转移人口；产业升级；收入提高

一、引言

农业转移人口的市民化是推进以人为本的新型城镇化建设的关键任务，是破除城乡二元结构体制、统筹城乡协调发展的核心要义。2013 年中央农村工作会议强调"到 2020 年，要解决约 1 亿进城常住的农业转移人口落户城镇"的城镇化目标。中国共产党十八大报告中明确提出，"要加快改革户籍制度，有序推进农业转移人口市民化"。

收入状况是决定农业转移人口能否顺利实现市民化的经济基础。只要农业转移人口实现了稳定就业，并能逐步提高收入，那么，他们就朝着实现市民化的目标迈进了一大步。产业升级是"以促进就业带动市民化"的有效且可持续的路径：一方面，产业升级能够通过制度改进、结构优化、扩大规模经济、推动技术创新，提高劳动生产率、增加就业，促进劳动者收入的提高；另一方面，产业升级能够通过生产实践中所产生的"干中学"和知识外溢效应，形成知识、经验的积累，促进劳动者的深入学习，从而有效提高劳动者素质，为劳动者收入的提高提供必要条件。

对于市民化的内涵，赵立新（2006）认为，市民化包括：①户口转换，即由农村户口转变为城市户口；②地域转换，即由居住在农村转变为居住在城市；

① 基金项目：本文为陈明生主持的 2014 年北京市社会科学基金一般项目"严格控制特大城市人口规模背景下北京市农业转移人口的市民化研究"（项目号：14JGB077）的阶段性成果。
② 陈明生，教授，中国政法大学商学院；焦雪姿，经济学硕士，中国政法大学商学院。

③产业转换，即由从事农业生产转变为从事非农业生产；④文化转换，即生活观念、思维方式、行为习惯发生转变。刘传江（2008）认为，市民化包括：①职业由非正规就业的农民工转变为正规就业的非农产业工人；②社会身份由农民转变为市民；③自身素质提高；④意识形态、生活方式和行为方式的城市化。

对就业与市民化的关系，徐世江（2014）认为，受行业流动性与区域流动性较高、非正规就业和非稳定就业兼具等特点的约束，农业转移人口的人力资本投资意愿不高，加之流入地政府对开展职业技能培训缺乏监督与激励，导致农业转移人口仅通过干中学模式获得的人力资本增量有限，就业竞争力和收入水平无法得到有效提升；孟续铎（2016）认为，在农业转移人口由农民向市民转化的过程中，稳定的就业是前提，完善的社会保障是关键，均等的基本公共服务是根本。

对产业升级与市民化的关系，辜胜阻等（2014）认为，就业是实现市民化的内在要求，稳定的就业有助于保障公共服务的享有，而就业的缺失会导致市民化的不可持续。当前我国农业转移人口在城市主要从事城镇劳动密集型行业，处于产业链分工的底端，集中在城镇最累、最脏、最危险的行业，就业流动频繁，能力低下，技能和综合素质难以适应产业升级的要求。吴文恒等（2015）认为，产业发展是人口市民化的生计动力，第一产业是农村居民生存发展的本地资源，二、三产业是城镇居民生活的来源和保障。城镇就业机会越多，收益空间越大，越有利于人口的市民化。

已有研究大多探讨农业转移人口市民化的内涵、成本与收益、存在的问题等，而少有从"产业升级是推进市民化的有效路径"这一视角进行分析。本文通过构建"产业升级—职业转换—提高劳动者素质—提高劳动者收入—推进市民化"的逻辑框架，探讨了产业升级的影响因素和以产业升级推进我国农业转移人口市民化的具体路径。

二、农业转移人口市民化的内涵

（一）市民化的内涵

中国特色的户籍制度催生了"农民—农业转移人口—城市市民"这样的过程，而这一过渡链条很容易出现断裂带：农业转移人口进城务工、从事非农职业、以工资收入为主要收入来源，但其户籍仍在农村，即导致农业转移人口"职业非农化"与"身份非农化"的相互分离。市民化旨在协调二者之间的一致性关系。综合来看，市民化是一个全面的、系统性的概念范畴（见表1）。

表1　市民化的内涵

包含的内容	具体内涵
身份	由农民身份转为市民身份
地域	居住地由农村迁移到城市

包含的内容	具体内涵
户籍	由农村户口转为城市户口，获得与所在户籍挂钩的政治权利、公共服务、社会保障等
职业	由农业生产转变为非农业生产，由获取临时性收入转变为获取稳定性收入
思想	由传统、封闭的农村思想转变为现代、开放的城市思想
文化	由单一、封闭的农村文化转变为多元、开放的城市文化
生活	生活方式现代化，包括交通、休闲、旅游等多方面
心理	由缺乏归属感的陌生状态转变为富有认同感的融入状态

"城市化"与"市民化"是两个不同的范畴。城市化是指农民在身份和地域意义上迁入城市，或是农村村庄性质转变为城镇；市民化是指农民在向市民转变的进程中，获得并能够运用市民的基本资格、适应城市，并具备一个市民基本素质的过程（王道勇等，2009）。由于进城并不代表成为真正意义上的市民，因此，城市化只是市民化的前提条件，市民化是城市化的核心。

（二）市民化的推力与阻力

1. 从市民化的主体来看，市民化的推力或阻力主要包括三个方面：

（1）市民化的经济基础。市民化过程需要付出一定的经济成本。农业转移人口具备支付城市生活成本的能力是实现市民化的前提和基础。例如，从户籍角度来讲，农业转移人口要想获得某一城市的户籍，常见做法就是购房落户、投资兴业落户等，这需要花费高额的购房成本、投资成本；从生活角度来讲，城市的住房、教育、医疗、交通等各方面的费用支出都远高于农村，农业转移人口生活成本高。因此，市民化的实现需要具备一定的经济基础，收入限制会成为市民化的阻力。

一方面，根据《2016年农民工监测调查报告》，外出务工的农民工，其月均收入要比在本地务工的农民工高出587元。可见，相比于农村，城市的经济发展水平更高、活力更强、发展机会也更多，农业转移人口进城务工意味着可以赚取更高的经济收入，而收入提高又将促进生活水平、文化素质以及幸福感的多维提升，这对市民化的实现形成了根本上的推力。

另一方面，农业转移人口外出务工的收入虽比在本地务工要多，但是与城市其他职工相比，农业转移人口从事的大多是低学历要求、低技术水平、低附加值的职业，因而收入及福利水平较低且稳定性差。较低的工资收入又会制约其在教育、住房、医疗、娱乐等方面需求的满足，会成为市民化的阻力。

（2）市民化的主体素质。农业转移人口的文化程度和职业素质是影响市民化实现程度的重要因素。一方面，与第一代农民工相比，新生代农民工大都是初中以上学历，掌握更多的知识与技能，接受新鲜事物的能力较强，可以通过职业教育与技能培训来提高职业素质，这有助于增加就业收入，巩固市民化的经济基础，因而是实现市民化的有效推力；另一方面，与城市市民相比，农业转移人口的文化程度和职业素质还是偏低的，这不但会影响其职业选择、职业稳定性及职业发展，进而影响收入水平，而且会影响其思想观念、生活方式等，因而会成为实现市民化的阻力。

（3）市民化的主体意识。这主要是指农业转移人口对市民化的认知和理解程度。农业人口进城务工只是其所在地域和所处职业发生了转变，要想真正融入城市、享受市民化的福利及服务，这还远远不够，还需要在户籍、思想、文化、生活、心理等诸多方面实现彻底转变。因此，如果农业转移人口对市民化有清晰的认知和理解，强化了市民化的主体意识，积极通过改善就业、提高收入等方式来谋求自身的可持续发展，会形成市民化的推力；反之，如果农业转移人口的认知只停留在简简单单的"换个地方谋生"，会导致故步自封，市民化的实现也将举步维艰。

2. 从市民化的外部环境来看，制度因素成为影响市民化的重要因素。在城乡分割的二元结构中，户籍制度、土地制度、就业制度、社会保障制度、教育制度等因素对市民化的实现有着举足轻重的影响。

（1）户籍问题是农业转移人口市民化实现过程中的第一大难题。改革开放后，国家放宽了对流动人口的限制，农民获得了自由就业的权利，但户籍制度并未发生实质性改变，与户籍制度挂钩的就业制度、社会保障、公共服务、政治权利等依然受到户口类型的制约，二元户籍制度的存在严重阻碍了市民化的进程。

（2）就业是民生之本，就业制度是影响农业转移人口市民化进程的关键因素。城市劳动力市场上存在对农业转移人口的就业歧视，拖欠工资、同工不同酬现象时有发生，而就业状况关系到收入水平，进而关系到文化、生活等方方面面，这种就业歧视会阻碍市民化进程。

（3）在社会保障方面，以医保为例，全国目前尚未形成统一的制度和政策安排，各地的利益协调机制还处于缺失状态，农村基本医疗保险的异地转移制度可行性较弱，使农业转移人口面临着看病难、住院难、报销难等诸多难题。

（4）农业人口若是举家迁移，还涉及随迁子女教育问题。目前，一些城市仍然存在"农民工子女必须拥有本区户籍才能入学"的规定，或者有些城市虽然承认农民工子女拥有平等的就读权利，但要求其返回原籍参加入学考试，还有些城市要其缴纳高昂的建校费，这些都使农民工子女入学成为难题，也阻碍了农业转移人口的市民化进程。

以上都是影响农业转移人口在城市工作及生活状况的因素，会形成制度上的阻力。而这些问题的解决将为农业转移人口市民化的实现提供稳妥的保障和支持。

三、产业升级推进市民化的机制

推进农业转移人口市民化，首先要通过提升农业转移人口的人力资本与社会资本来增加其经济收入，使其具备在城市中长期生活与工作的经济基础。包括行业转移和工种转移在内的职业转换，是实现农业转移人口社会流动和地位提升，并融入城市的关键（张乃仁，2016）。也就是说，使农业转移人口实现稳定就业，并能逐步提高收入是推进市民化的前提要求，能够为市民化的顺利实现提供经济保障。产业升级就是实现以促进就业带动市民化的一条有效且可持续的路径。

产业升级具有双重内涵：①产业效率提高。以技术进步、劳动者素质提高、管理创新等方式实现要素生产率提高，具体包括：通过改善工艺流程，提高劳动生产率，降低企业生产成本；通过改进产品性能，提高产品附加值，提升企业盈利水平。②产业结构优化。产业结构的合理性是影响宏观要素生产率的重要因素（林木西，2009）。产业结构优化是同一产业内或不同产业间由于要素禀赋差异，促使生产要素由生产效率低的产业向生产效率高的产业转移所带来的结构变动。

（一）产业升级、劳动生产率提高与农业转移人口的市民化

1. 产业升级与劳动生产率提高的关系

产业升级的根本在于生产从价值链低端转向价值链中高端，在于提高产业发展的质量和效益，而提高产业发展质量和效益的根本在于提高劳动生产率和全要素生产率（国务院发展研究中心，2016）。产业升级能够从制度改进、结构优化、提高规模经济效益、技术创新、人力资本等方面提高劳动生产率。

（1）制度改进。产业升级伴随着产权制度的不断界定与完善，有效率的、明晰的产权制度会降低信息不对称性，降低交易风险，从而保证经济主体间有效的竞争和资源的合理配置，提高劳动生产率。

产业升级中涵盖了政府发挥宏观调控职能，对经济活动进行的积极引导与制度安排。合理有效的政策将会规范市场秩序，完善市场竞争体系，整合优质的服务资源，提高劳动生产率。

（2）结构优化。具体包括：

第一，产业结构优化。产业升级使部门间由于边际生产率的差异和需求的结构变动效应进行结构调整，使资源从生产率相对较低的部门流向生产率较高的部门，优化了资源配置，提高了劳动生产率。

第二，地区结构优化。不同地区的产业发展状况是不同的，这就会使某些条件优越、发展态势良好的地区形成一种内在吸引力，吸引技术、资本等优质资源向其集聚，形成一个增长极，从而极大地提高了劳动生产率。

第三，进出口结构优化。随着对外贸易的不断发展，产业发展逐步加入全球化浪潮。产业升级一方面会极大改善产品和服务质量，增加贸易品类；另一方面会激励我们更好地发挥比较优势，从事产品和服务贸易，提高劳动生产率。

（3）规模经济。合理的经济规模可以取得较好的经济效益。产业升级在评估生产能力状况的基础上，规范和调整了各种资源的配置方向及状况，使其具有适度的、与市场需要相协调的经济规模，从而能实现长期平均总成本随产量增加而减少、收益递增的规模经济效益，有助于提高劳动生产率。

（4）技术创新。技术作为一种知识形态的生产力，可以通过作用于资本、劳动、管理等要素，提高要素质量、改善要素结构组合与配置状况，提高劳动生产率。产业升级要求实现生产的高技术和高加工度，这意味着将使用技术先进的机械设备、生产工艺和管理方法。我们假定社会总产出 $q = A(t)f(k, l)$，k 表示资本量，l 表示劳动量，$A(t)$ 表示除 k 和 l 以外、随时间而变化、对产出有贡献的因素，体现了技术进步，$dA/dt > 0$。通过对 t 求导，两边同时除以 q，将生产函数整理为 $G_q = G_A + e_{q,k}G_k + e_{q,l}G_l$，它表明产出的增长可以分解为两个部分：归因于投入 k 和 l 变化的增长，以及由 A 的变化体现的技术进步。可见，产业升级能够推动技术创新，技术创新又会进一步推动劳动生产率的提高。

（5）人力资本。从数量上看，人力资本是一个国家在一定时点上的劳动力人数。产业升级不仅拓展了传统产业的发展空间，还充分激发出现代产业的就业潜能，强化了产业联动和就业联动的一致性，提升了就业带动力，扩大了就业规模。

从质量上看，人力资本涵盖了劳动力素质、技能、熟练程度等。产业升级伴随着新技术、新方法的采用，对劳动者素质提出了新的、更高的要求，要使劳动者具备与先进的机械设备相适应的技术知识和职业技能，相应地就要为劳动者提供更优质、全面的学习知识与提高技能的平台，而劳动者作为一种具有能动性和创造性的生产要素，在接受了更高层次的教育投资与技能培训后，在经济参与中会通过凝练在身上的知识、技术、思想等，在生产决策及实施过程中发挥更大的创造性作用，从而提高劳动生产率。

2. 劳动生产率提高与劳动者收入提高的关系

对追求利润最大化的企业而言，虽然劳动的边际产量 MPL 会随着劳动量增加而递减，但当增加一单位劳动的边际收益大于边际成本时，企业利润会增加，企业会继续雇佣劳动，直至 MPL 减少到边际收益等于边际成本这一点为止，用公式表示，即：$P \times MPL = W$，即 $MPL = W/P$。W/P 是用产出单位衡量的劳动报酬，是实际工资。因此，MPL 曲线就是企业的劳动需求曲线。

劳动力市场上的劳动需求和劳动供给共同决定了工人的工资水平，在雇用的劳动量不变时，劳动生产率的提高会增加劳动的边际产量，使劳动的需求曲线向右上方移动，劳动者的工资提高，就业增加（见图1）。

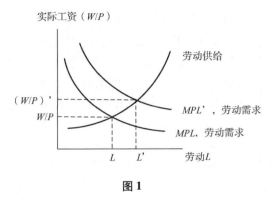

图1

（二）产业升级、劳动者素质提高与农业转移人口的市民化

1. 产业升级与劳动者素质提高的关系。提高劳动者素质主要依靠学习和实践这两条途径。一方面，专业化的学习过程可以系统地培养劳动者的思维能力、创新能力、理解能力等。国家通过全面普及九年义务教育，深化高等教育体制改革，完善职业教育、成人教育、继续教育的培训课程等方式来提高劳动者素质。另一方面，实践是主观之于客观的活动，劳动者在生产实践中会不断地积累知识、经验，从而提高自己的技能，即所谓的"干中学"。

产业升级能够极大地改善劳动者"干中学"的过程，使劳动者素质得到提升。①新产品的研发设计推动了对新技术的采用，劳动者在使用新技术的过程中积累了知识和经验，而生产知识与经验的积累有助于提高自主创新能力，推动对更新的技术知识的引进与应用，如此循环往复，推动着技术进步和劳动者素质提高；②通过改进工艺流程，使劳动者摸索出科学有效的完善产业链条上下游之间衔接关系的工作思路和办法；③通过完善生产组织与管理模式，加深劳动者对工作内容、方式与环境的了解；④通过加强在岗培训，夯实劳动者的职业知识与实用技能，开拓工作思路，提升工作熟练程度。

2. 劳动者素质与劳动者收入的关系。信号发送是指由掌握私人信息的代理人通过采取某种可被观察的行动来向委托人显示自己的真实信息；信息甄别是指由不掌握私人信息的委托人主动设计特定契约来对不同的代理人进行识别和筛选（陈钊，2005）。在此，我们假定企业事先制定了工资方案，规定了受教育程度（及累计工作年限等）与工资之间的对应关系：高能力者获得高工资，低能力者获得低工资。

在信息甄别机制下，企业不会选择导致负利润的契约，企业间的竞争又使正利润不存在，因而均衡状态时企业只获得零利润。那么，如果此时劳动者选择的受教育程度是相同的，企业便难以区分高、低能力者，即混同均衡不存在。而如果此时劳动者选择的受教育程度是不同的，企业便可以通过受教育程度来区分高、低能力者，即分离均衡存在。

图 2 假定企业将契约设定为：所有受教育程度超过 e^* 的是高能力者，并相应地给予高工资 h，所有受教育程度不足 e^* 的是低能力者，并相应地给予低工资 l，此时均衡的受教育程度会是 0 或 e^*。因为 e^* 的受教育程度已经使企业认为劳动者是高能力的，接受高于 e^* 的教育只会使教育成本上升，而工资不变；接受低于 e^* 的受教育程度仍旧不能使企业认定劳动者为高能力的，这些受教育成本就无须付出。因此，最终的最优选择结果正好符合企业对两类劳动者能力的判断，受教育程度为 e^* 的是高能力者，企业要给予其高工资；受教育程度为 0 的是低能力者，企业要给予其低工资。企业最终提供的是使高能力者的信号发送成本最小的一种契约安排。

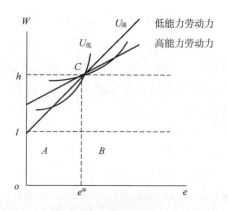

图 2　信息甄别机制下唯一的分离均衡

四、以产业升级推进我国农业转移人口市民化

产业升级能够推动劳动者素质提高与收入的提高，从而推动农业转移人口的市民化，因此，国家应采取各种措施，推动产业升级。

（一）产业升级的影响因素

1. 物质资本。物质资本是实现产业升级的基础。产业投资比重太低、结构不合理会制约生产能力和资本效益的提升。目前，中央对不发达或欠发达地区的财政转移支付仍存在投放比例偏小、结构不合理、操作不规范等问题，制约着产业的转型升级。

2. 人力资本。人力资本是生产实践中最有活力、最具创造性的要素，劳动者的数量和质量会对劳动生产率产生深刻影响。提升劳动者素质、技能、熟练程度等，能为企业带来内生的经济增长。

3. 技术。技术是提高要素生产率最直接的因素。技术是知识形态的生产力，它能够通过开发新产品、开辟新的生产服务领域、改进生产方式和工艺流程等转化为现实的生产力，在生产中发挥创造性作用。以物联网、云计算、大数据为代表的新一代信息技术已经成为新产业革命发展的重要趋势，在产品中嵌入数字化、网络化、智能化技术能够有效提高产品的附加值（黄先海等，2015）。

4. 产业结构。产业结构的合理性关系到产能的优化布局与合理安排，是影响宏观要素生产率的重要因素。推动产业结构的调整和优化，促进生产要素实现有效配置，有助于实现产业的转型升级。

（二）推动产业升级的具体途径

农业转移人口的市民化面临着巨大的成本压力，以产业升级推进我国农业转移人口市民化，可以为之提供可持续的收入保障。推动产业升级，要做到下述几点：

1. 充分发挥国家的宏观调控职能，依靠公共财政的带动作用，为产业升级提供动力。要建立健全合理、规范的中央财政与地方财政的财政转移支付机制及市民化成本分摊机制，完善财政资金划拨的运作程序；在加大产业资本投入力度的同时也要优化投资结构，健全资金使用安排，逐步完善内部风险控制。

2. 依照"政府补助、企业培训、农民免费、就地就业"的发展思路，促进政府、企业、高职院校共同参与职业教育平台建设，建立激励农业转移人口参与职业培训的长效机制及合作机制。政府应积极整合并优化社会教育资源，根据产业发展方向和企业用工需求，鼓励开展多种形式的创业培训、从业人员的在岗培训、转岗培训及继续教育、再就业培训等；建立健全员工持证上岗制度、企业单位带薪学习制度，有效提高农业转移人口的就业素质与能力；企业要积极为劳动者提供职业培训、文化交流、身心健康保障等多方面服务，保障劳动者的合法权益，健全劳动者的维权机制，使其激发出充沛的工作热情及创新发展活力，实现劳动者素质提升向现实生产力转化。

3. 整合现有科研院所及企业资源。创新产学研机构之间的研究开发和科技成果转化模式，形成关键技术和共性技术的开发体系，提升产业创新能力及技术水平；以现代网络和信息技术为支撑，创新产业发展方向、运营模式及管理方式等，推进大数据、云计算、人工智能等高新技术在现代制造业和服务业中的广泛应用，使产业生产效率、管理能力、劳动者素质都能得到有效提高，为产业升级注入活力。

4. 根据不同地区的资源、禀赋、区位、经济、文化等条件，发掘其产业优势，以交通枢纽、信息网络等为依托建立产业集聚区，形成与区位优势相配套的产业体系；完善产业分工与合作机制，合理规划内部的组织结构以及产业升级的方向与路径。以市场为导向，以提升效益为目标，既要助力轻工、纺织、钢铁等传统行业去改造提升设计、工艺、装备、能效等水平，又要积极关注具有巨大发展潜力同时处于生命周期初期发展阶段的战略性、成长性产业，如对信息、生物、新能源、新材料等国际比较优势不断攀升的新兴产业予以扶持，从而提升产业竞争力与发展层次。

参考文献

[1]陈钊. 信息与激励经济学[M]. 上海:上海人民出版社,2005:68 – 73.

[2]高鸿业. 西方经济学(微观部分)[M]. 6 版. 北京:中国人民大学出版社,2014:147 – 149.

[3]辜胜阻,李睿,曹誉波. 中国农民工市民化的二维路径选择——以户籍改革为视角[J]. 中国人口科学,2014(10):2 – 10.

[4]黄先海,诸竹君. 新产业革命背景下中国产业升级的路径选择[J]. 国际经济评论,2015(1):112 – 120.

[5]刘传江,程建林. 双重"户籍墙"对农民工市民化的影响[J]. 经济学家,2009(10):66 – 72.

[6]刘传江,程建林. 第二代农民工市民化:现状分析与进程测度[J]. 人口研究,2008(9):48 – 57.

[7]柳欣,林木西. 政治经济学(社会主义部分)[M]. 西安:陕西人民出版社,2009:136 – 142.

[8]孟续铎. 新型城镇化与农民工劳动保障[M]. 北京:中国工人出版社,2016:91 – 94.

[9]徐世江. 农业转移人口市民化的多重矛盾及其破解思路[J]. 辽宁大学学报(哲学社会科学版),2014(3):25 – 32.

[10]王道勇,郧彦辉. 农民市民化:内涵、进程与政策[J]. 党政干部学刊,2009(1):58 – 59.

[11]沃尔特·尼科尔森. 微观经济理论:基本原理与扩展[M]. 9 版. 北京:北京大学出版社,2008:183 – 185.

[12]吴文恒,李同晟,朱虹颖,孙锦锦. 中国渐进式人口市民化的政策实践与启示[J]. 人口研究,2015(3):61 – 73.

[13]张乃仁. 农民工市民化研究述评:内涵、约束与路径[J]. 南阳师范学院学报,2016(1):50 – 54.

[14]张来明,赵昌文. 以创新引领产业转型升级[N]. 光明日报,2016 – 1 – 27.

[15]赵立新. 城市农民工市民化问题研究[J]. 人口学刊,2006(4):40 – 45.

财产性收入对我国城乡收入差距的影响

邓　达　张志远①

摘要：本文研究的是财产性收入的差距对我国的城乡收入差距的影响。全文首先针对财产性收入的含义和范围做了介绍；然后对我国城乡财产性收入与城乡差距现状和变动趋势做了分析和讨论，接着分析了我国城乡财产性收入差距扩大的影响因素；最后得出结论，即财产性收入差距是造成城乡居民家庭收入差距扩大的重要原因。政府应当加强政策设计，增加居民的财产性收入，同时要缩小城乡间的财产性收入差距，进而逐步缩小城乡收入差距，促进社会和谐稳定。

关键词：财产性收入；城乡收入差距；城乡财产性收入

一、引言

改革开放以来，我国经济高速增长，人民生活水平不断提高，与此同时，我国的贫富差距也在不断加大，其中，城乡居民收入差距也不断扩大。伴随着城乡差距的扩大，社会矛盾愈加激烈，已经成为社会各方面广泛关注的焦点问题。城乡居民收入差距过大不仅阻碍了经济发展，而且对和谐社会建设产生了消极影响。近年来，以房地产和金融资产为核心的居民财产增长迅速，但是由于城乡二元土地制度和金融制度的存在，导致城乡居民财产性收入差距扩大，进而导致城乡居民收入差距的扩大，制约了城乡统筹发展。

财产性收入虽然在人均总收入中所占比例较小，但对国民经济的发展有着重要意义。党的十九大报告提出"拓宽居民劳动收入和财产性收入渠道"，财产性收入体现了中国经济体制改革的成就。与发达国家相比，我国家庭财产性收入占可支配收入的比例非常低，并且具有鲜明的二元特征②，这是由我国的城乡二元经济结构特征决定的。我国城乡家庭差异显著，也体现在城乡居民的财产性收入上。《中国民生发展报告2014》显示，2012年，中国家庭净财产的基尼系数达到0.730，国家统计局公布的2012年收入基尼系数为0.474，财产的不平等远远高

---

①　邓达，教授，中国政法大学商学院；张志远，经济学硕士，中国政法大学商学院。
②　何丽芬、潘慧峰、林向红："中国城乡家庭财产性收入的二元特征及影响因素"，《管理世界》，2011（9）。

于收入的不平等，而且财产分配与收入分配相互影响，因此，我们必须关注财产性收入的普遍性问题。

随着人们收入差距的扩大，富裕的家庭积累了大量房地产和金融资产，这些财产又进一步生成了收入，这就容易造成两极分化，导致"富者愈富，穷者愈穷"的马太效应，这也是为什么人们对财产和财产性收入尤为关注的原因。本文的目的是透过数据对城乡财产性收入的变化进行研究，观察财产性收入对我国城乡居民收入差距的影响，找出影响城乡居民财产性收入的因素，并根据所得结论给出一些政策建议和意见。

二、财产性收入的一般理解

居民收入是指居民从各种来源所取得的现期收入的总和，它受制于国家宏观经济状况和收入分配政策等因素。因此，居民收入一部分来自生产性劳务，即国民收入的初次分配，另一部分来自于非生产性劳务和转移支付，即社会再分配。根据收入来源性质的不同，居民收入可以划分成工资性收入、家庭经营收入、财产性收入和转移性收入。

对城镇住户，城镇家庭的总收入是指将家庭所有成员所获得的工资性收入、经营净收入、财产性收入、转移性收入相加的总和，排除了出售财物收入和借贷收入。城镇家庭的可支配收入是指家庭成员得到可用于最终消费支出和其他非义务性支出以及储蓄的总和，即居民家庭可以用来自由支配的收入。它是家庭总收入扣除交纳的个人所得税、个人交纳的社会保障支出以及记账补贴后的收入。而对农村住户，农村住户的总收入可以按照收入的性质分为工资性收入、家庭经营收入、财产性收入和转移性收入。在调查期间，通过各类途径所获得的农村住户和住户成员的收入总和就是农村住户的总收入。其中，农村住户的家庭纯收入是把各种渠道得来的家庭总收入减去各类开支之后所得到的费用。调查显示，居民家庭的纯收入大部分用于他们的生活消费支出和生产活动支出，还有一部分用于储蓄及其他支出。

财产性收入是指金融资产或有形非生产性资产的所有者向其他机构单位提供资金或将有形非生产性资产供其支配，作为回报而从中获得的收入。因此，要想获得财产性收入，就需要对自己的实物或虚拟财产拥有占有、使用、处置、收益的权能，换言之，私有财产所有权必须掌握在自己手中。财产基数的拥有量决定着财产性收入获得的多少。财产规模累积速度和财产基数拥有量的多少成正比，所以会限制财产性收入的获得。另外，财产性收入的获得往往伴随着较大的风险。相对于其他三种收入方式来说，财产性收入大部分是通过对资本市场、金融市场进行投资来获取，所以风险指数相比之下高得多。

财产性收入包含以下部分：家庭拥有的不动产（如房屋、车辆、土地和收藏品等）、动产（如银行存款、有价证券）所获得的收入，包括通过利息、租金、专利收入等由于其他人使用从而得到的收入等；财产经营所获得的红利收入、增值收益等，这是居民投资行为的成果。居民流动财产剩余之后，以其能够拥有较高的未来收益而进行的将余下的收入进行增值保值经济意义上的活动就是居民投资行为。一旦促进了居民投资，才能通过居民投资获得财产性收入。

对城乡居民的财产性收入来源进行分类，具体如下：①关于城镇居民。城镇居民已经形成了房屋出租、银行储蓄、投资理财和股权分红等多层次的财产组合，主要进行的是金融投资和实物投资。金融投资包括储蓄存款投资、购买有价证券（包括股票、债券、国库券等）、储蓄性保险（包括财产保险、人寿保险、平安保险等）和其他投资。与此同时，实物投资主要是指购房、建房支出投资。②关于农村住户。虽然农村住房面积大，但实际住房价值相对较低，经济发达地区还可通过房屋租赁获得一部分财产性收入，而相对落后地区的农村住户财产性收入的来源主要来自储蓄，形式较为单一。另外，十八届三中全会明确提出，赋予农民更多财产权利，赋予农民对承包土地占有、使用、收益、流转及承包经营权抵押、担保权能，这就抓住了农民增收的核心环节。农民的财产性收入主要包括土地承包经营权出租、入股的股份分红、征地补偿收入等。

三、财产性收入与城乡差距现状及其变动趋势

改革开放以来，我国经济发展取得了令人瞩目的成绩，社会整体经济水平显著提高，国内生产总值由1978年的3 678.7亿元增加到2015年的68.55万亿元，增长了约186倍。在经济整体水平提高的同时，我国居民的收入水平和生活水平也得到了很大的提高和改善，近年来尤其显著。从表1数据可知，城镇居民的人均可支配收入从2000年的6 280元增长到2015年的31 790.3元，这是与经济发展同步的，城镇居民的恩格尔系数从2000年的39.4%下降到2014年的35.6%；与此同时，我国农村人均纯收入由2000年的2 253.4元增加到2015年的10 772元，恩格尔系数也由2000年的49.1%下降到2015年的37.1%。这表明，城乡居民的总体收入增加，家庭消费总支出中食品消费支出的比重下降，生活水平是不断提高的。但是伴随着城镇居民和农村居民收入的增加，城乡收入差距也不断扩大。由图1可以看出，2000年至2015年，城镇居民的收入增长速度远大于农村人均纯收入的增长速度，2002年城乡人均总收入差距为4 728.78元，到2015年，城乡居民人均收入总差距扩大为19 773.10元，这一差距决定了城乡居民收入分配差距变化的整个趋势。这个数值还不能准确地反映城乡居民收入的实际差距，如果再加上城镇居民享有的社会保障、各种福利和补贴，城乡居民的收入差距将更大。由图2可以看出，我国城乡居民财产性收入差距也在不断扩大，从绝对数来看，1995年，城乡居民人均财产性收入差距是49.4元，到2012年，这一差距扩大到457.9元；从相对数来看，1995年，城镇居民与农村居民的人均财产性收入比值为2.2:1，2000年左右有短暂缩小，但之后又不断扩大，到2012年达

到 2.8:1。城乡居民收入的不平等程度上升，这主要归因于金融资产和房产价值分布差距的扩大，同时，20 世纪 80 年代末农村土地使用权的变革和 90 年代开始推进的城镇公有住房改革对城乡居民之间财产分布差距的变化也具有至关重要的影响。①

表 1 近年城乡居民人均收入及恩格尔系数

年份	城镇居民人均可支配收入（元）	农村居民人均纯收入（元）	城镇居民恩格尔系数（%）	农村居民恩格尔系数（%）
2000	6 280.0	2 253.4	39.4	49.1
2001	6 859.6	2 366.4	38.2	47.7
2002	7 702.8	2 475.6	37.7	46.2
2003	8 472.2	2 622.2	37.1	45.6
2004	9 421.6	2 936.4	37.7	47.2
2005	10 493.0	3 254.9	36.7	45.5
2006	11 759.5	3 587.0	35.8	43.0
2007	13 785.8	4 140.4	36.3	43.1
2008	15 780.8	4 760.6	37.9	43.7
2009	17 174.7	5 153.2	36.5	41.0
2010	19 109.4	5 919.0	35.7	41.1
2011	21 809.8	6 977.3	36.3	40.4
2012	24 564.7	7 916.6	36.2	39.3
2013	26 955.1	8 895.9	35.0	37.7
2014	29 381.0	9 892.0	35.6	37.9
2015	31 790.3	10 772.0	34.8	37.1

注：数据选自《中国统计年鉴》，表中 2012 年及以前年份的数据来源于分别开展的城镇住户调查和农村住户调查，2013—2015 年的数据根据城乡一体化住户收支与生活状况调查数据按可比口径推算获得。

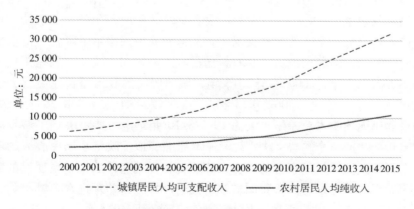

图 1 2000—2015 年城乡居民收入变化图

① 李实、魏众、丁赛："中国居民财产分布不均等及其原因的经验分析"，《经济研究》，2005（6）。

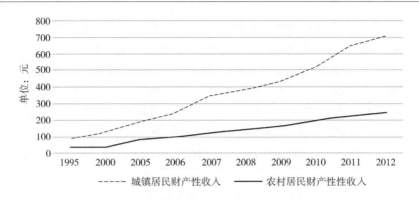

图2　1995—2012年城乡居民财产性收入变化图

（一）我国城镇居民财产性收入现状分析

我国城镇居民财产性收入增长速度快但所占比重小。表2描述了我国城镇居民的收入来源，在20多年的时间里，城镇居民人均财产性收入由1990年的16元左右增长到了2015年的3 042元，增长迅速，年增长率基本超过10%。但是与工资性收入和转移性收入相比，财产性收入所占的比重仍然比较小，2005年之前，人均财产性收入的绝对值在200元以下，在可支配收入中的比重不超过3%，到2015年，该比重已经接近10%。可见，随着经济的快速发展，投资渠道的不断拓宽，如股票市场、房地产市场等投资方式的多样化和快速发展，城镇居民的财产性收入大幅度增长。

表2　1990—2015年城镇居民的收入构成　　　　　　（单位：元）

年份	1990 年	1995 年	2000 年	2005 年	2010 年	2011 年	2012 年	2013 年	2014 年	2015 年
可支配收入	1 510	4 283	6 280	10 493	19 109	21 810	24 565	26 467	28 844	31 195
工资性收入	1 150	3 390	4 830	7 798	13 708	15 412	17 336	16 617	17 937	19 337
经营性收入	23	73	246	680	1 714	2 210	2 548	2 975	3 279	3 476
财产性收入	16	90	128	193	520	649	707	2 551	2 812	3 042
转移性收入	328	726	1 441	2 651	5 092	5 709	6 368	4 323	4 816	5 340

注：数据来源于2004—2016年《中国统计年鉴》，2013—2015年的数据基于新口径统计。

在城镇居民的财产性收入中，构成财产性收入的各明细收入差距很大。由表3和图3可以看出，出租房屋收入在财产性收入中所占比重最大，年均比重为50.34%，是城镇居民财产性收入最主要的来源；随着我国证券市场的快速发展和不断完善，财产性收入所占比重居第二位的是股息与红利收入，年均比重为20.7%，2002—2007年间所占比重呈上升趋势，2007年之后，其所占比重在下降，可能与股市的波动以及公司分红的减少有关；根据我国居民的投资习惯，利息收入在我国城镇居民财产性收入中的比重一直保持平稳的水平；保险收益在财产性收入中所占比重约 1.59%，占比很小，这与我国保险市场的不完善、居民保险理财意识不强有关；知识产权收入是占比最低的，只有 0.19%。总的来说，财产性收入的来源差距很大，对构成财产性收入贡献最大的是出租房屋收入、股息与红利收入、利息收入和其他投资收入，而这几项收入基本上都来自房地产市场和金融市场，具有较高的风险性和收益性，同时也表明房地产市场和金融市场的发展对增加城镇居民的财产性收入具有很大的影响。

表 3 2002—2011 年城镇居民各明细收入在财产性收入中的占比 （单位:%）

年份	利息收入	股息与红利收入	保险收益	其他投资收入	出租房屋收入	知识产权收入	其他财产性收入
2002 年	17.63	22.33	2.00	8.34	44.30	0.24	5.29
2003 年	15.02	22.65	2.39	14.38	42.58	0.16	2.83
2004 年	11.40	21.20	1.65	9.75	53.66	0.12	2.20
2005 年	10.64	18.60	1.53	9.41	58.18	0.07	1.56
2006 年	10.73	22.92	1.86	10.47	51.81	0.35	1.86
2007 年	10.91	27.60	1.70	12.10	44.68	0.31	2.70
2008 年	11.29	19.51	1.71	11.00	52.65	0.04	3.80
2009 年	14.02	17.70	1.28	12.44	51.42	0.06	3.08
2010 年	12.62	16.92	0.93	12.60	52.90	0.13	3.90
2011 年	13.12	15.43	0.89	14.45	51.25	0.37	4.49

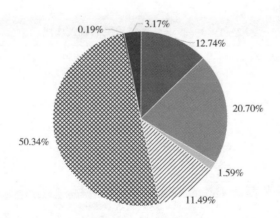

图 3 2002—2011 年中国城镇居民财产性收入中各明细所占的年均百分比

数据来源：根据《中国价格及城镇居民家庭收支调查统计年鉴》和《中国城市（镇）生活与价格年鉴》中的数据整理计算而得。由于 2011 年之后国家统计局统计口径有变，2011 年之后不再统计各明细数据。

（二）我国农村居民财产性收入现状分析

我国农村居民的财产性收入较少，但也在不断增加。表4是我国农村居民人均收入构成情况，1990年至2015年，我国农村居民总收入由990元提高到11 422元，增长迅速，其中，财产性收入由1990年的不到36元增加到2015年的252元，可见财产性收入有所增长，但增幅不大。在2005年之前，农村居民财产性收入增长较缓慢，2005年之后增长很快，2015年人均净财产性收入的年均增长率为13.24%。

表4　1990—2015年农村居民的收入构成　　　　（单位：元）

年份	1990年	1995年	2000年	2005年	2010年	2011年	2012年	2013年	2014年	2015年
总收入	990	2 338	3 146	4 631	8 120	9 833	10 991	9 430	10 489	11 422
工资性收入	139	354	702	1 175	2 431	2 963	3 447	3 653	4 152	4 600
经营性收入	816	1 877	2 251	3 164	4 937	5 940	6 461	3 935	4 237	4 504
财产性收入	36	41	45	88	202	229	249	195	222	252
转移性收入		66	148	204	549	701	833	1 648	1 877	2 066

注：数据来源于2004—2016年的《中国统计年鉴》，2013—2015年数据基于新口径统计。

与城镇居民的情况类似，我国农村居民人均财产性收入不仅基数非常小，而且人均财产性收入在人均纯收入中所占的比重也非常低，但呈现高增长的特点。在农村居民的收入结构中，家庭经营性收入一直是农村居民收入最主要的来源，其次是工资性收入，财产性收入所占份额是很低的。造成这种情况的原因，与农村地区的经济发展和农村居民的收入水平有很大的关系。由于农村居民的人均收入水平偏低，加上经济发展相对落后，可供投资的渠道较少，理财意识薄弱，导致农村居民人均财产性收入的基数较低。

随着近年来农村地区的发展，农民的收入有了一定的提高，再加上互联网的普及，农民投资理财的渠道增加了，还有各种政策推进农村资本市场的发展，因此，近年来，农民财产性收入的增长速度也不断提高。财产性收入的快速增长对提高农村居民的收入水平、改善农村居民的收入结构具有很大的影响。

（三）城乡居民内部财产性收入差距现状

在城镇居民和农村居民内部，财产性收入的差距可以用洛伦兹曲线来分析。洛伦兹曲线的弯曲程度有重要意义，一般来讲，它反映了收入分配的不平等程度。弯曲程度越大，收入分配越不平等，反之亦然。洛伦兹曲线可以直观地反映收入分配差距状况，本文选取了2003年和2010年的《中国价格及城镇居民家庭收支调查统计年鉴》和《中国农村住户调查年鉴》的数据，分别绘制了我国城镇居民财产性收入和总收入的洛伦兹曲线（见图4）及农村居民财产性收入和总收入的洛伦兹曲线（见图5）。

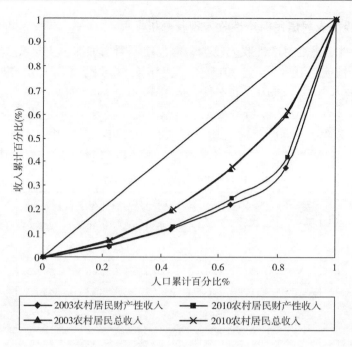

图 4　2003 年和 2010 年我国城镇居民总收入与财产性收入洛伦兹曲线图

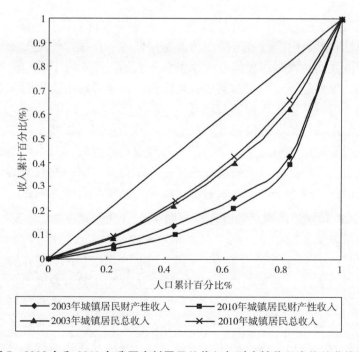

图 5　2003 年和 2010 年我国农村居民总收入与财产性收入洛伦兹曲线图

由图 4 可知，无论是 2003 年还是 2010 年，代表我国城镇居民财产性收入的曲线，其弯曲程度远远大于代表城镇居民总收入的曲线，表明与城镇居民总收入的不平等程度相比，城镇居民财产性收入的不平等程度更严重。从具体数值上看，2003 年，82% 的人群只占有 42% 的财产性收入和 62% 的总收入；2010 年，82% 的人群占有 39% 的财产性收入和 66% 的总收入。与 2003 年相比，2010 年，城镇居民总收入的不平等程度有所缓解，但是财产性收入的不平等程度加剧。图 5 表明，同城镇居民类似，农村居民财产性收入的洛伦兹曲线比总收入的洛伦兹曲线弯曲程度更大，农村居民的财产性收入不平等程度大于总收入不平等程度。从具体数值上看，2003 年，农村居民中 83% 的人口占有 37% 的财产性收入和 59% 的总收入；2010 年，83% 的人群占有 42% 的财产性收入和 60% 的总收入。与 2003 年相比，2010 年，农村居民总收入的不平等程度变化不大，而财产性收入的不平等程度有所下降。

（四）财产性收入差距是城乡居民家庭收入差距扩大的重要原因

由表 5 可以看出近年来城乡收入差距的变化趋势：①2002 年以来，城乡居民收入差距呈不断扩大的趋势。从财产性收入差距占城乡居民家庭收入差距的比值来看，2002 年，财产性收入差距占居民家庭收入差距的比值是 1.09，之后逐年提高；2011 年，该比值提高到 2.97，2012 年是 2.87，总体趋势是在逐渐提高；2013 年以后，根据新的统计口径，城乡居民财产性收入差距明显增大。从绝对值来看，2013 年，城镇居民人均财产净收入比农村居民高 2 356.8 元，2014 年高 2 590 元，2015 年高 2 790.4 元，城乡居民财产净收入差距占城乡居民收入差距的比值 2013 年是 13.83，2014 和 2015 年达到 14.11。财产性收入差距是造成城乡居民收入差距扩大的重要影响因素。②按照城乡居民收入来源的差距来看，城乡居民收入差距的主要因素在于工资收入的差距，其次是转移性收入的差距，财产性收入的差距在城乡居民收入差距中所占的比重相对较小，但是其增长速度很快。

另外，中国家庭金融调查与研究中心 2013 年的调查数据显示，在金融资产收入方面，城镇家庭的收入均值是 4 355 元，农村家庭只有 685 元。在房屋土地出租收入方面，城镇家庭的收入是 6 978 元，农村家庭只有 2 514 元①。城镇家庭各项财产性收入合计是 11 822 元，农村家庭只有 3 401 元，城镇家庭财产性收入比农村家庭高 8 421 元，是农村家庭的 3.48 倍。财产性收入差距占城乡居民家庭收入差距的比值达到 18.93，即财产性收入差距是造成城乡居民家庭收入差距扩大的重要原因。

---

① 甘犁、尹志超、谭继军：《中国家庭金融调查报告·2014》，西南财经大学出版社 2015 年版，第 178 页。

表 5　城乡收入差距及收入来源的差距

年份	总收入差距及按来源分各项收入差距（单位：元）					按来源分各项收入差距的比重			
	总收入差据	工资性收入差距	经营性收入差距	财产性收入差距	转移性收入差距	工资性收入差距	经营性收入差距	财产性收入差距	转移性收入差距
2002 年	4 728.78	4 899.74	− 2 048.35	51.44	1 825.95	1.036 2	− 0.433 1	0.010 9	0.386 1
2003 年	5 478.8	5 491.84	− 2 051.14	69.23	1 968.87	1.002 4	− 0.374 4	0.012 6	0.359 4
2004 年	6 088.91	6 154.3	− 2 310.64	84.54	2 160.7	1.010 7	− 0.379 5	0.013 9	0.354 9
2005 年	6 689.56	6 689.56	− 2 484.81	104.46	2 446.89	0.990 1	− 0.371 5	0.015 6	0.365 8
2006 年	7 694.11	7 392.16	− 2 500.39	143.51	2 658.84	0.960 8	− 0.325 0	0.018 7	0.345 6
2007 年	9 117.49	8 638.54	− 2 835.98	220.31	3 094.63	0.947 5	− 0.311 0	0.024 2	0.339 4
2008 年	10 367.09	9 445.23	− 2 848.51	238.84	3 531.46	0.911 1	− 0.274 8	0.023 0	0.340 6
2009 年	11 742.52	10 320.86	− 2 875.33	264.64	4 032.33	0.878 9	− 0.244 9	0.022 5	0.343 4
2010 年	12 913.91	11 276.63	− 3 223.97	318.08	4 543.16	0.873 2	− 0.249 7	0.024 6	0.351 8
2011 年	14 146.06	12 448.48	− 3 730.05	420.40	5 007.23	0.880 0	− 0.263 7	0.029 7	0.354 0
2012 年	15 968.33	13 888.14	− 3 912.67	457.95	5 534.33	0.869 7	− 0.245 0	0.028 7	0.346 6
2013 年*	17 037.40	12 964.90	− 959.60	2 356.80	2 675.30	0.761 0	− 0.056 3	0.138 3	0.157 0
2014 年*	18 355.00	13 784.60	− 958.40	2 590.00	2 938.70	0.751 0	− 0.052 2	0.141 1	0.160 1
2015 年*	19 773.10	14 736.80	− 1 027.50	2 790.40	3 273.40	0.745 3	− 0.052 0	0.141 1	0.165 5

注：* 表示这一年的统计口径有变。

四、城乡居民财产性收入差距扩大的影响因素

影响我国城乡居民财产性收入差距扩大的因素有很多，如初次分配的不平等、财税政策的不合理、社会保障体系的不完善，甚至在二次分配中出现逆向调节等。本文将城乡居民财产性收入差距的影响因素总结为以下几个方面。

（一）城乡财产性收入来源不同

近年来，随着市场经济的逐步完善和发展，越来越多的人开始投资股票、基金、证券、房产、保险等，我国居民财产性收入的来源也越来越多元化，由以前的利息、红利收入为主，逐渐扩展为股息红利、房屋出租收入、知识产权收入、保险收入以及其他财产性收入等多样化收入并存局面。我国城镇居民财产性收入的主要来源是资金和房产，资金财产性收入又以股息和红利收入为主，这主要得益于股票、基金等资本市场以及房地产市场的繁荣。利息收入作为城镇居民传统的财产性收入来源，相对来说比较稳定，而知识产权收入、保险收益及其他投资收入虽然所占比例较小，但也是城镇居民财产性收入的来源。

对农村居民财产性收入来说，我国农村居民财产性收入构成比较单一，主要来源于资金、土地和房屋三个方面，其中又以来自于土地的财产性收入为主。来自于土地的财产性收入主要包括由于农村居民的土地被国家征用所获得土地补偿收入和农村居民的土地承包经营流转收入。总体来说，我国农村居民财产性收入仍以土地财产性收入为主，其他财产性收入较少，财产来源的渠道仍然较窄。尤其是我国中西部那些偏远的乡村地区，经济相对落后，投资基本只有存款、取款和汇兑业务。

城乡居民财产性收入来源不同导致城乡居民财产性收入的差距很大，财产性收入是基于财产使用权或所有权转让产生的收入，具有"马太效应"。居民拥有的财富越多，获得财产性收入也就越多，由于城乡居民拥有的财富数量悬殊，导致城乡居民财富占有和分布不均衡，这是造成财产性收入差距扩大的根本原因。

（二）城乡金融服务发展不均衡

由于我国长期以来存在的二元经济结构，导致城乡金融服务的不平衡。经济发达地区、收入水平较高的中高收入人群可以获得更多的金融资源（如银行信贷等），他们享有更多的金融服务和资本收益（如更加丰富的金融理财产品、在资产保值增值方面更高的收益等），但是在融资成本、信贷利率等方面承担的成本相对较低。与之相反，经济贫困地区、收入水平较低的中低收入人群尤其是贫困人群获得的金融资源较少，得到的资本收益也更少，但是在融资成本、贷款利率等方面需要承担的成本更高。这也意味着城镇居民相对于农村居民更容易得到更好的金融服务。我国农村金融市场发展的相对落后和不成熟导致农村居民的投资渠道和理财工具相对较少，主要投资还倾向于由储蓄存款带来的利息收入，从而导致农村居民在金融市场上获得的财产性收入更少，城乡金融服务发展不均衡对城乡居民财产性收入差距的影响日益加剧。

（三）资本市场的"马太效应"

资本市场的发展同财产性收入一样，具有"马太效应"的特点，这会加速城乡财产性收入差距的扩大，是城乡财产性收入差距扩大的重要原因。我国正在经历一个资本迅速积聚和快速分化的过程，城镇居民相对于农村居民更多地选择将财产投入资本市场，实现财产的保值增值，财产性收益的渠道也比较丰富，自然而然就比农村居民更容易得到更多的财产性收益。

（四）城乡居民投资意识和理财能力的差异

随着资本市场的发展和完善，居民的投资机会不断增多，获得财产性收入的渠道也会增加。但是，资本市场的发展也伴随着风险的增加。资本市场的专业化、复杂化对投资者的素质和能力提出了更高的要求。专业的、高素质的投资者可以获得更高收益，低素质投资者的收益则会下降，甚至出现亏损。城镇居民的平均受教育程度要高于农村居民，这也就意味着城镇居民的投资意识和理财能力要比农村居民强，表现也更加专业。相比于城镇居民，农村居民的金融知识不足、投资理财能力较差，甚至有很多农村居民根本不了解投资理财，也不会拿着财产去投资，因此，城乡居民投资意识和理财能力的差异也是导致城乡财产性收入差距加大的一个重要因素。

除此之外，还有一些其他因素会对城乡居民财产性收入差距的扩大产生影响，比如，社会保障体系不健全，影响居民家庭的投资行为；土地制度不健全，影响农民的财产性收入；财税方面的制度设计也会对城乡居民家庭的投资行为以及不同群体之间的财产性收入差距产生较大影响等。

五、结论与建议

通过前面的分析和论证，我们得出以下结论：财产性收入差距是造成城乡居民家庭收入差距扩大的重要原因，而要缩小城乡居民家庭收入差距，就要重视缩小城乡财产性收入差距，要创造条件让更多居民拥有财产性收入。针对这个结论，本文提出以下几点建议。

一是要保持经济持续稳定增长，增加农村居民的收入，培育和壮大中等收入阶层。调节财产性收入差距，根本上是要扩大财富总量，我国人均收入水平较低，因此，要扩大财富总量，必须保持经济持续稳定增长。我国农村居民的收入较低，财产基数较小，因此，要提高农民的收入，这是提高农民财产性收入的基础；调节财产性收入差距，要均衡各群体之间的财富分配结构，使绝大多数家庭都拥有财产积累，这样才能分享财产性收入，因此需要培育和壮大中等收入群体。

二是要规范资本市场，健全市场体系，重视发展普惠金融。通过改革和规范资本市场体系，维护中小投资者的利益，营造更加公平的环境，为居民提供更加丰富的投资空间和渠道，提高居民对金融市场的参与程度；大力发展普惠金融，提高金融服务的均衡性和包容性，特别是要针对农村地区大力发展普惠金融，为农村居民提供适当、有效的金融服务，提高农村金融服务的覆盖率，增加农村居民的投资渠道和理财工具。

三是要推进相关领域的制度改革和政策创新。首先是改革和完善财政税收政策，对高收入群体的财产性收入进行合理约束和必要限制，对低收入群体特别是农村居民实行税收减免或优惠；其次要规范房地产市场，遏制房地产投机炒作，削弱房地产的投资属性，改善居民财产中住房资产占比过高的现象；再次是逐步推进土地制度改革，在深刻理解我国的历史传统和现实国情的基础上，为增加农民的财产性收入提供有效途径；最后要提高国民经济金融常识，加强金融风险教育，特别是要在农村普及金融知识，提高城乡居民的投资意识和理财能力。

参考文献

[1]王培刚,周长城.当前中国居民收入差距扩大的实证分析与动态研究——基于多元线性回归模型的阐释[J].管理世界,2005(11).

[2]王小鲁,樊纲.中国收入差距的走势和影响因素分析[J].经济研究,2015(10):24-36.

[3]吕可.财产性收入研究进展分析与评价[J],财税纵横,2012(3).

[4]王悦侠.我国居民财产性收入差距的实证研究[D].合肥:安徽大学,2017.

[5]刘扬,王绍辉.扩大居民财产性收入,共享经济增长成果[J],经济学动态,2009(6).

[6]王雄军.我国居民财产性收入状况及其趋势判断[J].改革,2017(4):14-26.

[7]李金良.财产性收入与贫富差距——基于城乡收入差距视角的实证研究[J].北京邮电大学学报(社会科学版),2008(3):49-52.

[8]刘江会,唐东波.财产性收入差距、市场化程度与经济增长关系研究:基于城乡间的比较分析[J],数量经济技术经济研究,2010(4).

《"十三五"国家老龄事业发展和养老体系建设规划》之老年人合法权益保障篇解读①

李超②

摘要：《"十三五"国家老龄事业发展和养老体系建设规划》专设"保障老年人合法权益"一章，提出完善老龄事业法规政策体系、健全老年人权益保障机制、加大普法宣传教育力度等任务，旨在从立法、执法、司法、普法等环节全方位保障老年人合法权益。本文论述了"十二五"时期老年人合法权益保障工作取得的成就和存在的问题，在借鉴国外老龄法律政策体系的主要内容基础上，提出我国"十三五"时期老年人合法权益保障工作的重点。

关键词：十三五规划；老年人合法权益；老年人权益保障

老年人合法权益得到切实有效的保障，是实现社会公平正义的内在要求，是衡量社会文明进步的重要标尺。《"十三五"国家老龄事业发展和养老体系建设规划》专设"保障老年人合法权益"一章，提出完善老龄事业法规政策体系、健全老年人权益保障机制、加大普法宣传教育力度等任务，旨在从立法、执法、司法、普法等环节全方位保障老年人合法权益。

一、"十二五"时期老年人合法权益保障工作取得的成就

"十二五"期间，与老年人权益保障相关的法律法规、规章政策密集出台，老年人合法权益保障工作取得长足进展。自 2007 年民政部和全国老龄办启动《老年人权益保障法》修改工作以来，历时 5 年多，反复调研修改，于 2012 年 12 月，第十一届全国人民代表大会常务委员会第三十次会议审议通过了《中华人民共和国老年人权益保障法（修订草案）》，自 2013 年 7 月 1 日起施行。该法作为我国第一部老年人权益保障方面的基本法，是多年来老年人权益保障工作实践经验的升华和总结。修订后的《老年人权益保障法》明确规定，积极应对人

---

① 文章首发在国家老龄工作委员会办公室"《"十三五"国家老龄事业发展和养老体系建设规划》专家解读之十一：完善法律政策体系，保障老年人合法权益"，http：//www.cncaprc.gov.cn/contents/12/180227.html。收录本论文集中做了扩展和完善。

② 李超，教授，中国政法大学商学院。

口老龄化是国家的一项长期战略任务。这一规定首次从法律层面将应对人口老龄化上升到国家战略高度，这对提高全社会对老龄工作重要性的认识，从国家战略层面谋划和推进老龄事业具有重要意义。

目前，我国已基本形成了以《老年人权益保障法》为总依据，地方性法规、规章为骨干，《国务院关于加快发展养老服务业发展的若干意见》等规范性文件和配套政策为指导，《中国老龄事业发展"十二五"规划》和《社会养老服务体系建设规划（2011—2015 年）》为引领，有关国家和行业标准为技术支撑的老年人福利救助保障和养老服务业发展的法律政策和规划标准体系。

二、"十二五"时期老年人合法权益保障工作存在的问题

"十二五"期间，尽管我国老年人权益保障方面的法规政策不断完善，但依然存在明显短板，例如，涉老法规政策系统性、协调性、针对性、可操作性有待增强，归纳起来，主要有以下几个问题：

第一，从近年来出台的有相关老年人合法权益保障的地方法规来看，相当一部分质量较高，符合本地实际需要，但也有一些地方立法存在大量重复上位法条文的问题（于建伟，2016）。一些不发达地区的老龄政策制定都是效仿国家层面的政策法规，但国家政策的出发点是宏观的、概括的，地方政府应当细化规定，提高政策的可操作性，不能停留在过于原则化的表面或是简单地重复（陆杰华、汤澄，2015）。还有一些省份未完成老年人权益保障地方性法规的修订工作，新《老年人权益保障法》的精神难以落实。

第二，老龄法律法规政策配套进展缓慢，仍存在薄弱环节，缺乏系统性。除《老年人权益保障法》这部综合性法律外，相关专项法律或行政法规立法滞后；老龄工作的一些关键领域和重要环节的立法没有突破，一些老年人民生保障难题亟待破解（全国老龄办，2016）。例如，老年人监护制度、长期护理保险制度等如何落地问题。在国家层面，家庭养老支持、长期护理保障、养老服务人才队伍、老年人监护、老年人力资源开发、老龄产业、老年人优待、商业养老保险等方面尚未形成统一的制度安排（张媛，2015）。

第三，涉老法规政策可操作性有待增强。比如，《老年人权益保障法》第十八条规定："家庭成员应当关心老年人的精神需求，不得忽视、冷落老年人。与老年人分开居住的家庭成员，应当经常看望或者问候老年人。"该规定被媒体解读为"常回家看看写入法律"，不常看望老人将属违法行为。实践中，由于没有细化法律责任，也没有附加具体的实施细则，这一规定一直面临落地难的尴尬状况，"常回家看看"入法多年被指不中用（朱宁宁，2017）。常回家看看似乎不是"想不想"的问题，而是"能不能"的问题。

第四，《老年人权益保障法》修订实施后，老年人特别是农村老年人对这部法律的知晓率有待进一步提高，老年人对家庭赡养协议认同度不高，协议推行效

果与预期存在差距，老年人维权依然面临一些困难，老年人对基层老年维权网络的认知不足等。

三、其他国家和地区老龄法律政策体系的主要内容及启示

对老年人的法律保障离不开整个社会保障制度的建立和发展。真正现代意义上的社会保障制度，即政府介入并通过立法形式确立的社会保障制度，最早出现在德国。[①] 应该说，德国的社会保障制度已经开始以立法的形式关注人在年老时的经济保障和医疗保障问题。但是，世界上第一部专门以老年人为保护对象而单独制定的法律始于1963年日本制定的《老年人福利法》，随后，美国在1965年也制定了《老年人法》。时至今日，发达国家和地区的老年人法律保障制度已经发展得比较完善。

（一）其他国家和地区老年人权益立法保障的模式

发达国家对老年人法律的研究大都从属于老龄公共政策（aging public policy）。斯道夫和理查德（Theodore & Richard, 1999）认为，"公共"是指政府，包括各个级别的政府；"政策"即为法律；"公共政策"就是指各级政府权力机构制定的法律制度。制定老年人法律的目的在于保障老年人避免因年龄而受到歧视，向老年人提供满足其基本需要（basic needs）的经济收入，以及保证老年人获得所需要的医疗健康服务。也就是说，通过一系列的法律制度（a long list of laws）为生活在社会中的老年人建立起相应的保障标准。

从老年人法律保障的立法模式来看，它与一个国家的经济发展水平、历史文化传统以及政府政策是密切相关的。当今各国主要存在两种不同的模式：一种是分散在其他法律中的老年人立法保障模式，这种模式下的老年人法律保护是从属于社会保障和社会福利制度的，比如，有关养老保险、医疗保险以及社会救助的立法等；另一种是专门的老年人立法保障模式，这种模式下的老年人权利保护法是针对老年人群体的特殊性，直接规定老年人所应享有的一些权利，具体表现为单独的老年人法律，这种模式在世界各国或地区并不是很多，比如，美国《老年人法》（1965年）、美国《禁止歧视老年人法》（1975年）、日本《老年人福利法》（1963年)[②]、日本《老年人保健法》（1982年）、日本《高龄人力雇佣安全

---

① 德国首相俾斯麦执政期间，于1883年通过了《疾病保险法》，1884年颁布了《工伤保险法》，1889年又颁布施行了《伤残和养老保险法》。这三部法律都是强制性的，保险范围也只限于有正常工作收入的工人，其目的在于维护整个社会的稳定和安宁。其后，美国总统罗斯福为了缓解突出的失业、老龄化等问题的社会矛盾，于1935年8月14日签发了《社会保障法》，确立了社会保障普遍性和社会性原则，从此，社会保障作为一项基本法律制度被许多国家确立并实施。

② 1963年7月，日本颁布通过了倡导保障老年人整体生活利益的老人福利相关规定，这是日本政府在老龄化社会到来之前颁布的一部老人福利大法，被日本各界称为"老人宪章"，首开世界各国为老年人福利专门立法之先河。

法》（1985 年）、日本《介护保险法》（1997 年）①、日本《高龄者医疗确保法》（2006 年）②、韩国《老年人福利法》（1981 年）、韩国《老年人就业促进法》（1992 年）、韩国《老年人长期疗养保险法》（2007 年）③、新加坡《赡养父母法》（1995 年）、澳大利亚《家庭与社区护理服务法案》（1985 年）、澳大利亚《老年照顾法案》（1997 年）、德国《长期照护保险法》（1992 年）和中国台湾地区老人福利相关规定（1980 年）等。"健全的法律制度是现代社会文明的基石"，虽然专门为老年人制定法律的国家或地区并不占多数，但可以看出，这些国家都是经济较发达的国家或地区，代表了未来老年人立法保护的发展模式。从文化传统上看，绝大多数东亚国家由于受到中国传统儒家文化的影响，都制定了专门保护老年人合法权益或老年人福利的单独法律，而且在法律中都体现了"孝道"等家庭养老的文化传统。

上述两种模式的选择反映了一国的社会政策和法律习惯。"分散在其他法律中的老年人立法保障模式"是将老年人视为全体国民中的一个群体、老年阶段仅为人的生命历程的一个重要阶段来看待，将老年人所享有的经济、健康和社会参与的权利相应地规定在社会保障制度中，作为社会整体福利的一个组成部分。但它的缺点在于没有充分考虑到老年人的特殊需要，不能充分体现人道主义和参与社会发展的权利，缺乏具体执行的程序，如果没有相关配套法律的跟进或行政执行力不强，不利于老年人权益的保护。"专门的老年人立法保障模式"优点在于将老年人的特殊需要考虑进来，法律的可操作性强，权利义务关系明确，法律责任清楚，缺点在于缺乏系统性，从结构上看可能比较松散，不同的法律之间可能不易协调，易产生重复立法等问题。

（二）其他国家和地区老年人权益立法保障的内容

各国的老年人法律大都围绕经济保障、健康维护以及身心调适三个方面来保障老年人的权益，这与 2002 年世界卫生组织提出的"积极老龄化政策框架"（即健康、参与和保障）是一致的。

首先，老有所养是人口老龄化过程中必须解决的首要问题，养老最基本的是

---

① Long Term Care 在不同国家或地区有不同的称谓，不同称谓之间并没有本质区别。在日本称为"介护"，在韩国称为"长期疗养"，在我国大陆地区称为"长期护理"，在德国和我国台湾地区称为"长期照护"。

② 2006 年 6 月，作为医疗保险制度改革的一环，日本政府全面修订了《老年人保健法》，并更名为《高龄者医疗确保法》。但是，由于受到政治等因素的影响，《高龄者医疗确保法》在开展之初并不顺利，曾于 2009 年遭到废止，2012 年改革后继续施行。参见杨华：《日本社会保障制度研究》，中国财政经济出版社 2011 年版。

③ 政府起初立法过程中使用的法案名称是《老年人照料保障法》，但是遭到医疗部门和市民团体的广泛反对。因为刚开始的草案如名称所示，对老年人的服务更多侧重于生活照料，没能更好地反映医疗服务的重要性，而且也不能与健康保险制度上的疗养有机地联系起来。参见洪润美：《老年人长期疗养保险制度的引进与政策课题》，庆北大学校硕士学位论文，2007。

收入保障（income security），即经济供养问题。老年经济保障法主要调整的是老年收入保障，即用什么方法、通过什么途径建立起经济供养保障体系。老年经济保障经历了由家庭养老保障向社会养老保障过渡、由非正式支持向正式支持制度过渡的过程。但这并不是说家庭养老最终会被社会养老保障所取代，二者所起的作用是不能相互替代的。对老年人经济保障的法律规定，绝大多数国家都将之规定在社会养老保险制度中。发达国家的经验已经证明，社会养老保险制度的完善和发展必须依托于法律，养老保险法是政府介入老年人生活保障领域的手段。养老保险又称作老年保险，是指国家通过立法强制建立养老保险基金，劳动者达到法定退休年龄并退出劳动岗位时，可以从养老保险基金中领取养老金，以保证其基本生活的一种社会保险制度（林嘉，2002）。

其次，从国外发达国家的发展经验可以看出，老年人法律制度首先关注的是满足老年人至关紧要的收入、住房和食品等基本生活需要，当老年人的经济问题得到初步缓解之后，他们的突出需要就是健康保障，实现健康照护（health care）目标。对老年人健康保障（或称医疗保健）的法律规定，绝大多数国家都将之规定在全民医疗保险制度中，也有的国家为老年人制定了专门的老年人保健法、长期护理保险法等法律，如日本、韩国和德国等。鉴于老年人的身体特点，老年人健康保障法是指为满足老年人健康照料需要而制定的维护老年人健康的法律。这里又由两个层次构成：一是老年人的基本医疗需求，二是随着社会经济的发展，老年人对健康照料需求的增加以及疾病预防意识的增强。

最后，老年人社会参与保障法是对老年人分享社会发展成果需求的最有力的诠释，是老年人权益保障法律制度的重要组成部分。老年人社会参与法是一个宽泛的概念，既包括老年人教育、就业等社会参与的方式，也包括如何实现社会参与，以及社会参与的环境构建问题。

（三）其他国家和地区老年人权益立法保障对我国的启示

与发展中国家老年人权益法律保障制度相比，发达国家相关立法最明显的特征是普及化和高标准，具体表现为：

第一，在保障范围上，发达国家涵盖的内容不断拓展。发达国家老年福利（elderly welfare）是其社会福利体系中的一项主要内容，是在全民福利的发展模式中逐步建立的。从20世纪初期开始，世界上多数工业国家在建立和发展社会保障制度的过程中，先后建立起以老年福利为主要内容的全民福利模式。20世纪40年代末，曾经有"日不落帝国"之称的老牌资本主义国家英国率先宣布建立福利国家。瑞典等西北欧国家、北美洲、大洋洲及亚洲等发达国家和地区紧随其后，都先后宣布实现了"全民福利"的发展目标。随着社会经济的增长和人民生活水平的提高，社会保障制度得到了充分发展，社会福利水平与程度已经成为衡量一个国家是否发达或实现现代化的重要标志。第二次世界大战以后，全民福利国家成为众多国家的发展目标。发达国家的老年法律保障制度从以往侧重对老龄社会问题的事后"治疗"转变为事前"预防",对现代化过程中的人口老龄化、老年人经济贫困化、健康下降等问题提供了综合性的预防和解决措施。

第二,在保障方式上,发达国家更具有强制性,更加注重与社会经济发展的紧密联系。发达国家都将有关老年人保障的内容以法律形式固定下来,或者是将老年人保障的内容规定在社会保障和社会福利制度中,或者是专门制定独立的老年人立法,总之,老年人保障制度具有法律强制性。同时,发达国家的老年人权益法律保障制度也更加注重与社会经济发展的紧密联系,及时出台或者修改相关的老年人立法。美国《老年人法》自 1965 年颁布以来,截至 2016 年,已先后进行了 18 次修改(含修正案及重新授权)。日本《老年人福利法》自 1963 年颁布以来,截至 2015 年,已进行过 38 次修订。韩国《老年人福利法》自 1981 年立法通过以来,截至 2010 年,已经历了 8 次修订。中国台湾地区老人福利相关规定自 1980 年通过后,截至 2010 年,进行过 5 次修订。

第三,在责任的承担上,更注重强调和保障"老年人的权利",把对老年人权益的保障视为国家和社会的责任,强调政府在其中要承担"直接责任"。具体表现在两个方面:一方面,老年人保障由国家统一管理,国家设立专门的行政机构管理老年人的事业;另一方面,国家以法律的形式进行管理,在法律中明确规定老年人相关保障的享受条件和支付标准。发达国家和地区的老年人保障从消极的、治疗型的救助,向积极的、强调权利的发展型救助转变,近来又再向强调权利与义务相结合的方向转变。

四、我国"十三五"时期老年人合法权益保障工作重点解析

当前,我国正处于"十三五"老龄事业改革发展和养老体系建设的重要战略窗口期,老年人合法权益的有效保障关系到老年人获得感和幸福感的提升,更关系到改革、发展、稳定的大局。

亚里士多德认为,法治的意义在于两条:一是要有"良好的法律";二是"已成立的法律获得普遍的遵从"(亚里士多德,1965)。至今上述两条仍被公认为关于"法治"要义的最简洁、最经典的阐释。人们只有知晓并认同法律,才可能谈得上用法和守法,人们认知法律最重要的目的是要形成全社会的普遍守法,由此才谈得上有法治秩序。就"十三五"时期国家老龄事业发展和养老体系建设规划而言,从三个层面对老年人合法权益保障工作进行了规划。

(一)立法与政策制定方面

第一,完善老年人监护制度。修订后的《老年人权益保障法》第 26 条规定,老年人在具备完全民事行为能力时,可以为自己选任监护人。在老年人丧失或部分丧失民事行为能力时,监护人依法承担监护责任。该条款是为保障失能失智老年人的人身财产权益创设的,是意定监护在我国立法上的首次体现,但该条内容概括性、可操作性不强,亟须立法机关在相关法律中做出明确、具体规定,同时

也需要司法机关及其他实务部门建立相应的配套措施。

2017年3月15日通过的《民法总则》中也对成年人监护制度做出了原则性规定，老年人监护作为成年人监护的重要组成部分，其如何进一步细化，包括具体内容及形式、监护监督、监护职责、监护终止等一系列问题如何在法律条文中予以明确规定，为老年人有尊严地度过晚年生活提供法律保障，是"十三五"期间老年人权益立法的重点内容之一。

第二，探索建立长期护理保险制度。"十三五"期间，高龄、失能失智老年人长期护理问题进一步凸显。针对不同地区的具体情况，一方面，对长期护理保险试点地区提出要统筹施策，提高资源配置效率效益；另一方面，鼓励、引导商业保险公司开展长期护理保险业务，以满足老年人多样化、多层次长期护理保障需求。

第三，随着我国老龄事业和养老体系建设的不断深入推进，一些深层次问题不断涌现并日益突出，归纳起来，主要体现在修订后的《老年人权益保障法》新增重要章节（包括老年人社会服务、社会优待、社会参与、宜居环境建设等配套政策如何系统化和具体实施问题）需要在法律政策层面予以及时有力的回应。

第四，充分重视地方配套法规立法和政策制定的重要性，充分发挥其对各地老龄事业发展的引领、推动和保障作用，形成全国一盘棋，从整体上推动我国老龄事业全面协调可持续发展。

比如，多地创新举措让"常回家看看"法律条款落地。2017年1月通过的《福建省老年人权益保障条例》规定，独生子女的父母年满六十周岁，患病住院治疗期间，用人单位应当支持其子女进行护理照料，并给予每年累计不超过10天的护理时间，护理期间工资福利待遇不变。2017年2月6日，重庆市政府法制办发出关于征求《重庆市实施〈中华人民共和国老年人权益保障法〉办法（修订草案）》意见的公告。该草案规定，与老年人分开居住的赡养人以及其他家庭成员，应当经常看望或者以电话、网络、书信等方式问候老年人。

第五，《"十三五"时期国家老龄事业发展和养老体系建设规划》明确指出，老年立法要积极听取老年人的意见建议，即"赋权"于老年人。"赋权"于老年人是指老年人要参与有关老年人的法律法规的制定、实施和监督（David et al,2001）。只有老年人参与决策，才能使这种决策更好地反映和符合老年人的利益，才能动员老年人积极参与建构自己在其中生活和活动的世界，才能正确评估其他人群或政府有关老年人的各项法律和政策。因此，在今后我国老年人法律制定和修改过程中，"赋权"于老年人是非常重要的一个环节。

（二）执法层面

法律的生命在于实施。在我国老年人权益保障法律政策实施过程中，各地积累了一些很好的实践经验，比如，联合执法检查制度、充分发挥基层组织作用、建立老年人法律维权热线、加强老年人法律服务和法律援助制度等。特别要做好农村和贫困、高龄、空巢、失能等特殊困难老年群体的法律服务、法律援助和司法救助。

（三）普法层面

强化全社会维护老年人合法权益的法治观念，鼓励老年人依法维护自身合法权益，重点在于积极普法。因此，"十三五"期间，应开展更多适合老年人的法治宣传活动，加大老年人权益保障法律法规的宣传力度，使普法宣传教育规范化、常态化。

参考文献

[1] 于建伟. 制定老年人权益保障法地方配套法规的几个问题[C]. 全国人大内务司法委员会、民政部和全国老龄办主办"老年人权益保障法地方配套法规立法工作座谈会"，2016 年 12 月。

[2] 陆杰华、汤澄. 公平视域下的中国老龄政策体系探究[J]. 中国特色社会主义研究, 2015(1).

[3] 全国老龄办. 老年人权益保障法地方配套法规立法工作座谈会在湖南省长沙市召开[N/OL]. 2016 - 12 - 13. http://www.mca.gov.cn/article/zwgk/mzyw/201612/20161200002686.shtml.

[4] 张媛. 我国人口老龄化加速已成重大战略问题, 老龄法律政策配套进展缓慢[N]. 法制日报, 2015 - 10 - 28.

[5] 朱宁宁. "常回家看看"入法多年被指不中用[N]. 法制日报, 2017 - 1 - 18.

[6] Theodore H. Koff & Richard W. Park. Aging Public Policy：Bonding the Generations [M]. 2nd ed. New York：Baywood Publishing Company, Inc., 1999.

[7] 侯文若. 社会保障理论与实践[M]. 北京：中国劳动出版社, 1991.

[8] 林嘉. 社会保障法的理念、实践与创新[M]. 北京：中国人民大学出版社, 2002.

[9] 亚里士多德. 政治学[M]. 北京：商务印书馆, 1965.

[10] David N. Weisstub, David C. Thomasma, Serge Gauthier, George F. Tomossy, Eds., Aging：Culture, Health and Social Change[G], Kluwer Academic Publishers, 2001.

"长照十年2.0"：我国台湾地区长期照顾制度"再重构"的启示

李　超　傅炜堃①

摘要："长期照顾制度"的完善是面对老龄化问题的必然选择。2016年年底，我国台湾地区政党更替完毕，最新的长期照顾政策也随之确定，台湾地区现实行"长期照顾十年计划2.0"（即"长照十年2.0"），作为其长照服务政策。此前，各界期待的台湾地区长期照顾保险有关规定的出台，怎奈戛然而止。本文通过与其现行制度的比较与反思，探讨其对完善大陆地区长期照顾服务体系的启示。中国作为人口老龄化大国，应该完善与之相对的老年人长期照顾服务体系。我国的长期照顾政策应保证政策的连贯性、财源的稳定性，并且协调好长期照顾政策的深度与广度。

关键词：中国台湾；人口老龄化；长期照顾；十年计划

一、引言

人口老龄化及其带来的一系列挑战已成为全球共同面临的问题，尤其是老年人的长期照顾问题。世界卫生组织《建立老年人长期照顾政策的国际共识》报告指出，长期照顾的定义是"由非正式提供照顾者（家庭、朋友或邻居）和/或专业人员（卫生、社会或其他）开展的活动系统，以确保缺乏完全自理能力的人能根据个人的优先选择保持最高可能的生活质量，并享有最大可能的独立、自主、参与、个人充实与人类尊严"②。2016年，联合国人口机构表示，2016年，全球人口攀升至74亿人，对各国的政治和社会制度均构成了挑战。

台湾地区作为我国最早进入老龄社会的地区之一，其长期照顾体系已经经过了多年的发展。长期照顾服务体系的建立与完善对缓解老龄化问题极为重要，同时也关乎一国的民生福祉。一些西方发达国家已建立起相对成熟、完善的长期照护服务体系，但由于国情不同，对我国的可借鉴之处有限。而台湾地区的长期照顾服务体系相对中国大陆起步较早，长期照顾服务在台湾地区已经过较多的讨论

---

① 李超，教授，中国政法大学商学院；傅炜堃，产业经济学研究生，中国政法大学商学院。
② 世界卫生组织老龄化与健康规划：《建立老年人长期照顾政策的国际共识》，2010年.

与实践，目前已经建立起相对成熟与完善的长期照顾服务体系。台湾地区与大陆地区同根同源，都属于儒家文化，这就使台湾地区长期照顾服务体系的发展对大陆地区更具有借鉴意义。为何之前各界期待的长期照顾保险有关规定戛然而止？新推出的"长期照顾十年计划2.0"与"长期照顾十年计划1.0"和长期照顾长照保险有关规定有何不同？本人旨在通过制度比较与分析，探讨我国台湾地区的新政——"长期照顾十年计划2.0"（简称"长照十年2.0"）对大陆地区长照服务（即长期照顾服务）的启示与借鉴。

二、制度再重构："长照十年2.0"的主要内容

由台湾地区长期照顾服务体系的变迁可以看出，其长期照顾制度经过了多年的发展，已经具备了一定的系统性。但从2007年实行"长期照顾十年计划1.0"以来，社会各界关于长期照顾制度的内容、服务对象、财源、人力等方面都存在诸多争议。

（一）基本理念与实施策略

"长照十年2.0"的基本理念可分为三个层次：①在责任主体上，"长照十年2.0"主张台湾当局的责任，主要体现为台湾当局主要负担长照服务的财源，个人不负担或者少负担；②在服务方式上，"长照十年2.0"以"在地老化"为主，推崇服务的多元性与连续性；③就服务性质而言，"长照十年2.0"主推减轻民众的负担，提倡"付得起、用得上、温馨而人性"。"长照十年2.0"为实现在地老化，提供从家庭支持、居家、社区到住宿式照顾的多元连续服务，普及照顾服务体系，建立以社区为基础的照顾型社区（Caring Community），旨在提升长期照顾需求者与照顾者的生活品质。

"长照十年2.0"是基于台湾地区的"区域差异、性别差异和族群差异"而发展完善的，其实施策略主要可以分为八部分，如表1所示：

表1   "长期照顾十年计划2.0"实施策略

实施策略	内容简介
一、建立使用者（User–Centered）为中心的服务体系	整合卫生、社会福利、退辅等主管部门的服务，发展以使用者为中心的长期照顾服务体系
二、发展以社区为基础的小规模多机能整合型服务中心	以在地老化、社区化为原则，提供整合性照顾服务，降低服务使用障碍，提供在地老化的社区全体老人、身心障碍者的综合照顾服务
三、资源发展因地制宜创新化，缩小城乡差距，凸显地方特色	通过专案新型计划鼓励资源充沛的地区发展整合式服务模式
四、培育以社区为基础的健康照顾团队	预防失能、在宅临终安宁照顾，以压缩失能时间，从而减少长期照顾的年数

续表

实施策略	内容简介
五、健全县市照顾管理中心组织定位与职权	增加照顾人员的人数
六、提高服务辅助性能与弹性	扩大服务范围，增加新型服务样式，以满足失能老人与身心障碍者多样性的长期照顾需求
七、开创照顾服务人力资源职业发展策略	通过多元招募渠道提高劳动者的薪资水平
八、强化照顾管理资料库系统	分析掌握我国台湾地区长期照顾需求服务的供需差异

资料来源：内容整理自《长期照顾十年计划2.0》（核定本），出自台湾地区卫生福利主管部门官网，网址：www.mohw.gov.tw/mp-1.html。

（二）"长照十年2.0"的基本构架

此前"长照十年1.0"面临着诸多问题，例如，财源不稳定从而难以支撑长照服务的持续发展、税收不足带来的财政紧张、长期照顾服务人力不足等，在制度再重构上，"长照十年2.0"以表2中的六个部分为目标，重新系统地规划了长期照顾服务体系，主要有长照人力与资源、照顾管理制度、原住民长照制度、长期照顾政策的推动机制、支付系统与经费需求及其他。

表2　"长照十年计划2.0"的基本构架

构架方面	内容
一、人力与资源发展	明确照顾服务人力、社会工作人力与医疗专业人力的管理与发展
二、照顾管理制度	对长期照顾管理的现状进行了分析，并对未来的照顾管理制度进行规划
三、原住民长期照顾	对计划目标与实行策略进行了明确，并研究了台湾地区少数民族文化敏感程度，规定了各个行政单位的分工、资源建设实施进度等
四、推动机制	规定我国台湾地区各个行政级别的分工，阐明偏远地区长照资源策略与"退辅会"推动长期照顾政策的策略
五、支付系统与经费需求	对"长照十年1.0"的支付方式进行了反思，明确了支付系统与经费需求
六、其他及配合措施	包括教育宣传与整合发展长期照顾咨询系统

资料来源：内容整理自《长期照顾十年计划2.0》（核定本），出自台湾地区卫生福利主管部门官网，网址：www.mohw.gov.tw/mp-1.html。

三、"长照十年2.0"的制度比较

（一）"长照十年2.0"与"长照十年1.0"的比较

经过了十年的发展与实践，"长期照顾十年计划"已经取得了一定的政策效果，但是也面临着诸多问题与挑战。我国台湾地区卫生福利主管部门次长吕宝静指出："过去长照十年1.0版，76万名失能失智者中，仅10%的民众使用到了长照资源。"① 因此，"长照十年 2.0" 对过去的 1.0 计划进行了完善与补充，进行了制度"再重构"，主要体现在以下几个方面。

1. 扩大了服务对象与内容

针对"长照十年计划 1.0"在过去十年中涵盖对象不足与服务项目不完善的缺点，"长照十年计划 2.0"在服务对象与服务内容方面进行了扩充。

表3 "长照 2.0" 与 "长照 1.0" 的服务对象、服务内容的比较

项目	长照十年 1.0	长照十年 2.0	比较
服务对象	1.65 岁以上的老人； 2.55 岁以上山地原住民； 3.50 岁以上身心障碍者； 4.65 岁以上仅 IADL 需协助的独居老人	除 1.0 服务对象之外： 5.50 岁以上失智症人； 6.55~64 岁失能平地原住民； 7.49 岁以下失能身心障碍者； 8.65 岁以上仅 IADL 失能的衰弱老人	服务对象人数从 51.1 万余人增加至 73.8 万人，增加了 44%
服务项目	1. 照顾服务； 2. 交通接送； 3. 餐饮服务； 4. 辅具购买、租借等； 5. 居家护理； 6. 居家及社区复健； 7. 喘息服务； 8. 长期照顾机构服务	除 1.0 服务项目之外： 9. 失智症照顾服务； 10. 原住民族地区社区整合型服务； 11. 小规模多机能服务； 12. 家庭照顾者支持服务据点； 13. 社区整体照顾模式； 14. 社区预防性照顾； 15. 预防或延缓失能服务； 16. 衔接出院准备服务； 17. 衔接居家服务	服务项目从 8 项增加至 17 项，服务项目增加了一倍多

资料来源：笔者自行整理。

注：ADLs 是指日常生活活动能力量表。

相比于"长期照顾十年计划 1.0"，"长期照顾十年计划 2.0"主要扩大了服务对象与服务项目。"长期照顾十年计划 2.0"创新了多元服务，满足了多元需求是其一大亮点。从表 3 可以看出，"长照 2.0"增加了台湾地区少数民服务项目与新增的"失智症"患者的长期照顾，体现了其照顾对象的广化；"长照 2.0"建立了社区整体照顾服务体系，提升了照顾的连续性。台湾地区少数民族的平均寿命无论男性还是女性，都比台湾地区全体居民的平均寿命要低。进一步比较，山地少数民族较台湾全体居民的平均寿命少 10.22 岁（其中，男性少 11.84 岁，女性少 8.88 岁）；平地少数民族则较台湾地区全体居民的平均寿命少 6.06 岁

---

① 《长照 2.0 让照顾升级了么？》，华夏经纬网，2016 年 7 月。

（其中男性少 6.9 岁，女性少 5.31 岁）。[①] 针对原住民平均寿命短的问题，应从改善其经济条件、生活环境以及公共卫生等方面入手。同时，针对原住民的长期照顾问题，不能笼统地将其与普通民众一样看待。

表 4　我国台湾地区人口平均寿命　　　　　　（单位：岁）

	平均寿命			平均寿命差距		
	两性	男性	女性	两性	男性	女性
全体民众	79.84	76.72	83.19			
台湾地区全体少数民族	71.60	67.28	76.00	−8.24	−9.44	−7.19
台湾地区山地少数民族	69.62	64.88	74.31	−10.22	−11.84	−8.88
台湾地区平地少数民族	73.78	69.82	77.88	−6.06	−6.90	−5.31

资料来源：《原住民简易生命表》，台湾地区内政主管部门统计处，2014。网址：http://goo. gl/uQ1dRF。

注：平均寿命差距 = 各类台湾地区少数民族平均寿命 − 全体民众平均寿命

2. 提升了服务的可近性

我国台湾地区行政主管部门政务委员林万亿举办了"长照十年 2.0"说明会。说明会指出，三四年内会增设 4 000 处长照据点，老人走到巷口就有服务。说明会由台湾地区卫生福利主管部门社家署副署长陈素春做简报，指出"长照十年 2.0"特色，包括：2017 年预计新增 384 个服务资源数、服务项目从现有 8 项扩增为 17 项；失智症服务据点由现有 26 处，至 2018 年预计新增 37 处；偏乡长期照顾管理中心由现有 47 处，至 2019 年预定新增 84 处；长照医事专业人员培育 2016 年培育 35 091 人，增加至 2019 年 95 000 人，以及长期照顾管理中心人力由现在的 353 人提升至 2019 年 1 304 人。"长期照顾十年计划 2.0"的一大目标就是建立社区整体照顾服务体系，这也体现了提升服务的可行性。

3. 增加了长照服务人员的薪资

一般民众认为，长期照顾服务人员的劳务性质是 3D 工作（即 dirty、difficulty、dangerous），因此，长照服务人员的人力不足一直是困扰"长期照顾十年计划"的一大难题。为保障长照服务人员的生活水平，"长照十年计划 2.0"为长期照顾服务人员加薪，由时薪制改为保障月薪 3 万元左右新台币，并且通过

[①]　数据来源：中国台湾内政主管部门统计处，2014，http://goo. gl/uQ1dRF。

调整薪资等级，让长期照顾管理专员等级比照督导，由现行的 3 级调整为 7 级。我国台湾地区卫生福利主管部门每年拨付经费委托各单位办理照顾管理中心，由卫生福利主管部门参考"聘用人员比照分类职位公务人员支付报酬标准表"所定制的薪点标准，制定薪资等级。

（二）"长照十年 2.0" 与长期照顾保险相关规定的比较

1. 体制选择不同

"长照十年 2.0"选择的是税收制，长期照顾保险相关规定选择的是社会保险制。"社会保险制"与"税收制"是当时我国台湾地区对长期照顾制度最具争议的地方。支持"社会保险制"的学者认为，税收制与私人保险制皆有不足之处："私人保险制"的不足在于，目前长照总体失能率为 3% 左右，整体偏低，但是随着我国台湾地区人口老龄化的加速，这个数字将急剧增加，一旦发生风险，中低收入与低收入民众未必能负担得起；而以"税收制"作为财源，其稳定性不足。

而支持"长照十年 2.0"选择税收制的原因在于：我国台湾地区即将从"高龄化社会"走向"超高龄化社会"，社会保险面临诸多破产的压力。我国台湾地区人口老龄化加速，失能与失智者的照顾需求急剧增加。目前，我国台湾地区老年人口高达 281 万人，依据台湾地区内政主管部门的统计，2020 年，台湾地区老年人口将达到约 380 万人，2025 年将逼近 500 万人，届时，台湾地区的老年人口将超过 20%。据统计，老年人平均失能时间达 7 年，2025 年，保险规模将突破 1 兆，因此，"税收制"的支持者认为，当"超高龄社会"来临时，许多社会保险将面临破产的压力。同时，采用税收制，政府可以运用资源，全力发展社区化的长照服务。

2. 财源不同

"长期照顾十年计划 2.0"与长期照顾保险相关规定最大的不同在于财源的不同。"长期照顾十年计划"以税收加预算编列作为财源，而长期照顾保险相关规定则以保费收入作为长照政策的主要财源。采取税收制可以避免长照服务变得市场化、财团化与盈利化，但是以税收作为财源的稳定性不足，政府负担过重。

目前，"长照十年 2.0"以税收制作为长照服务的财源，优先以调高遗产税与赠予税的税率作为指定财源，这与"长照十年 1.0"也有些许区别。"长照十年 2.0"待长照需求增加之后，再考虑指定其他税源，以保持长照财源的稳定性。除了以税收作为长照服务的财源之外，我国台湾地区长期照顾服务相关规定第 15 条规定，设置长照服务发展基金，基金的来源包括政府预算扩充、赠予收入、基金孳息收入等，并且规定该基金从 2017 年 6 月 3 日开始启动。

表5 "长照十年2.0"与长期照顾保险相关规定财源比较

类别	长期照顾十年计划：税收制		长期照顾保险 相关规定：保险制
	长照十年2.0	长照十年1.0	
财务来源与结构	除长照十年1.0政策的税收来源之外，扩大税收的种类并且增加编列预算	除部分负担外，提高营业税税率融通，以指定用途方式确保财源	多元筹措方式：部分负担10%、政府补助36%、民众负担保险费36%、雇主分担保险费18%
费基与税基	不动产交易税、遗赠税等项目作为固定财源	以营业税为税基	1. 以家户所得为税基； 2. 配合健保收费，以节省"行政"费用

资料来源：（1）魏品．台湾长期照护政策的变迁与最新进展［J］.《科技经济市场》，2016（6）；（2）《长期照顾十年计划2.0》（核定本）。

3. 给付资格与给付方式不同

长期照顾保险相关规定，领取保险的给付者必须经过保险人的评估，认定为符合失能的资格者，才能获得保险给付。通过表6可知，长期照顾保险相关规定依照保险对象的失能程度核定给付等级，超过上限的部分需要民众自行负担。而"长照十年2.0"对低收入者全额补助，不设上限。对中低收入者与一般户的补助也不同，分别为90%与70%。因此，在给付资格上，"长照十年2.0"正如政策宣言所说，更强调政府负担，减轻民众的负担。

表6 "长照十年2.0"与长期照顾保险相关规定给付资格与方式比较

类别	长期照顾十年计划：税收制	长期照顾保险相关规定：保险制
给付资格	1. 低收入者：全额补助； 2. 中低收入者：补助90%，使用者自行负担10%； 3. 一般户：补助70%，使用者自行负担30%； 4. 超过政府补助额度者，由民众全额自行负担	被保险人通过加保取得给付资格，考虑失能类别或程度，但不考虑经济能力与家庭照顾能力
给付方式	1. 以服务提供（实物给付）为主，以辅助服务使用者为原则； 2. 辨析新型支付方式，提升咨询系统处理功能	同时实行实物给付与现金给付，唯现金给付以居家服务为限

资料来源：（1）杨成洲．台湾"长期照顾十年计划"研究［J］.《社会保障研究》，2015（2）；（2）《长期照顾十年计划》2.0（核定本）。

四、台湾地区长期照顾制度存在的主要问题

(一) 政策频繁"换轨"加剧了长照政策的滞后性

公共政策具有滞后性，公共政策的滞后是制度变迁理论的重要组成部分。我国台湾地区的长期照顾政策不断重构，频繁换轨，带来的影响主要体现在以下两个方面：有效政策供给不足、无效政策供给过剩。

从有效政策供给不足方面来看，具体表现为长期照顾服务制度在数量、质量、时效等方面难以满足民众的需求（具体见以下第二点分析）。从无效政策供给过剩方面来看，主要体现为政策资源的浪费。我国台湾地区在规划长期照顾保险相关规定时曾建立卫生福利主管部门下属的"长期照顾保险筹备小组"，该小组在筹备长期照顾保险相关规定时已投入大量的人力与物力，但"税收制"与"社会保险制"之争使双方中一方的努力必然付之一炬，此前长期照顾保险制度投入了大量的人力、资源、财力等要素。而台湾地区行政当局关于长照规划人员的更迭、政策工具的改变都需要时间来适应，频繁的政策换轨严重影响了台湾地区长期照顾政策的落实效果。

(二) 长照服务的深度与广度难以兼顾

"长照十年2.0"在服务对象与人群的增加上有不小的进步，但是对服务需求者的服务质量与服务时数并未提高，因此，对真正的长期照顾需求者而言，他们的诉求并未得到满足，即"有效政策供给的不足"，长照服务的深度难以兼顾。

"长期照顾十年计划"将失能者分为三个等级，如表7所示：

表7 失能程度界定表

失能等级	备注
1. 轻度失能	1~2项ADLs失能者，以及IADL失能且独居的老人
2. 中度失能者	3~4项ADLs失能者
3. 重度失能	5项（含以上）ADLs失能者

资料来源：台湾地区卫生福利主管部门官网，www.mohw.gov.tw/mp-1.html。

轻度失能者每月获得25小时居家服务、中度失能者50小时、重度失能者90小时。在这样的长照服务时数下，严重失能的卧床老人（重度失能者）一天只能获得3小时的居家服务，其他的时间全靠家属自理，而"长照十年2.0"并未对个人照顾服务的深度做出细致的规定。台湾行政当局因服务资源不足，所能提供的服务仅为民众所需的一半或三分之一，有些家庭甚至完全无法获得服务，落差极为严重。反映在现实中的情况是，民众同样缴税，有的人却得不到照顾。

(三) 长期照顾财源的稳定性不足

以"税收制"作为主要财源，稳定性不足。许多反对税收制的学者认为，

以税收制作为财源，容易受到政事排挤与经济周期波动的影响，财源较不稳定；且采用税收制筹措所有财源，政府负担较保险制要高出 1.8 倍。即使"长期照顾十年计划 2.0"把税收的来源从营业税扩展到多种税收，但是依然难以填补日益增长的长期照顾需求。"长照十年 2.0" 2016 年的预算增为 207 亿元新台币，同时服务对象也由 51 万人增至 74 万人，每人每天只多分得 80 元新台币，这样的增加量看似总量很大，但是平均到民众身上，80 元新台币对长期照顾服务水准的提升几乎是杯水车薪。台湾地区卫生服务主管部门相关负责人辩称，"不会每个失能者都来申请服务"，但这种心态也反映了以税收制作为财源的不稳定性与不确定性。以税收制补充长照财源的优点是易于操作、普通民众不必担心负担过高保费，但课税财源不稳定、加税也会使民众产生不满情绪。林万亿指出，明确表明暂不调高营业税，与林全公开强调营业税由 5% 调升至 5.5% 的看法也不一致。

（四）对长照服务体系所需资源规划过于简单

"长期照顾十年计划 2.0"的主要规划人员林万亿对复杂的长期照顾服务体系所需要的资源规划过于简单。长期照顾日托机构的区划与照顾员到"家"服务很难落实。长期照顾政策的财源采用预算税收制已定案，长期照顾服务相关规定明确规定的发展基金，功能性有待调整，包括兼顾小型长照机构的永续经营等，如果服务法规定的发展基金只是一堆理想化概念，则难以面对长期照顾服务资源的供需失调问题。

五、台湾地区长期照顾制度对大陆地区的启示

（一）政策实施的连贯性与效率是落实长照政策的基本前提

长期照顾政策的连贯性是长照政策发挥作用的基本前提。台湾地区长期照顾服务体系从"长期照顾十年计划 1.0"到"长照双法"再到"长期照顾十年计划 2.0"，经历了反复的变更，每经历一次变更，都几乎推翻了前者所有的成果，政策工具以及所耗费的人力、物力都需要重新规划。这样的政策间断性不仅造成了巨大的人力、物力的浪费，还让老龄人的照顾进一步推迟。公共政策具有"滞后性"，而老龄化在全球的趋势越来越严重，如何让政策生效惠民，其基本前提就是政策实施的连贯性与效率。大陆地区在规划长期照顾服务政策时，应该全面总结前一项政策制度的成果，不可全面推翻否定，也不可仅满足于当下的成果。只有做好政策的衔接与继承，才能更好地推动长期照顾政策作用的发挥。

（二）政策财源的稳定与保值增值是长照政策发展的基本保障

财源的稳定性是经济与民生福祉的基本保障，一项政策财源的稳定性则是政策实施生效的基本保障。"长期照顾十年计划 2.0"的财源是征税加预算，这种

财源保证方式风险过高且过于理想化。上面已经指出，台湾地区长期照顾所需要的经费 10 年合计达到 4 722 亿新台币，如此庞大的一笔预算更应该全面考虑政策财源的稳定性。即使台湾行政当局能够保证这笔经费，同时社会也可能经历通货膨胀，如何保证这笔预算经费的保值增值是其政策有效落实的基本保障。因此，地方政府更应该管理好养老金、长照基金等资源，保证其保值增值。例如，把长照资源投入风险小的基础设施建设与优质项目，让资金增值的速度不落后于 CPI、PPI 等指数上涨的速度。

（三）保证长期照顾服务的深度与广度

长期照顾服务不仅要兼顾多个群体，在对待同一个群体时，也要保证长期照顾服务的质量，因此，长期照顾服务的深度与广度要全面兼顾，才能使政策真正惠民便民。养老问题是涉及每一个民众切身利益的问题，需要照顾到每一个人。如果照顾程度满足不了老人的需求，政策相当于一纸空文。因此，对于"养老政策"，其深度与广度都不能落下，尤其要注意关注贫困老年群体。在广大老年人生活水平有很大提高的同时，仍有尚未享受社会保障的数以百万计的老年人处于生活窘境，生活质量低下。对他们长期照顾的关注也是构建和谐社会的题中之意。

参考文献

[1]相焕伟. 台湾地区老人福利法制及其借鉴[J]. 法学论坛,2013(05):03.

[2]魏品. 台湾长期照护政策的变迁与最新进展[J]. 科技经济市场,2016(6).

[3]钟裕民. 公共政策滞后:概念综述与反思[J]. 理论评述,2010.

[4]杨成洲. 台湾"长期照顾十年计划"研究[J]. 社会保障研究,2015(2).

我国资产价格货币政策调控的可行性分析

齐 勇 杜 斌[①]

摘要： 近年来，中国资本市场快速发展，股价综合指数连创新高，金融市场对家庭、企业、政府的影响力空前高涨。资产价格波动与货币政策效果之间的关联性不断增强。本文试图从货币政策是否应该和是否能够调控资产价格方面分析调控的可行性。

关键词： 货币政策；资产价格；格林斯潘卖权；人质理论

随着全球股市指数的迅速攀升和金融资产价格的快速上扬，人们对资产价格泡沫的担心不断加深。目前，我国政府宏观调控的必要性已毋庸置疑，但对具体采取何种调控政策却争论颇多，尤其是当前我国正处在经济转型阶段，中央银行货币政策操作的空间十分有限，资产价格的波动使货币政策操作面临更多的挑战。

一、货币政策与资产价格泡沫经验研究：美国经验

1926—1929 年，道琼斯工业平均指数分别为 167、202、300、381 点，在短短的 4 年内，该指数增长了 128%。人们通过对美国股市 20 世纪 20 年代末 30 年代初崩溃原因的分析，产生了大量的研究成果。概括而言，无非有两类原因：一是认为美国股市之所以会崩溃，是由于在 20 世纪 20 年代末美国股市存在泡沫，但当时的美联储却放任美国股市泡沫的出现，股市的崩溃将美国经济和世界经济带入了 30 年代的大萧条。这是一个相当流行的观点。另一种观点认为，当时的美国股市并不存在泡沫，美国试图用提高利率的货币政策影响股市的价格，但提高利率给经济带来了严重后果，即 20 世纪 30 年代的经济大萧条。

在评论股市泡沫之前，我们先了解一下股票是如何定价的。评价股价的方法很多，最著名的是戈登模型。[②] 在戈登模型下，当要求回报率（r）和股利（D）发放率不变时，股票未来的价值持续以 g 的速度增长：

$$V_t = \frac{D_{t+1}}{r - g} \tag{1}$$

---

① 齐勇，副教授，中国政法大学商学院；杜斌，青岛市开发区党校。
② 邵宇、秦培景：《证券投资分析》，复旦大学出版社 2005 年版，第 108 页。

由公式（1）可以看出，股票的价值 V_t 与公司的发展前景（g）联系非常紧密。

此外，戈登模型与股票市盈率之间也有着紧密的联系。市盈率是指股票市场价格同公司每股收益的比值，这是一个非常重要的相对指标。

$$\frac{P_0}{E_0} = \frac{D_0(1 + g)}{E_0(r - g)} = \frac{b(1 + g)}{r - g} \tag{2}$$

公式（2）中，E_0 为当期每股收益；$b = D_0/E_0$，为股利发放率；$1 - b$ 为利润留存率。

市盈率是判断股价是否合理的常见指标。1927 年，美国纽约证券交易所市盈率大约为 23 倍，略低于长期平均值 25 倍。尽管 20 世纪 20 年代末股票价格上升很快，但公司的股息和收益增长也很快。在这种情况下，美联储应该没有充足的理由认为股市出现了泡沫，也就不会去提高利率。1928 年，美国纽约证券交易所的美元价格比 1927 年上升了 39%，股票市盈率上升了 27%。出于对股市泡沫的担心，美联储做出了反应，分三步将贴现率从 1928 年 1 月份的 3.5% 提高到 7 月份的 5%，实际贴现率高达 6%。与此同时，美联储进一步扩大公开市场操作，从银行体系吸收储备货币。汉弥尔顿（James Hamilton）在 1987 年的报告中说，当时美联储向金融市场出售了持有的美国政府债券的 3/4。这时的美国经济已有了衰退的迹象。1929 年 10 月，美国股市崩溃，市盈率从最高点下跌了 30% 左右，一直下降到 1928 年年初的水平。之后美联储开始放松银根，向市场提供流动性，但这一政策没有持续下去，股价和经济活动继续萎缩。

这便是 20 世纪 30 年代初美国经济危机的简单过程描述。现在回过头来看，当时（特别是 1928 年初期）股市确实是高估了吗？美联储在这场危机当中起到了什么作用？是稳定经济还是破坏经济的稳定？难道说美联储在 1928 年就预测到美国股市会在 1929 年迅速上升并出现泡沫，还是说它们认为 1928 年的股市已经出现泡沫？它们的依据是什么？

美国联邦储备银行的工作人员对美国经济学家欧文·费雪的观点进行了重新审视，得出的结论是：认为在 1928 年美国股灾之前美国股市并没高估或出现泡沫的观点是正确的，错误的只是美联储对当时股价水平的判断。① 从这里我们可以看出，为股票进行定价是市场本身的事情，如果中央银行没有充足的理由和信息做得比市场更好的话，还是让市场自己解决更好。事实上，到目前为止，并没有人能够真正了解股票的合理价格到底是多少！

二、用货币政策稳定资产价格的效果分析

如果政府出于社会稳定等方面的原因出台专门政策稳定资产价格，换一种说

---

① Ellen McGrattan, Edward Prescott: *The Stock Market Crash of* 1929: *Irving Fisher was Right*! FRB of Minneapolis Research Department Staff Report 294, December 2001.

法，就是对投资者的投资损失进行或明或暗的担保，这样就会使投资者放松自己对所承担风险的认识和管理，进而助长资产价格泡沫的发生。如美国在 1987 年股灾发生之后，1998 年美国长期资本管理公司破产时，2001 年受到恐怖袭击时和 2007 年美国房产次级债危机后，为了稳定金融市场和投资者信心，中央银行迅速降低利率、贴现率，向市场提供流动性，股票市场在很短的时间内恢复上涨。这样，投资者就会相信中央银行会对股价的绝对水平进行干预（而且相信政府有能力进行干预），这相当于中央银行向投资者提供了一份卖权（Put Option）。投资者免费"购买"了这份卖权后，就能在未来的某一个"交割日"（即股价大幅下跌后）以约定的价格（高价）向美国政府（中央银行）出售其所持有的股票，以避开股价下跌对其造成的投资损失。在美国，由于这份期权是由美国联邦储备委员会主席格林斯潘 1987 年上任后开始"创造"出来并免费"提供"给投资者的，故被称为"格林斯潘卖权"（Greenspan Put）。①

"格林斯潘卖权"并不只存在于美国，在各国或强或弱都有所表现。20 世纪90 年代初日本泡沫经济破灭以来，日本股价、地价一路下跌，不断缩水。以2002 年年底为例，股价比过去最高时缩水 78%，比 2001 年年底缩水 20%。日本银行存在的不良债权问题和银行因所持有股票价格下跌而产生的账外损失导致自有资本比率下降，成为金融危机"定时炸弹"的双重难题。为了使银行减少对股市动荡的不安，从股市风险中解放出来，日本央行 2002 年 11 月开始直接从市场上分批购买总额达 8 万亿日元的商业银行所持股票。该措施得到社会普遍认可，对稳定金融市场起到了积极作用。②

从我国的股市调控实践来看，中国市场上确实也存在一种政府提供给市场的期权。证据之一就是政府对股市价格水平的政策影响，投资者对"政策顶"和"政策底"的猜测就是证明。中国"政府卖权"的存在主要有如下原因：

（1）政府对股市筹资功能的定位。自我国股市建立之日起，股市的一个重要功能就是筹集资金，政府需要股市发展来进行国有企业股份制改革。因此，如果股市走势不好，国有企业改革就会遇到更大的困难。为了保证国有企业改革的顺利进行，客观上需要一个活跃、健康的资本市场来支持。

（2）政府化解银行风险的功能定位。由于历史的原因，我国形成了以银行间接融资为主的金融结构，大量资金集中在银行业特别是国有银行体系，使国有银行的负担更重，金融风险更加集中，中央银行面临较大的监管压力。在这种情况下，中央银行迫切需要资本市场的发展分流一部分社会资金。因此，中央银行曾多次表示，要支持资本市场的发展。

（3）从一定意义上讲，政府（中央银行）也具有软预算约束特征。政府从

---

① 成家军：《资产价格与货币政策》，社会科学文献出版社 2004 年版，第 29~33 页。
② 成家军：《资产价格与货币政策》，社会科学文献出版社 2004 年版，第 161~162 页

法律上必须维护一个健康、稳定、有效的金融体系。这就使市场的参与者有可能将金融稳定当作自己的"人质",从而逼迫中央银行的货币政策和其他政策做出相应的调整,从而使中央银行货币政策的独立性降低,达到投资者(金融市场参与者)自己的目的。

人质理论(Hostage Theory)是指这样一种情况:当事人在由于各种原因(外部性的存在、委托代理关系失败等)不能对自己的经济行为负完全责任(不能自己负责),从而使当事人在经营活动一旦出现不利于投资者(受托人)意愿的情况下,主观或者客观上将他所从事的经营活动(委托人的资产和政府部门的社会目标如保持经济稳定)当作"人质",从而使委托人无法真正做到理论上所表示的那样可以自由地更换受托人,从而影响着整个经济活动的效率。在金融市场上,由于政府有责任维持一个稳定的金融体系,市场参与者都知道这一点,因此,政府的经济和社会目标可以作为"人质",当然,政府也可以把金融市场作为"人质"。

三、对我国货币政策的几点建议

第一,资本市场快速发展对传统货币政策操作带来了挑战,在资本市场的发展已对货币政策的作用基础发生重大变化的情况下,货币政策在一定程度上需要关注虚拟经济的变化,并尽快建立与资本市场相适应的新的货币政策框架,提高货币政策的有效性。

第二,在货币政策的制定上,考虑多种传导渠道的均衡效应,综合发挥货币渠道、信贷渠道、外汇渠道和资产价格渠道的传导效果,通过各渠道之间各种效应的相互影响关系的系统分析,破解货币政策传导的"黑箱",使货币政策操作更能有效针对经济发展状况,并为经济发展创造良好的宏观环境。比如,一个完善的货币市场可以为那些本不能承受资本市场风险的投资者提供合适的投资空间。

第三,资产价格不是中央银行能有效调控的。货币政策不应该以任何直接的方式将资产价格纳入目标体系,而是应该致力于物价的稳定,并保证金融体系足以应付资产价格的波动。

第四,积极发展、完善多层次投资市场,为不同风险偏好的资金提供不同的投资场所。由于现行利率非市场化,实际利率多年为负,储户资金的购买力不断下降,股市行情看好,虽然自己的资金风险承受能力很弱(比如有的是靠多年每月几百元的工资存起来的),但为避免购买力一天天继续减弱,不得不出来搏一下。因此,一个完善的、市场化的货币市场必然能分流相当一部分过剩流动性。

第五,实行更加灵活的汇率政策,推进汇率的市场化进程。市场化的汇率制度会自动狙击无风险套利行为,截断本文中的自循环系统,消除金融稳定政策的"劫匪"。

参考文献

[1]黄达. 金融学[M]. 北京:中国人民大学出版社,2003.

[2]米什金. 货币金融学[M].4版. 北京:中国人民大学出版社,1998.

[3]凯恩斯. 就业、利息和货币通论[M]. 北京:商务印书馆,1983.

[4]王晓芳,卢小兵. 应对资产价格波动的货币政策选择与均衡框架构建[J]. 财经科学,2007
(6).

[5]成家军. 资产价格与货币政策[M]. 北京:社会科学文献出版社,2004.

[6]邵宇,秦培景. 证券投资分析[M]. 上海:复旦大学出版社,2005.

[7]殷剑峰. 金融结构与经济增长[M]. 北京:人民出版社,2006.

[8]陈雨露,汪昌云. 金融学文献通论:宏观金融卷[M]. 北京:中国人民大学出版社,2006.

北京市产业发展的重点和路径

齐　勇[①]

摘要： 本文认为，全面推进"十三五"期间，北京市今后5年应该进一步加强宏观调控，加强能源、交通和信息等基础设施建设，调整不符合首都功能定位和布局要求的产业，大力发展以现代金融业、文化创意产业、旅游会展业等为代表的现代服务业；着力培育商务服务、体育休闲等新兴服务业；稳步提升物流、商贸、房地产等基础服务业；促进高技术产业、现代制造业的规模化和品牌化；大力发展现代农业。

关键词： 现代服务业；金融业；文化创意产业；旅游会展业

全面推进"十三五"期间，北京市今后5年产业结构调整的目标是：努力打造以现代服务业和高新技术产业为双引擎、以现代制造业和基础服务业为双支撑、以都市型工业和现代农业为重要补充的产业格局，进一步提高创新能力，转变经济发展方式，调整产业结构，优化空间布局，提升产业综合竞争能力，完善城市综合服务功能，实现首都经济全面协调可持续发展。

具体而言，符合《北京市国民经济和社会发展第十三个五年规划纲要》的发展重点主要体现在以下三个方面。

一　加快发展现代服务业

当前，北京正处在产业结构调整和升级的关键时期，北京要逐步实现从重化工业为主的产业结构，向以高质量、高素质、高水平的服务业和技术含量高、竞争能力强的新兴工业为主的产业结构升级，服务贸易将在这方面发挥积极作用。充分发挥北京的优势，确立合理的服务贸易出口产业导向政策，使北京服务贸易实现跨越式发展，可以大大提升北京城市现代化水平，加速首都经济全方位对外开放和服务业国际化进程。

因此，在北京市国民经济和社会发展第十一个五年规划期间，在服务贸易发展的产业导向上，一方面，北京应继续注重发展如旅游、运输和商业服务等传统领域的服务贸易；另一方面，还应迅速发展如计算机与信息服务、金融保险服务、咨询、建筑安装及劳务承包、广告、邮电通信服务等高端服务贸易行业，实

[①] 齐勇，副教授，中国政法大学商学院。

现服务贸易的跨越式发展。到 2020 年，服务业年均增幅保持在 10% 以上；比重达到 70% 以上；突出优化结构、增加就业两个重点；实现三个结合，即生产性服务业与现代制造业相结合、提升传统服务业与拓展现代服务业相结合、统一规划与分类指导相结合；立足于北京的资源平台优势，逐步形成符合首都功能要求、体现资源比较优势的服务业产业结构；巩固和完善服务业的支撑地位；确立做大总量和提高比重的总体目标。

（一）大力发展金融业

近年来，首都金融业快速发展，北京金融业增加值实现较快增长，已经成为推动北京经济发展的重大支柱产业，金融组织体系日趋完善，金融业务日渐多元化。金融创新能力日益增强，金融资本市场稳步发展，规模日益扩大，金融行业资产规模不断扩大、利润水平逐年提高，金融发展环境逐步改善，金融业对首都经济发展的促进作用明显增强。

但是首都金融业发展中仍然存在一些问题，面临一些新的挑战。金融市场发育不完善，市场层次普遍单薄，金融市场结构发育不均衡，有形交易市场缺位，没有证券交易所、外汇交易中心和期货交易中心等金融市场，风险资本市场和产权交易市场发育不足，功能不健全，信贷二级交易市场、房地产金融市场等新的市场形态发育迟缓，市场细分步伐较慢，市场层次单一；金融资源利用不充分，缺乏效率，资金和资本流动缓慢，大量滞留于金融体系内部，不能高效率地通过市场交易来优化金融资源的配置；金融机构发展不均衡。从机构设置的规模和数量来看，北京市保险和证券机构的实力远远落后于银行机构，信托机构、金融租赁公司等非核心行业的金融机构发展缓慢，为中低端客户服务的中小金融机构力量薄弱，专门服务于中小企业等的特色金融机构也较为缺乏；金融业务结构趋同，创新意识不强；信贷结构与北京市产业结构契合度不高。与天津、上海等城市相比，由于北京市金融业发展缺少国家特殊扶持政策，在金融业务创新、金融市场开拓方面都受到一定程度的影响，金融业的发展面临更大的挑战和竞争压力。在这种情况下，国内金融资源在区域金融中心之间的流动和配置格局将出现更为复杂的变化，北京市金融业的发展将面临更大的区域间竞争压力。因此，需要认真研究，理清思路，进一步推动首都现代金融业的快速发展。

一是统筹规划，开拓创新，加快发展具有首都特色的现代金融业，充分发挥北京市政府在推动金融业发展中的作用；二是要积极创造金融企业发展的良好外部环境，包括提供良好的经济贸易基础、推动经济金融的区域合作、建立社会信用体系、协助防范和处置金融风险、促进金融政策与产业政策的协调配合、推动发展产权交易市场和风险资本市场等，引导资金和资本的合理流动；三是要积极落实《关于促进首都金融产业发展的意见》及《北京市国民经济和社会发展第十三个五年规划纲要》，进一步增强服务意识，改善服务环境，优化金融业发展的政策环境，吸引更多的金融机构落户北京；四是推动多层次金融市场体系建设，大力发展非银行金融机构，推动符合北京市特点的资本市场建设，提高金融政策与经济政策的契合度。

（二）加快发展文化创意产业

当前，世界经济正面临一场极其深刻的变革。文化产业悄然兴起。有专家称，21 世纪"各国的胜负决定于文化领域，其胜负的重点就在文化产业"。联合国教科文组织指出，"发展可以最终以文化概念来定义，文化的繁荣是发展的最高目标"。

在中央精神的指导下，北京市围绕内容创意和交易传播两大核心环节，加快发展文化创意产业，使文化创意产业成为首都经济的支柱产业和新的增长点。根据《北京市文化创意产业分类标准》，文化创意产业主要包括 9 大行业：文化艺术，新闻出版，广播、电视、电影，软件、网络及计算机服务，广告会展，艺术品交易，设计服务，旅游、休闲娱乐，其他辅助服务。《北京市国民经济和社会发展第十一个五年规划纲要》明确提出，推动文化创意产业加快发展，使之成为首都经济的支柱产业，文化创意产业保持年均 15% 的增长速度，到 2010 年，预计全市文化创意产业实现增加值占全市 GDP 比重超过 10%。

北京市文化创意产业的发展有 3 大优势：第一，资源优势。北京具有异常丰富的历史文化资源，充沛的教育资源，人才荟萃，这是北京市发展文化创意产业的比较优势，成为首都文化建设和产业发展的重要资源。第二，北京市是全国文化产业最发达的地方，图书出版社 234 家，占全国的 1/2，报社出版单位 3 062家，占全国的 1/3，音像、电子出版单位 225 家，占全国的 45%，网络出版单位13 家，占全国的 26%。北京市发展文化创意产业的条件得天独厚。第三，市场优势，主要表现为有条件、有需求、有基础。首都的唯一性决定了北京作为政治中心、文化中心的地位不可动摇，决定了北京对全国具有强大的文化辐射力和影响力。

当然，北京市文化产业的发展也存在一些矛盾和问题，突出表现为：①在市场经济条件下，文化产业与文化事业胶着，一些传统的文化观念，比如"伦理至上"观念与现代产业发展理念抵牾和冲突，严重影响了文化产业的市场化、产业化、企业化进程，成为文化产业发展的障碍。②由于资源缺乏整合，文化、经济、教育、科技脱节，目前，北京市文化产业发展的规模和水平与其拥有的文化、教育、科技资源以及经济总量相比还远远不够。造成这种情况的主要原因是文化管理体制不顺。当前，北京市各部门文化产业促进职能不明确，兼有文化行业管理、发展文化事业和促进文化产业三重职能，是典型的政资、政事、政企不分。③市区两级文化管理体制衔接不畅，上下工作机构不能对接，影响了工作效率。④社会文化市场主体还没有完全纳入政府文化管理的视野，目前仍只局限于北京市属文化部门，特别是市属的国有文化单位，与中央部委及部队所属文化企业资源缺乏整合，对民营文化企业更是底数不清。

综合考虑北京市的发展现状和发展中存在的突出问题，北京市"十三五"期间文化产业发展的战略目标和战略选择应该是：北京市应以成为创意中心为总体目标，全面提升北京市文化产业的整体实力和竞争力、辐射带动力和全球影响力。北京市要建设成为全国6大文化产业行业中心，应该在这些行业的产业链中的地位处于高端位置，并且成为全国以至全球的创意产业中心区。为此，必须处理好发展与升级的关系、文化产业发展中城市与区域的关系；抓住培育市场主体，整合文化资源，培育创意、创新、创业环境三个重点。根据相关统计数据推算，"十三五"期间，北京市居民实际文化消费需求将以年均15%的速度递增。争取到2020年建立起真正的创意产业体系，争取使北京市尽快成为我国文化产品和服务出口的重要基地，以满足国内、国际市场对我国文化产品的需求。

（三）发展旅游会展业

2018年是北京市旅游会展业发展的关键的一年，北京市旅游会展业要全面贯彻落实科学发展观，认真贯彻落实党的十九大会议精神，深入治理旅游市场，建设公正、公平、和谐发展的市场环境；努力提高从业人员素质，使旅游业成为弘扬先进文化的平台；促进北京市旅游业全面、持续、快速发展。为实现这一目标，要着重做好以下几个方面的工作。

第一，建立北京市游客集散中心迫在眉睫。游客集散中心的建立直接关系到旅游市场的治理整顿，直接关系到旅游促销和规范旅游市场发展的问题，应抓紧做好选址及建设等有关工作。

第二，加快改革开放步伐，促进旅游业做大做强。北京市饭店业要在品牌化、集团化、网络化上下工夫，加快改革开放的步伐，创建自己的知名品牌，用几年的时间组建成覆盖几大洲的跨国饭店集团。

第三，科学规划，合理布局，进一步加快会展场馆设施建设，促进北京市会展业的协调发展。重点要抓好几个具有国际水平的大型会展设施建设，以市场化运作方式，充分调动社会各方面力量，加快推进北京市会展设施总体水平的提升，建立有效的协调机制，加快北京市会展业的发展。

在北京市国民经济和社会发展第十三个五年规划期间，以举办冬季奥运会为契机，促进旅游会展、文化体育、娱乐休闲等服务型消费；积极拓展奥运商品市场，推广新型消费方式；大力开发旅游特色商品，培育旅游商品市场；举办北京旅游文化商品节、北京旅游商品设计大赛、中国民间手工艺展示陈列活动；设立旅游商品研发展示中心；支持旅游景区（点）将自有品牌注册商标，挖掘旅游文化内涵，增进游客的体验值；培育新型文化旅游集聚区，充分利用传统民居民俗等非物质文化遗产资源，开发完善文化旅游产品；培育文化创意产业集聚区的旅游功能，使之成为北京新兴文化旅游项目，提升北京国际旅游文化节、北京国际旅游博览会等旅游文化活动的文化品位；利用北京现有文化资源，鼓励开发新型文化旅游活动，促进跨行业、跨部门整合开发文化旅游资源，推出一批适应市场需求的文化旅游产品；通过举办各种形式的会议和展览，吸引大量商务、旅游客流，促进产品和服务市场开拓、信息和技术交流、对外贸易和旅游观光，以此带动交通、住宿、商业、餐饮、购物、金融、保险、电信等多项相关产业的发展。到 2020 年，文化会展业总收入年均增长 20% 以上，经全球展览协会认证的名牌展览达到 15 个以上。

（四）着力培育商务服务、体育休闲等新兴服务业，稳步提升物流、商贸、房地产等基础服务业

以市场化、专业化为导向，优化商务发展环境，进一步开放服务领域，着重发展高端商务和各类专业化商务服务，利用首都体育资源优势，建立与首都经济相适应的体育市场体系，在重点区域建立体育商务中心区域和体育休闲产业中心区域，推动北京体育服务业、体育休闲业与相关产业的融合，使体育健身和以竞赛表演、体育用品为支柱的体育服务业成为首都文化型经济中新的增长点，积极推进北京国际化体育中心城市建设。

以建成现代化物流体系为切入点，构建国际物流、市域物流、城市物流配送一体化的物流体系，大力发展生产型物流。以提升生活品质和引导相关产业发展为出发点，改进提升传统商业区，适度建设大型综合性商业区和若干特色商业街，鼓励发展电子商务，调整发展商贸服务业。编制《北京市"十三五"时期物流业发展规划》，按照"三环、五带、多中心"的空间布局，积极引导物流资源集中布局，逐步实现北京市物流资源由分散向相对集中、由城市中心向外围的调整。以"稳步发展、优化结构、稳定价格"为目标，改善住房供应结构，培育住房二级市场，合理安排房地产开发布局，优化发展房地产业。

二、促进高技术产业、现代制造业的规模化和品牌化

促进高技术服务业和现代制造业相互融合支撑，进一步增强高技术产业对经济增长的辐射带动作用。大力发展高新技术产业，以提升自主创新能力和整体产业竞争力为核心，支持关键技术、关键产品和重大技术标准的研发和产业化，重点发展软件、研发、电子信息、生物产业，积极培育数字电视、汽车电子、新材料、新能源等潜力产业，抓好软件产业基地、国家集成电路产业园等专业园建设，促进产业集聚发展。

2018 年高新技术产业发展重点是：

（1）大力发展高技术产业。坚持首都经济发展方向，按照"五个统筹""两个倾斜"的原则，从产业重点项目、产业链与产业融合、产业园区与基地、产业保障体系 4 个方面促进高新技术产业发展；强化产业重点项目建设；强化五大产业专项建设；重点推动发展市场容量大、技术含量高、带动性明显、具有战略性的高新技术产业重大项目；重点推动软件、电子商务、汽车电子、数字电视、生物医药等专项；关注影响大、带动性强的重点项目；打造产业链，促进产业融

合；推动产业集聚，完善园区与产业基地建设；推进六大专业基地建设，促进产业集聚；大力发展软件、研发、信息服务等高技术服务业；以软件产业基地建设为重点，进一步完善软件产业发展环境，推动嵌入式软件、中间件、信息安全软件、数字多媒体软件等关键和新兴领域实现技术突破，大力支持在京企业承接国际软件外包业务，加强与国外软件企业的合作，促进软件产业国际化；推进企业自主创新和研发产业国际化，以改善公共技术支撑和服务支撑为重点，建立若干具有国际一流研发环境的专业性研发基地，发展研发产业；大力发展信息增值服务和网络服务，重点推进移动通信、数字电视、手机电视、下一代互联网、无线宽带等一批关键技术的应用，积极发展电子商务、网上教育培训、数字娱乐等新型信息服务业态。

（2）适度发展现代制造业。围绕核心技术、名牌产品和骨干企业，完善产业链条，提高现代制造业发展水平；重点发展汽车、装备制造、石化新材料、医药等产业；培育名优品牌，积极发展都市型工业；通过技术进步、优化结构，提升建筑业整体素质和竞争力；以整合资源为突破口，做大汽车产业，加快研究北京汽车工业重组方案，形成股权多元化、运营市场化、公司治理结构规范的新型汽车工业投资主体；支持企业建立技术研发中心，加大研发经费投入，培育具有自主知识产权的民族品牌；着重发展汽车电子、发动机等核心高端产品，带动汽车零部件本地化，逐步融入国际零部件采购体系；以先进自动化技术研发应用为重点，提升装备制造业，依托重点企业，打造电站锅炉、发电机、变压器、高压开关设备等产业链；大力发展集成电路设备、显示产业设备等电子信息产业专用设备，发展新型、高精度数控机床、印刷机械设备，形成以中高端技术产品为主体的产品结构和产业格局；以促进原创技术产业化为切入点，培育生物工程与新医药产业，加强原创药物研发、对传统药物的剂型改造和二次开发提升；逐步建立中药技术标准研究、有效成分的鉴定和评价体系，推进中药现代化；开展哺乳动物细胞培养、动物疫苗、基因工程、蛋白质工程等技术的研究，加快实现具有我国自主知识产权的生物工程药物产业化；支持开发数字医疗诊断与治疗设备，不断提高医疗器械产品竞争力；以促进产业集聚为目标，做强电子信息制造；以新一代技术标准产业化为契机，积极发展移动通信业；以龙头企业为抓手，加快发展计算机及网络产业，以设计为龙头、以制造为依托，带动集成电路产业资源集聚，完善半导体材料、集成电路设计、制造、封装和检测共同发展的产业链。

三、大力发展现代农业

近年来，北京农业在结构调整与升级、现代化建设等方面取得了显著的成绩。通过与其他产业的不断融合发展，农业自身的内涵也得到了丰富和拓展。总体上，北京农业开始显露基本现代化特征。理念创新是理清发展思路的前提，理念创新的重点：一是树立以人为本的科学发展观，实现"五个统筹"；二是实现两个"跳出"，站在更高层次研究和发展北京农业，即跳出农业，从首都经济、社会、人文科学、发展历程等层面看北京农业；跳出北京，从更广阔的空间（首都经济圈或环渤海经济区）看北京农业。

北京农业发展方向的选择首先要服从首都经济社会发展及其功能建设的需要，其次取决于北京自然资源和社会资源禀赋。未来几年，北京农业的发展方向是知识、技术、资本密集的都市型现代集约农业；产业结构变化总的趋势是多元化、协调、持续发展；产品结构变化总的趋势是多样化、个性化、优质和安全、绿色。依据首都总体发展战略的要求，北京农业应具备生产功能、服务功能、生态功能和社会功能4大功能。顺应大区域农业一体化发展趋势，北京农业要发挥优势、回避劣势，从大宗、大路农产品的生产淡出，让位给周边地区，转向着重生产高端和高技术含量的农产品。随之，北京农业的生产功能将不断弱化并逐渐被替代，生态功能和服务功能将迅速壮大，社会功能也将逐步增强。

未来北京农业发展的重点行业有3个，即籽种农业、加工农业和旅游休闲农业。要切实转变农业增长方式，促进农业规模化、现代化、市场化经营，发展都市型现代农业调整，优化农业结构与布局，全面拓展农业的生产、生态和生活功能，重点发展高效生态农业，调整优化农业结构与布局，全面拓展农业的生产、生态和生活功能，重点发展高效生态农业和观光休闲农业，推进农业的标准化生产、产业化经营和规模化发展，着力创造满足市场多样化需求的产品，深度开发特色农产品的国内外市场。

四、进一步加强宏观调控，加强能源、交通和信息等基础设施建设，调整不符合首都功能定位和布局要求的产业

（1）旗帜鲜明地退出不符合首都发展定位的产业，下大力气退出现有高能耗、高物耗、高污染、低附加值以及破坏人文生态环境的行业，严格控制并逐步淘汰资源开采型产业，限制并淘汰落后工艺与装备。制定禁止发展的产业与技术目录，严格控制劣势产业增量。通过技术改造实现部分产业升级。制定资源开采地区产业转型援助政策，积极发展替代产业和后续产业。抓好首钢搬迁及新项目建设，关闭、改造城市中心区小商品集散交易市场。首钢搬迁是近几年产业区域间转移的标志性事件，而将这一事件放在京津冀区域产业循环视角下进行观察时，可以发现首钢搬迁是产业历史发展的必然。国务院新近批准的京津两市新一轮城市总体规划中，备受关注的一大亮点是北京不再强调"经济中心"，而是将发展目标明确为"国家首都、国际城市、文化名城和宜居城市"。天津则提出建设"中国北方经济中心"。京津冀三地在经济发展上各有所长，北京拥有知识经济等优势，天津拥有加工制造业和海运等优势，河北则拥有重化工业和资源等优势，三方优势有着很强的互补性。强化京津冀更深层次的合作，将更有利于三方合理分工、优势互补、提升区域的整体竞争力。在新的城市定位下，北京开始了

以首钢外迁为代表的产业转移，同时发挥历史文化优势，着重发展文化创意产业、总部经济和现代高端服务业。

（2）加强能源、交通和信息等基础设施建设，增强对经济社会发展的保障能力。建立以电为主，煤、气、油为辅，新能源和可再生能源为补充，符合首都功能需求，多元互补、多方供应、协调发展的优质化能源结构；以轨道交通、高速公路、快速路为基础，以公共运输为主导，初步建设"功能完善、结构合理，安全便捷、高效环保，城乡一体、统筹城际"的现代化综合交通体系；在全市范围内构建布局合理、互联互通、安全稳定、公平公开、资源共享的信息化基础设施网络，提高基础设施的使用效率和经营水平。

（3）大力发展循环经济，建设资源节约和环境友好型城市。积极发展循环经济。作为首批国家循环经济试点城市，按照减量化、再利用、资源化的原则，以资源节约和再生利用为突破口，加快循环生产、绿色消费和综合保障三大体系建设。实施产业项目综合评价，完善项目筛选的资源利用和环境保护评价指标体系，严把项目准入关。建立健全资源消耗管理制度，加强重点行业的资源消耗管理。全面推行清洁生产，强化对冶金、化工、建材、电力等行业重点企业的污染预防和全过程控制。重点发展节能省地型住宅、节能环保型汽车、节电照明设备、节水生活用品和无害化农产品。抓好再生资源利用试点，完善回收利用体系，促进各种废旧资源再利用和产业化。加强循环经济政策法规建设，搞好循环经济示范项目，探索建立循环经济评价指标体系和统计核算制度。

（4）进一步提高对外开放水平，实现对外开放的新突破，促进产业结构升级。进一步转变对外贸易增长方式，优化北京市商品出口结构，扩大高新技术产品所占比例，加大对拥有自主知识产权和自主品牌的产品出口的支持力度。依托北京市研发产业和总部资源的优势，积极促进高端服务的输出，增强抵御国际贸易风险的能力。围绕首都主导产业发展，提高利用外资的效率、质量和水平，着重引进先进技术、管理经验和高素质人才，着重引进符合首都功能定位的高端制造业和现代服务业。积极引进发展体现首都势能优势、具有高辐射力的总部经济、研究开发、现代物流、商务服务等产业领域。

数字经济理论和数字经济问题的特殊性①

张 弛 栾 婕②

摘要： 本文以新经济相关概念的学术讨论为基础，尝试辨析知识经济、信息经济、网络经济和数字经济等概念的异同。通过总结数字经济带给政治经济学理论和新古典经济学理论的挑战与影响，形成对数字经济理论及数字经济问题特殊性的一些思考与总结，以期对数字时代的经济理论与实践的探讨提供借鉴。

关键词： 数字经济；数字经济理论；特殊性

一、新经济相关概念的界定

（一）知识经济和信息经济

1996 年 10 月 8 日，经济合作与发展组织（OECD）发表的报告《以知识为基础的经济》正式提出了"知识经济"的概念和测度知识经济的指标体系及方法。信息虽在该报告中居于与知识并重的位置，但严格来说二者仍存在细微差别，它们作为生产要素进入经济过程的产出结果或有差异。根据新增长理论，知识属于智力活动的成果，具有公共物品和规模报酬递增的经济特性，是驱动经济长期增长的内生因素。信息涵盖的范围较广，部分地具有排他性的私人产品特征，作为生产投入要素的产出结果是不确定的，其与"知识"的交集会对经济增长产生正向拉动作用。

（二）网络经济和数字经济

网络经济在不同的时代具有不同的含义。早期的网络经济（截至 20 世纪后半叶），意指"拥有水平网状结构的行业"的规模经济和自然垄断特征及影响（网络外部性的初始含义），重点研究行业网络布局的有效利用和成本的适当分摊。1995 年 5 月，随着互联网对商业应用的开放，网络经济跃入人们的视野。纵

① 本文系中国政法大学 2017 年教育教学改革项目《〈网络经济学〉教学内容、课程体系、实施途径及改革方案》的阶段性成果；2018 年中国政法大学横向科研项目《数字经济与政府治理研究》的阶段性成果。

② 张弛，副教授，中国政法大学商学院。主要教学研究领域为宏观经济学、制度经济学、法经济学。栾婕，吉林大学管理学院博士研究生，研究方向为公共管理、数字经济。

观人类历史演进过程，"数字"的内涵和外延在虚拟网络产生以后得到了扩展——其将一切物理的、空间的存在转换成为编码语言加以体现，形成了当前所讲的"数字经济"领域。

（三）数字经济与新经济

数字经济、网络经济和信息经济是现实中人们对新经济的不同称谓。研究者如果将知识经济和信息经济归为一类，更多地是从宏观运行层面观察新经济；如果将网络经济和数字经济划为一组，则试图从微观视角描述新经济的生产力和生产关系。当然，这种看法只是泛泛而言，并非绝对。一般地，当人们泛指与知识相关的生产力引发社会、经济、政治制度变迁时，三者之间没有本质区别；如果特指数字技术对具体产业或某一社会领域产生的影响，则更倾向于使用数字经济。

简言之，知识经济、信息经济、网络经济是在以数字技术为载体的信息生产力的推动下形成的不同经济范畴。当我们立足新经济领域内的研究时，可以从信息技术作用对象与结果的差异性区隔出上述几种概念范畴的细微差别；但当我们把视角投放到整个新经济时，使用"数字技术为载体的信息生产力及其生产关系"为本质特征的"数字经济"一词，或许更为统一而抽象。

二、数字时代经济实践的理论观察

（一）信息生产力需要有数字化的生产关系与之相适应

生产力决定生产关系、生产关系促进生产力发展是政治经济学的基本逻辑架构。当前，全球经济正处于第三代信息技术支撑下的移动互联网时代，新型的信息生产力要求与之相适应的生产关系，乃至社会关系的再造。在传统生产关系理论中，资本家与劳动者的对立形成于生产领域的劳动分工和资本家对生产资料的绝对占有权利，从而导致资本家榨取剩余价值而劳动者仅仅获得用于弥补劳动力再生产的工资。新经济格局下，网络平台与APP之间的分工方式与交换方式具有新的特点，平台成为联结生产者和劳动者的介质（平面），借助数字资源和信息化服务手段支撑生产关系运动（立体），APP参与价值和剩余价值的创造和共享。由于网络平台和数字资源向APP开放，数字资源与物质资源不同，具有低成本无限复制和非排他性使用的特征，数字资源与经济主体之间的身份关联逐渐弱化，客观上将原本对立的生产关系和阶级关系统一和协调起来。

（二）价格机制不是市场进行配置资源要素的唯一机制

现代经济理论的分析框架基于市场在供求互动的过程中发现价格，自发市场和价格机制是进行稀缺资源配置的主要方式。网络平台的出现成为继"集中的供给"和"分散的需求"之后的第三大市场势力，甚至成为在一定范围内兼客生产者和消费者的使能者（enabler）①，培育第三类微观市场主体——产消者。数字技术的非排他性和信息资源的反稀缺性解决了原本无法运用价格配置的局部市场匹配问题，市场设计和价格发现互为补充，进一步降低了交易成本并提高了经济效率，产生了总体上的帕累托改进，由此带来市场结构的嵌入式形态（立体）和经济系统的网格化（平面）合作博弈。在分配层面上，由于使能者发挥了交易协调和资源配置的作用，货币价格决定（高或低）和数字能力决定（高或低）并行支配着经济矩阵式的循环。

（三）数字化的混合经济

混合经济实践发端于凯恩斯宏观经济学诞生之后，旨在通过政府管制下的适度经济干预弥补自由市场运行的市场失灵问题。混合经济不属于两大基本经济理论范畴，虽然其朴素的哲学思想源于经济管理方式的扬长避短，兼蓄集中计划和分散市场的精华，却因此把经济关系简化为三角形，特别是政府主体与市场主体事实上居于不对等地位，反而容易引发政府越位和政府缺位的弊病。新经济时代，数字平台作为市场中拥有同等权利的经济参与者，构成平衡市场生态系统中的第三极，把生产者和消费者的双方零和博弈结果改写为三方正和博弈共享（平面），同时与参与经济过程的政府一起，共同发挥协调经济运行的功能，既是政府缺位的补位者，又是政府越位的监督者（立体）。

三、对数字时代经济理论的思索

（一）数字经济理论的特殊性

纵观经济史和经济思想史，经济理论是对经济现象和经济事实的抽象，不同的理论流派反映的是基本前提假设及其归纳演绎方法的区别，它的形成总是滞后于经济现实的运行。尤其是当经济环境和经济发展方式发生剧变时，伴随着思维方式的转变，传统理论总是面临着极大地被改写或修正的可能。人类进入 21 世纪后，信息技术进步的频率和烈度与数字经济的迅速扩张互为因果，呈几何级数的作用力施加于经济体系，生成了新的经济形式、经济主体、社会经济关系、经济现象和经济问题，最终要求对传统经济理论进行必要的调整和修正，以提高其对现实的解释力和对未来的预测力。

（二）数字经济理论特殊性的原因

就政治经济学的观察视角而言，继农业生产技术和工业生产技术以后，占据主导地位的信息生产技术对生产力和生产关系进行了重塑，出现了平衡阶级对抗的新经济参与方；就现代经济学的观察视角而言，无论是供给决定需求还是需求影响供给，数字化资源的所有者既囊括了供求双方又能保持整合供求关系之外的

---

① 基思·威利茨：《数字经济大趋势》，人民邮电出版社 2013 年版。

独立性，尽管并非取代了市场价格机制，却在很大程度上发挥了资源的非价格配置功能。因而，此前的经济理论无论从属何种流派，简单的两分法已经不能概括真实经济世界的参与者。经济学作为社会科学的分支，其中蕴含的规律性与社会演化是同步运行的。新经济主体的介入一定程度上改变了经济传统参与者的属性和身份，拓展了经济资源的外延，并丰富细化了其内涵，使各主体的能力和权利的动态对应关系更为复杂化，自然对某些经济概念的重新认识以及既有经济理论的重新抽象赋予了使命和责任。

（三）数字经济的部分重点问题

1. 分工、专业化和国际贸易

继垂直分工和水平分工之后，信息时代的网格化、多层次分工方式崭露头角，绝对优势理论和比较优势理论被"品种分工"兼容统辖起来，技术扩散的动态溢出效应取代了静态的资源禀赋，成为经济体间自由贸易的最大收益。平台经济的出现不仅再造了国际贸易流程（张曙光，2017），而且进一步在服务产业中区分出重服务业和轻服务业（姜奇平，2017）。

2. 企业组织、市场结构和产业政策

企业组织打破扁平化的结构，模块化的企业形态使权责利愈发分散；垄断和竞争的市场结构在平台企业身上并存，反垄断和鼓励竞争的产业政策一度成为左右两难的选择。来自需求方面的规模经济自动生成供给方面的技术垄断，进一步改变了垄断的定义和性质，数字时代反垄断的任务可能很难由政府部门来实现，因为限制（拆分）供给也就是对需求的钳制和干预，不但会遭到个人主义的强烈抵抗，并且在社会伦理层面也行不通。因此，垄断的削弱和破除只能依靠后发者对市场需求惯性的颠覆。事实证明，由于需求的易变性和不可测性，这是可以做到的。行业技术标准以前是公共产品，现在政府已经很难涉足，因为它成为企业竞争的核心优势，擅入这个领地相当于无偿剥夺了企业的初始资源禀赋，没收了企业的无形资产。

3. 劳动、就业和经济增长

劳动力优势作为经济增长的动力源泉已转化为资本和技术占比优势，特别是以信息技术和数字技术驱动的全要素生产率快速提升，克服了物质要素的边际报酬递减，很可能在一段较长的时期带来实际就业水平的下降。劳动者数量、质量及结构的形成是一个动态过程，替代效应使一些岗位对人力的需求按照乘数作用在下降；收入效应可能使一部分高收入人群减少了劳动投入。劳动者素质和能力的异质性使其在转换工作时存在一定困难。如果数字经济真的使较少的劳动投入支撑更庞大的经济产出，那么，富余的劳动可能无法像农业转入工业、工业转入服务业这么简单，人们会有更多的闲暇时间，用于满足其他文化和娱乐需求。

4. 贫富差距、收入分配和公共产品

经济产出的结果最终要在不同的群体乃至个体中加以分配，社会福祉也只有

从分配的状态进行测度和评价。工业革命以来，全球贫富差距日益加大已是不争的事实。"基于全球资本自由流动和资本边际产出均等化的机制会导致发达国家和落后国家趋同，最终通过市场力量和竞争缩小不平等"① 的预言，因其技术水平不变的新古典前提假设与数字经济快速发展的社会现实严重脱节，流于形式。更进一步，即使全球人均产出趋同，也不必然推导出人均收入趋同的结论。数字技术的发展加剧了不平等的根源——平均劳动生产率的国家间差异导致数字鸿沟（胡鞍钢，2016）。再者，教育、医疗和政府服务都是人造公共物品，完善公共物品提供最终有赖于教师、医生和政府官员这些最终供给者，而不仅仅是一些数字化的教育产品、医疗产品和政务平台。

（四）数字经济问题具有特殊性的原因

1. 理性人假设的实践演化：互利性

无论是绝对理性还是有限理性的假设，其遵循的前提都是个体的自利性。经济学的研究对象是人的经济行为，脱离个体行为动机的诱因，便无法进行客观的分析判断。不可否认的是，人既是独立的也是社会的，个体行为的自利性与群体合作的互利性在意识层面并存。个体根据外部环境和自我的价值判断在不同场合下进行自利与利他的不同程度组合，最终决定了自身的行为。新古典经济学以前的经济分析受制于数学工具发展，无法使用动态博弈等复杂方法刻画互利性假设下人的行为模式，因而只能把自利前提视为模型的标准条件加以扩展。

2. 无差异假设的实践演化：异质性

现实经济世界中，不仅经济行为的出发点是多样性的，生产要素、生产结果以及社会需求也是异质性的。现代经济学理论所有关于市场分析的讨论均建立在同质产品的基础之上，使用代表性厂商和典型消费者的研究方法，得到标准化、模型化的统一结论。至于差异化问题的研究，则纳入管理学研究领域（即使在管理学范畴内，不同竞争策略的选择仍然是以同质产品为基础，非价格竞争只是作为区别定价的补充手段，是企业执行定价权基础上的边际改善）。总之，现代经济学理论过于平面化、静态化的经典分析排除了异质性研究的可能性。

3. 产权理论的实践演化：使用权优先于所有权

自现代企业建立以来，产权理论得到了长足发展，同时也受到了多种挑战。理论界一直谋求经济权利和法律权利的匹配，以消除制度运行的障碍。产权权利束在实践中演化并细分为所有权、使用权、实际控制权、剩余索取权等多种形态，反映了合同的执行给缔约方带来的各种可能结果之间的冲突。产权分配、运用与社会目标之间的一致与冲突，推动经济理论和法律规范的前向运动。数字经济时代使用权相对于所有权体现出的优先性，主要来自于使用的即时性、流动性、服务化等趋势，使使用权行权收益的成本最小化。

---

① 托马斯·皮凯蒂：《21世纪资本论》，巴曙松等译，中信出版社2014年版。

4. 成本理论的实践演化：交易成本、租金和利润

科斯的交易成本理论经常被用来佐证数字经济发展的奥秘，不过人们经常忽视比"交易成本"产生更早、存在更广泛的"租"的概念。广义的租，是资源要素使用权的价格。在数字经济中，由于使用权的优先性，租金和租值理论越来越重要。如果根据以前的理论，按照边际成本定价，利润是价格超过边际成本的部分，那么，在新经济中，非排他性使用将创造大量租金，不仅包括传统利润，而且形成租值在使用方的聚集。为了获取临界数字零售商规模，平台往往执行低价甚至免费策略，在获取利润的同时，还参与租金的分成。APP 的分成比例也会随着平台规模的扩大及活跃程度的提升进行调整，甚至出现倒分成的情况（即平台抽小头，数字零售商得大头）。然而，由于数字经济具备足够的来自需求方面的规模经济，两部分收益的总和对平台企业而言是极其巨大的。

总之，数字技术和信息生产力对经济生活和经济理论的影响是广泛而深远的。社会主体和社会结构的不同组成部分都在努力调试以适应新经济的迅速扩散，经济理论演变仅仅是应对实践先导的开始。随着人们意识和认知的改变，习惯、法律、政治、文化等各种正式与非正式制度的变迁需要更加漫长的时间。但无论如何，我们不能拒绝改变。

参考文献

[1] 基思·威利茨. 数字经济大趋势[M]. 北京：人民邮电出版社,2013.

[2] 埃尔文·E. 罗斯. 共享经济：市场设计及其应用[M]. 北京：机械工业出版社,2016.

[3] 托马斯·皮凯蒂. 21 世纪资本论[M]. 巴曙松,等,译. 北京：中信出版社,2014.

[4] 姜奇平. 分享经济——垄断竞争政治经济学[M]. 北京：清华大学出版社,2017

[5] 韩耀,唐红涛,王亮. 网络经济学[M]. 北京：高等教育出版社,2016.

[6] 胡鞍钢,等. 中国开创"新经济"——从缩小"数字鸿沟"到收获"数字红利"[J]. 国家行政学院学报,2016(3):4 – 13.

[7] Martin Hilbert. The bad News is that The Digital Access Divide is Here to Stay：Domestically Installed Bandwidths Among 172 Countries for 1986 – 2014[J]. Telecommunication Policy,2016(40):567 – 581.

[8] 陈永伟,叶逸群. 在平台时代寻找奥斯特罗姆[J]. 群言,2017(8):20 – 22.

[9] 张曙光. 从新外贸模式如何看市场的演化与设计[N/OL]. 财新网,2017 – 3 – 15：http://cj. sina. com. cn/article/detail/1641561812/188596.

我国宏观经济与调控政策的回顾与评析[①]

——基于《中国宏观经济分析》20年的观察与研究

张　弛[②]

摘要： 本文选用基本宏观景气指标，聚焦20年间相继爆发的五大事件及其对我国宏观经济造成的冲击，多角度、多侧面分析宏观政策调控及其效应，并对新世纪以来我国的宏观经济运行及其调控进行回顾与总结，以资借鉴。

关键词： 宏观经济；宏观调控；季度分析

随着中国改革开放步入第40个年头，对改革经验的总结和反思日渐成为学术界的热点。在资源尚未得到充分利用的国家，宏观经济研究具有特殊的意义和作用，往往受到更多的关注。从1997年起，《中国宏观经济分析》研究团队开始对我国宏观经济季度运行进行系统的观察和研究，现已持续20年[③]。本文拟结合中国20年来的经济实践对其加以说明。

一、20年来我国宏观经济运行的总体概述

1997—2016年的20年间，我国经济迅速发展，国家面貌发生了巨大的变化，

---

① 本文节选自第三届"大宏观·全国论坛：改革开放四十周年宏观政策回顾与展望"征文，并进行了较大删减和调整。

② 张弛，副教授，中国政法大学商学院，主要教学研究领域为宏观经济学、制度经济学、法经济学。

③ 1996年，张曙光教授作为学科带头人，率领中国社会科学院经济研究所宏观室研究团队主持了两个课题，分别是《市场化进程中的宏观经济稳定》（"九五"国家社科基金项目），以及《中国社会科学院学科目标管理：宏观经济学》（中国社科院重点项目），该团队决定从第二年开始着手进行宏观经济分析。根据当时的情况，张曙光教授决定具体研究工作从两个方面入手，一是从实际出发的宏观经济理论研究，二是进行宏观经济形势和运行分析。理论分析由经济所宏观室单独承担和署名，每年完成两篇论文并在《经济研究》发表。工作流程为，一是确定主题，通过讨论当前经济形势，研究如何从理论上加以分析，可以提出什么新的看法和观点，从中确定本次文章的主题；二是由1人或2人分头起草初稿，限期完成；三是讨论初稿，提出修改意见；四是根据讨论意见进行修改或重写；五是由张曙光修改定稿。团队先后完成了7篇论文，在理论界产生了一定影响。2002年，上海财经大学出版社出版了《政策与体制联动——中国宏观经济分析》，收录了包括《管理世界》2001年第2期8篇文章在内的季度宏观经济分析报告。在此期间，先后参与报告撰写讨论和执笔的学者有仲继垠、赵志君、郭金龙、汪新波、周景彤、牛犁、赵晓、巴曙松、钟伟、张弛等。迄今共编辑出版《中国宏观经济分析报告》（1~7集），第8集待出，可谓20年来中国宏观经济运行的真实记录。从2004年开始，中国社会科学院经济研究所在张平教授的组织和带领下，由宏观研究室和资本研究室重新开始进行宏观经济理论分析。

人民生活也有了很大的改善。2016 年，我国的经济总量达 744 127 亿元，仅次于美国，成为世界第二大经济体；2016 年产出规模是 1997 年的 5.35 倍，年平均增长 8.75%，成为同时期经济增长最快的国家；2016 年人均 GDP 为 53 817 元，是 1997 年的 4.8 倍，年平均增长 8.16%。与此同时，我国告别了计划经济体制，开启了市场化改革，并取得了明显的成效（图 1）。

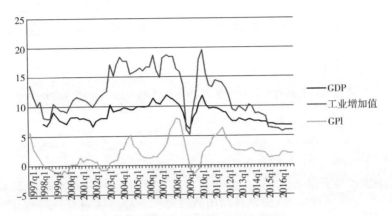

图1　1997—2016 年中国经济发展和运行轨迹

数据来源：《中国统计年鉴》和国家统计局网站。

近 20 年来，中国经济的发展大致可划分为两个阶段，有两次比较大的周期波动。前一阶段从 1997 年第 1 季度到 2008 年第 2 季度，后者从 2008 年第 2 季度到 2016 年年末。当然，其中还有一些小的波动，如 1998 年的通货紧缩、2004 年的经济过热等。这两个阶段经济的波动态势和周期性轨迹差异相当明显，前一阶段的高增长既取得了很大的成绩，同时也存在过热隐患，造成了结构失衡，并在后一阶段的经济运行及其调整转型中体现出来。

二、宏观经济分析的重点内容

众所周知，宏观经济分析具有三大重点，一是短期稳定和长期发展，二是实体经济和货币经济，三是内部均衡和外部均衡。

首先，宏观调控针对的是经济的短期运行，旨在平抑经济的短期波动，实现经济的稳定增长，因此，宏观经济政策也称作短期政策或稳定政策。经济发展和结构跃迁是长期问题，不是宏观稳定政策的直接对象和目标，而是由体制政策或结构政策解决的问题。也就是说，宏观政策是总量政策，而非微观政策或结构政策。然而，经济的短期稳定和长期发展是彼此紧密地联系在一起的，短期增长的集合构成了长期发展的轨迹，短期施策必然有长期影响，长期安排也会带来短期效应。因此，长期和短期、宏观和微观、总量和结构的关系是宏观调控中必须正确把握和处理的重要问题之一。

其次，经济运行和发展一方面是实体经济的运动，表现为实物产品和服务的生产和供给，以满足各种各样的社会需求，另一方面又是货币经济的运动，表现为货币在不同部门、不同企业和不同个人之间的流进和流出，二者互为表里。虽然实物的运动和货币的运动最终必须相互适应和协调，但在一定时期内也可以相互脱离和独立，于是就产生了二者之间的矛盾。如果货币的运动与实物的运动背离幅度过大，时间过长，流进流出的结构与实体经济的需要不相一致，必然影响经济的短期稳定和长期发展。因此，货币经济和实体经济的关系是宏观调控中必须重点关注的一大问题。

再次，现代社会经济生活是一个开放的系统，特别是在经济全球化条件下，任何一个国家的经济运行和发展都不可能闭关锁国，互不往来。因此，一国的经济发展一方面表现为货物贸易和服务贸易，即货物和服务的进口和出口，另一方面表现为资本投资的往来和货币的兑换。这样一来，不仅会出现外部经济的均衡或不均衡，反过来也会发生内部的均衡和不均衡，因此，内部经济和外部经济的关系也是宏观经济调控中需要时时关注的重要问题。

所谓宏观调控，就是通过货币政策、汇率政策和财政政策等工具变量调整经济参数的方法，处理好短期稳定和长期发展、实体经济和货币经济、内部均衡和外部均衡等几个重要的经济关系，以实现经济的稳定增长。不过，在中国的现实情况下，行政手段在宏观调控中也发挥了十分重要的作用。这虽是我国社会主义市场经济的特色，但从某种意义而言，也体现出经济市场化程度的不足。

三、20 年间宏观冲击的外部事件及宏观调控应对政策

20 年中，国内外 5 个重大事件的发生对我国经济的发展和运行造成了较为剧烈的影响和冲击，一方面，影响人们对经济形势的判断和预期，另一方面也影响我国宏观政策的选择和操作。在现实经济条件的基础上，事件影响与政策效应的结合铸就了经济发展的态势和经济运行的轨迹。

（一）香港回归和亚洲金融危机

1997 年 7 月 1 日，香港回归祖国，中国在政治统一的道路上前进了一大步。7 月 2 日，泰国发生金融动荡，迅速波及东南亚诸国以及我国香港和台湾地区。进入第 4 季度，金融危机扩展至韩国、日本，导致这些国家货币大幅贬值，经济增长明显下降，有所谓"一夜回到十年前"的惊叹！值得庆幸的是，由于中国体制改革的推进及其效应的积累，再加上我国当时的开放程度还比较低，特别是有持续外贸顺差、长期债务为主的外债结构、外汇储备充足、外汇（资本项目）管制四道防线，使我国经济相对稳定，亚洲金融危机对我的心理影响大于实际影响，这或许可以从 10 年后国人对次贷危机的过度反应中得到证实。

就实际经济影响而言，亚洲金融危机主要体现在进出口贸易增长下降和对汇率的影响两个方面，此外，对中国香港的冲击就是对中国内地的冲击。在亚洲金

融风暴中，国际资本多次冲击港币，虽未完全得手，但中国政府的确付出了相当大代价，并引发了港币和人民币在应对外部冲击时如何协调与配合的难题。上述3个方面造成了1998年的通货紧缩和之后汇率政策的一度停滞，而1998年通缩的阴影也影响到2005年、2006年对经济形势的判断和政策选择。

（二）中国加入世界贸易组织

2001年11月10日，中国正式加入世界贸易组织，这是时任政府最重要的功绩。入世具有明显的中长期效应，对外贸增长、吸引外资以及引入和增强改革开放的动力都至关重要。此后近10年，我国对外贸易和外国投资以及整个经济的高速增长也证明了这一点。如今，中国已经成为世界贸易大国，对世界经济的贡献居功至伟。

然而，鼓励出口的重商主义政策长期实施，以及对内开放和对外开放的不均等，导致了严重的外部失衡。2008年，中国的外贸依存度达到56.3%，外汇储备达到19 460亿美元，央行的外汇资产占比达到了78.5%。中国的货币创造和扩张机制也发生了变化，外汇储备的超量积累成为货币扩张的主要甚至唯一途径。面对基础货币的过快扩张，央行采取大量发行央票和10次提高存款准备金率进行对冲①，虽能解燃眉之急，却加剧了通货膨胀导致资产价格过快上涨，造成中国经济结构的内部失衡和经济发展模式的偏差。

（三）房地产市场化改革及其调控

1998年，国务院出台23号文件，取消住房实物分配，引入个人购房按揭贷款，促进房地产业发展。从此，中国房地产业的发展步入了快车道，同时也拉开了中央政府调控房地产的序幕。

2003年6月5日，央行出台121号文件，率先发出对房地产业信贷扩张的降温信号，却出师不利。在地方政府、房地产开发商和银行的强力推动下，中国的房地产业出现了"非理性繁荣"，既造成了房价的不断飙升和资产泡沫的迅速膨胀②，又形成了地方政府的土地财政③，迫使政府不断采取限贷限购等行政手段进行调控。从2004年的"8·31大限"，2005年的"国8条"，2006年的"国6条"，到2007年进一步收紧住房贷款，形成了房地产价格越调越涨的局面。2008年，4万亿投资的出台使房地产业的政策方向从限制发展迅速转变为刺激增长，

---

① 2007年1月15日，中国人民银行将存款准备金率从9%上调至9.5%；2007年2月25日，存款准备金率上调至10%；2007年4月16日，存款准备金率上调至10.5%；2007年5月15日，存款准备金率上调至11%；2007年6月5日，存款准备金率上调至11.5%；2007年8月15日，存款准备金率上调至12%；2007年9月25日，存款准备金率上调至12.5%；2007年10月25日，存款准备金率上调至13%；2007年11月26日，存款准备金率上调至13.5%；2007年12月25日，存款准备金率上调至14.5%。参见中国人民银行网站（www.pbc.gov.cn）。

② 2003—2013年，房价上涨了1.5倍，是同期消费物价上涨的5倍。

③ 土地出让金2001年为1 296亿元，2009年超过1.5万亿元，2011年达3.15万亿元。

在半年的时间内，全国房价飙升了 28.2% 。中央政府不得已，只好进一步加大紧缩力度，"国 4 条"（2009 年），"国 11 条"（2010 年）和"新国 10 条"以及"新国 8 条"（2011 年）陆续出台。

（四）国际金融危机、欧债危机与"4 万亿"经济刺激政策

2008 年 9 月，以雷曼兄弟的破产倒闭为标志，美国的次贷危机演变成一场全球性的金融危机，其规模和影响远远超过了 10 年前的亚洲金融危机，而与 20 世纪 30 年代的危机相类似。它与亚洲金融危机相比，区别在于亚洲金融危机受害的是新兴市场经济国家，而此次危机打击的是发达国家，欧洲也成为重灾区，进而引发了 2011 年的欧债危机。这次危机对中国直接影响不大（2008 年第 4 季度 GDP 增速还维持在 6.8% ，并不算低迷），间接影响不小，事后来看，其实机遇大于危险。

然而，鉴于全球对危机影响的恐慌和各国普遍实施的双扩张政策，2008 年 11 月 5 日，国务院常务会议制定了 4 万亿元投资计划，并于 11 月 9 日公布实施，并提出"出手要快、出拳要重、措施要准、工作要实"的要求。紧接着，国家发改委又陆续推出十大产业振兴政策。一系列超常力度和超常操作的积极财政政策和宽松货币政策虽然实现了经济增长的 V 型反转和中国经济的率先复苏①，但也带来一定的负面效应，不仅造成了 2010 年以后经济增长的缓慢回落，而且进一步加剧了经济结构的失衡，增加了经济转型的难度。

（五）"股灾"和"股市保卫战"

我国宏观经济自 2010 年第 1 季度达到 11.9% 的过热高点以后，一直处于加速下行态势，2015 年，增速跌至 7% 及以下，可是同期股市却出现井喷式的牛市。2014 年末上证指数站稳 3 000 点以后，2015 年 3 月达到了 3 500 点。在央行降准、降息以及一系列利好政策的推动下，6 月中上涨到了 5 178 点的高位，比 2 月初的低点上涨了 69.8% 。紧接着，6 月 26 日出现暴跌，大幅下跌到 3 373 点的低位，下跌了 35% ，千余只股票两次出现跌停，创业板更是大涨大跌，投资者损失惨重。面对股市大跌和剧烈波动，政府全力托市救市，上演了一场"股市保卫战"。央行、证监会、保监会、财政部、国资委、公安部都参与进来，甚至不得不运用行政命令停止融券空头操作、要求上市公司"五选一"，等等。

经验表明，中国的资本市场历来与实体经济走势不一致，说明中国股市仍然无法成为反映国民经济运行的晴雨表。过去，实体经济增长较快，股市低迷，资金在实体经济中周转。现在，实体经济回落，资金流入股市，造成股市繁荣。从事后的压力测试来看，股市下挫还不会威胁到金融市场的稳定，对实体经济的影响也不大，只是政策层面反应过度，反而造成后市（事后）的影响及其负面效

---

① 2009 年 4 个季度的 GDP 分别增长 6.2% 、7.9% 、9.1% 和 10.7% 。

应持续发酵。

通过对以上五大事件及其宏观政策应对的回顾，不仅可以准确把握中国经济近 20 年的运行过程和发展态势，而且能够全面了解政府的宏观经济调控思路与操作方法，在一定程度上可以将其看作一部中国 20 年的宏观经济政策史。

纵观 20 年来的宏观经济调控，数量政策运用得相对较多，其作用优劣兼具；价格政策相对滞后；至于行政手段，的确立竿见影，但副作用较大。况且此三者在宏观管理中可以相互替代，启用行政干预，政策调节就退居次要地位；重视数量调节，价格调节就无能为力。

但无论如何，中国经济及宏观政策的调控体系经历了重重困难和巨大外部冲击的挑战，社会宏观经济管理能力在挫折中不断得到巩固和提升。

参考文献

[1]张弛,张曙光. 中国宏观经济分析报告[M].7 集. 北京:中国政法大学出版社,2012.

[2]卢锋. 宏调的逻辑——从十年宏调史读懂中国经济[M]. 北京:中信出版社,2016.

[3]刘树成,张连成,张平,主编. 中国经济增长与经济周期[M]. 北京:中国经济出版社,2017.

[4]王一鸣. 改革开放以来我国宏观经济政策的演进与创新[J]. 管理世界,2018(3).

所有制与收入分配制度改革的价值取向

刘婷文　王光明　王振齐[①]

摘要：十九大报告指出，"当前我国城乡收入分配差距依然较大"，并提出要通过"坚持按劳分配原则，完善按要素分配的机制"等措施缩小收入分配差距。本文通过分析新中国成立以来几次重大收入分配改革前后城镇和农村居民人均收入变动情况，探究这一问题的制度因素。研究发现，限制多元化的所有制发展（改革开放前的"一大二公"）会导致居民收入下滑；鼓励多元化的所有制，带来城乡居民收入的提高，同时也造成二者绝对差距扩大。我们认为，当前的所有制和分配制度改革要坚持多元化这个方向不动摇，并在短板上做一些努力。

关键词：收入分配；所有制；改革

一、引言

中华人民共和国成立以来，我国历次重大制度改革尤其是所有制变革都引起了收入分配的巨大变动。改革开放初期，邓小平深刻地意识到：社会主义建设想要取得成功，就要广泛调动人民积极性。20 世纪七八十年代，农村确立了"家庭联产承包责任制"，这是我国农村生产关系的一场重大变革（赵喜顺，1983）。虽然土地使用权归集体所有，但是广大农民此时已经取得了土地的自主收入权利。责任制的改革有效地提高了农民的积极性（刘纪鹏，1989）。随着农村经济体制改革的成功，1984 年，我们将经济体制改革的重点由农村转移到城市，把如何增强企业活力作为改革的中心环节（杜润生，1985）。经过几届政府的不断探索，逐步进行所有制、分配制的改革，确立了公有制为主体多种所有制共同发展的基本经济制度（所有制制度）和以按劳分配为主的多种分配方式并存的分配制度（刘政，1999）。这些初次分配制度改革极大地调动起城镇居民和农村居民的积极性，在此基础上，实现了多种形式的社会保障和再分配调节机制。

然而近年来我国暴露出来一些突出问题，尤其是城镇居民和农村居民人均收入差距仍然较大（习近平，2017）。国内学者研究表明，所有制结构和收入分配制度是收入差距扩大的根本原因（武力，温锐，2006；李楠，2007；张婧，

---

① 刘婷文，副教授，中国政法大学商学院；王光明，本科，大连理工大学；王振齐，经济学硕士，中国政法大学商学院。

2015）。也有学者认为，收入差距的适当扩大能够有效地激励投资和创新行为，有利于产出的增加（李子联，2015）。何以解忧？唯有改革。

十八大以来，我国尝试通过土地流转制度促进农业发展、农民增收（吕晨光等，2013；李明华，2015），现实表明，只有实现土地的联合，才能实现农业现代化，增加农民收入（季玉福，2012）。十八届三中全会以来，我国进一步推进国有企业混合所有制改革。推进混合所有制改革，要做到股权转让公开公允，应该引入员工持股制度（黄群等，2014；王在全，2015；李红娟，张晓文，2017），员工持股制度对提高企业经营效率、缩小收入差距有着重要作用（王在全，2015）。十九大报告也提出要"坚持按劳分配原则，完善按要素分配的体制机制"等措施，以缩小收入分配差距（习近平，2017）。

本文通过分析我国所有制改革的历程，探索经济发展的制度因素尤其是所有制因素，旨在为新时期农村土地流转制度改革和城市国有企业混合所有制改革提供参考。

二、我国所有制结构的演变

（一）改革开放前

1949—1952年，通过没收官僚资本家的资产，我国的所有制结构以国营经济为主导。由于土地改革，雇农经济（地主）成分不断下降，个体经济在整个经济中占主要成分，如图1所示。1952年底完成土地改革，地主成分只在我国台湾和西藏等一些边疆地区存在，绝大部分雇农经济转变成了个体经济。1953—1956年，我国的所有制结构由多种经济成分并存转向单一的公有制结构，追求"一大二公"。

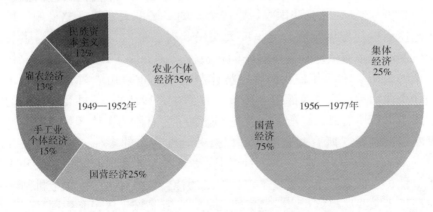

图1 改革开放前经济成分结构

注：图中各经济成分比例是根据《中国统计年鉴》等历史文献资料计算和推测的。

1956—1977年，我国不断加深经济公有制的程度。1956年之后，加上西藏农奴改革等边疆措施，我国公有制经济地位进一步明确，只有国营经济和集体经济两个成分，除台湾地区外，几乎没有其他经济成分。

（二）改革开放后

1978 年改革开放后，农村确立了"家庭联产承包责任制"，所有权归集体，承包权归农民，农业经济在某种意义上实现了农民"私营"。由于农村的成功实践，国家努力探索适合生产力发展的所有制结构，并决定逐步恢复对经济发展起到积极作用的非国有经济成分，允许私营经济和外贸经济的发展，如图 2 所示。1988 年以前，国有经济和集体经济中的非农经济占有较高比例。

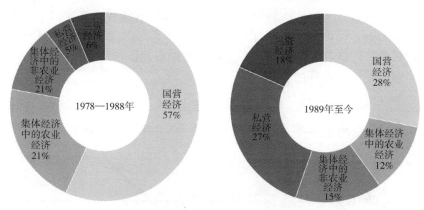

图 2 改革开放后经济成分结构

1989—1997 年，我国提出了公有制为主体、多种所有制经济共同发展的基本经济制度。1998 年至今，基本经济制度得到进一步完善。在公有制经济巩固发展的同时，政府积极引导非公有制经济的发展，使其步入黄金期（尹凤婷，赵秋杭，2005）。如图 3 所示，1989 年以来，各经济成分比例不断变动，和改革开放前相比已有很大不同，私营经济、三资经济蓬勃发展。

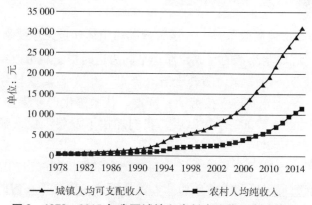

图 3 1978—2015 年我国城镇和农村人均收入变动情况

注：数据来源于国家统计局。从 2013 年起，国家统计局开展了城乡一体化住户收支与生活状况调查，2013 年及以后数据均来源于此项调查。与 2013 年前的分城镇住户和农村住户调查的调查范围、调查方法、指标口径有所不同。

三、改革开放后收入分配制度的演变

（一）农村经济体制改革———家庭联产承包责任制

1979 年，根据人民群众的实践，首先在农村确立了家庭联产承包责任制。虽然土地使用权归集体所有，但是广大农民此时已经取得了土地的自主收入权利，纠正了之前平均分配的错误政策。如图 3 所示，家庭联产承包责任制提高了农民的生产劲头，农村人均纯收入在 1978 年后不断提高。

使用城镇人均可支配收入指数和农村人均纯收入指数进行分析，结果显示，在改革开放初期，城镇人均可支配收入的增长比农村慢了一些（见图 4）。原因是随着农村经济体制改革的成功，广大农村居民的积极性大幅度提高，而此时城镇经济体制改革还没有开始。

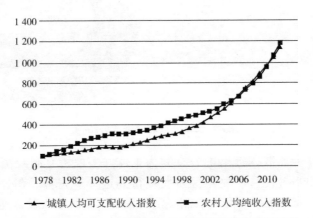

图 4　1978—2012 年我国城镇和农村人均收入差别比较

注：截至 2018 年 1 月，国家统计局公布的城镇人均可支配收入指数和农村人均纯收入指数年度范围为 1978—2012 年，1978 年为基期（100）。

（二）城市经济体制改革———按劳分配为主体和按生产要素分配相结合

随着农村经济体制改革的完成，邓小平同志适时提出城市改革要把增强企业活力作为中心环节。1997 年，随着十五大召开，生产要素参与分配的制度被确立。2002 年，十六大正式确立按劳动、资本、技术等生产要素参与分配的制度。如图 5 所示，十六大（2002 年）以后，我们加快了发展步伐，城镇人均可支配收入增加值有大幅度提高。

如图 6 所示，1998 年前后，为了应对亚洲金融危机的冲击和中央财政的暂时困难，中央对农村以提留款等名义加征了包括粮食、棉花等在内的农业税，这一举措导致 1998 年至 2003 年期间农民人均收入增加值锐减（项继权，2004）。随着 2006 年全国免除在中国持续两千多年的农业税，农民的积极性再次提高，农民人均收入不断攀升。通过对比两次农业税收政策前后农民人均收入增加值的变

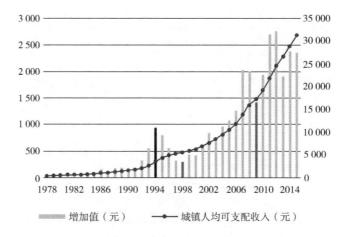

图 5　1978 年后我国城镇人均可支配收入增长情况

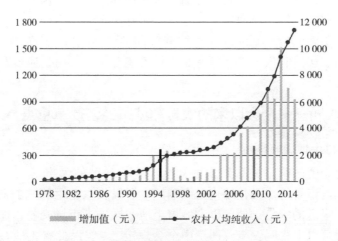

图 6　1978 年后我国农村人均收入增长情况

动情况，可以发现，减税是继农村家庭联产承包责任制（农民获得土地使用权）之后又一有力措施。上述改革对现阶段的启示在于，如何在新时期给予农民更大的利益空间，进而提高其积极性，而不是靠财政转移支付这种低效率的政策手段去消弭城乡差距。

（三）收入差距的演变

改革开放以来，所有制结构的调整使居民收入增加，同时也使差距逐步扩大（武力，温锐，2006；李楠，2007；张婧，2015）。收入差距的演变如图 7 所示。

从图 7 可以看出，城乡居民收入差距绝对值确实在稳步上涨，相对差距近年来有减小趋势，但是仍然较大。

由以上分析可知，一方面，正确的所有制改革使居民收入普遍增加，因为它

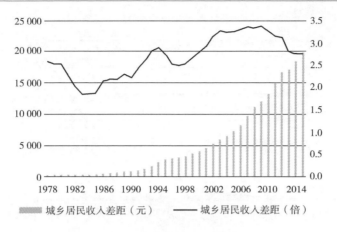

图7　城乡居民收入差距

调动起人们的积极性，从而推动生产力发展，进而增加居民收入，因此，当前的所有制改革要坚持这个方向。另一方面，多元化的所有制结构使居民收入差别全面扩大，这个问题我们不能回避，但这不是所有制多元化方向错误的理由。本文认为，如果限制多元所有制发展（改革开放前的"一大二公"），就会导致经济发展停滞不前和居民收入下降。所有制不是不能多元化，而是应该在短板上做一些努力。

四、十八届三中全会以来的农村和城市经济改革重点

（一）农村土地流转制度

收入分配制度改革是关系到中国社会稳定、和谐的大事（厉以宁，2013）。农村和城市土地市场的二元化结构是影响城乡居民收入差距的一个重要原因。试想，如果城市附近的农村土地可以和城市土地一样进入市场交易，那么，部分农民的收入不就可以上去吗？十八届三中全会规定，"农民拥有土地在规定年限内的经营权，将土地财产化以及获得增值的收益"。"土地改革法修改已经列入全国人大立法规划，农村土地入市的问题有望解决"（新华社，2016）。十九大报告提出，要完善农村土地"三权"分置制度，保持土地承包关系稳定并长久不变（习近平，2017）。农村土地"三权"分置制度和土地流转制有利于提高农民收入，对缩小城乡差距有重要意义。在农村所有制改革方面，正如2016年习近平在农村改革座谈会上强调的那样："无论怎么改，不能把农民利益减少了"（新华社，2016）。本文要补充的是：无论怎么改，不能把农民积极性降低了，只有这样，才能保证农民收入不会减少。

（二）城市国有企业混合所有制改革

改革开放多年来的实践证明，发展以股份制经济为主的混合所有制经济是继续深化国有企业改革的重要途径。全面深化改革的目标是：使市场在资源配置中

起决定性作用和更好发挥政府作用，将国有企业全面融入社会主义市场经济之中。国有资本、集体资本、非公有资本等相互融合的混合所有制经济是基本经济制度的重要实现形式（新华社，2013）。当前我们搞城市国有企业改革，一个亮点就是员工持股。这种混合所有制是一个有力举措，必定会提高人们的积极性，推动生产力发展，增加居民初次分配收入（厉以宁，2013）。因此，当前全面深化国有经济改革的重大方向是混合所有制改革，坚持这个大方向，利用好混合所有制改革为提高中低收入群体收入、减小收入差距多做贡献。

五、结论与建议

本文通过分析中华人民共和国成立以来所有制变革前后城镇和农村居民人均收入的变化情况，探索居民收入变化及存在收入差距的所有制因素。经过分析，我们得到两个基本事实：一方面，正确的所有制改革使居民收入普遍增加，因为它提高了人民的积极性，从而促进了生产，增加了居民收入；另一方面，多元化所有制结构使绝对收入差距全面扩大，相对收入差距变化不大。

在农村所有制改革方面，现阶段正在试验的土地流转制度对提高农民收入、消除城乡差距具有重大意义。在要不要继续实施这种导致收入差距全面扩大的多元化所有制结构的问题上，本文认为，问题不在多元化这种方式，而是多元化的一些短板没有解决。历史经验表明，限制多元所有制发展会导致居民收入下滑，因此，当前的所有制改革要坚持多元化这个方向不动摇，并在短板上做一些努力。当前我们搞城市国有企业混合所有制改革的一个亮点就是员工持股，这是补短板的一个有力举措，对缩小收入差距具有重大意义。总的来说，所有制改革一方面要坚持多元化方针，另一方面要补齐短板，才是正确的价值取向。

参考文献

[1]赵喜顺．农村实行家庭联产承包责任制后家庭结构、职能的变化[J]．社会科学研究，1983（5）:7 – 12.

[2]刘纪鹏．中国经济改革中的企业制度再造[J]．管理世界，1989(4):140 – 146.

[3]杜润生．关于农村生产专业化、商品化问题[J]．中国农村经济，1985(3):2 – 7.

[4]刘政．宪法修正案确立了社会主义初级阶段的基本经济制度和分配制度[J]．人大工作通讯，1999(9):18 – 19.

[5]习近平．决胜全面建成小康社会夺取新时代中国特色社会主义伟大胜利——在中国共产党第十九次全国代表大会上的报告[N]．新华社，2017 – 10 – 18.

[6]武力，温锐．新中国收入分配制度的演变及绩效分析[J]．当代中国史研究，2006(4):4 – 12.

[7]李楠．中国所有制结构演变对收入分配的影响[J]．经济与管理研究，2007(9):26 – 30.

[8]张婧．我国所有制结构演变与财富两极分化趋势关系研究[D]．长春:吉林大学，2015.

[9]李子联．中国收入分配制度的演变及其绩效(1949～2013)[J]．当代中国史研究，2015,52

（2）:38 - 47.

[10]吕晨光,杨继瑞,谢菁. 我国农村土地流转的动因分析及实践探索[J]. 经济体制改革,2013
    (6):73 - 77.

[11]李明华. 发展农村土地产权交易市场:当前我国农村综合改革的最大红利[J]. 探索,2015
    (1).

[12]季玉福. 土地流转合作社:我国实现农业现代化的重要路径[J]. 农村经济,2012(9):127 - 129.

[13]黄群,余菁,王欣,等. 新时期中国员工持股制度研究[J]. 中国工业经济,2014(7):5 - 16.

[14]王在全. 新一轮国有企业改革中员工持股问题研究[J]. 经济纵横,2015,361(12):32 - 35.

[15]李红娟,张晓文. 员工持股试点先行:值得期待的国企混合所有制改革——基于江苏、江西
    国有企业员工持股改革分析[J]. 经济体制改革,2017(4):96 - 101.

[16]尹凤婷,赵秋杭. 非公经济发展政策执行的阻滞因素分析及对策[J]. 经济与管理研究,
    2005(6):66 - 69.

[17]项继权. 走出"黄宗羲定律"的怪圈:中国农村税费改革的调查与研究[M]. 西安:西北大
    学出版社,2004.

[18]厉以宁. 收入分配制度改革应以初次分配改革为重点[J]. 经济研究,2013(3):4 - 6.

[19]本社. 习近平在农村改革座谈会上强调加大推进新形势下农村改革力度促进农业基础稳
    固农民安居乐业[N]. 新华社,2016 - 04 - 28.

[20]土地改革法修改已经列入十二届全国人大立法规划[N]. 新华社,2016 - 12 - 25.

[21]中共中央关于全面深化改革若干重大问题的决定[N]. 新华社,2013 - 11 - 12.

产业发展与结构调整

营改增对景区旅游业税负影响的预测性分析及对策建议

——以四川峨眉山景区为例

马丽娜　卢诗懿[①]

摘要： 营业税改增值税是我国税收体制改革中具有关键性的一步，它对释放产业经济活力、拉动行业增长、促进我国宏观经济发展具有十分重要的作用。由于不同产业具有不同的产业链条、经营活动特点以及成本结构，因而营改增也应该因行业制宜，将行业自身特点和营改增相结合进行税收制度结构设计，以期达到更好的减税和促进发展的目的。本文选取了还未进行大范围营改增并且与工业和服务业中的其他行业有明显不同的行业——景区旅游业作为研究对象，通过将景区旅游业自身特点和营业税改革对税收负担的影响机制结合分析，为未来景区旅游业进行营改增提供相应的对策建议。

关键词： 营改增；景区旅游业；增值税

一、研究背景

2015 年 10 月召开的十八届五中全会强调要建立健全现代财政制度、税收制度，推进完善顺应当代金融市场发展的金融监管架构。增值税是财税改革中十分重要的部分，对优化税收征管制度和结构性减税具有关键的作用。因此，在我国税制改革重大举措——营改增的大背景下，深入探究营业税改为增值税的具体行业应用，尤其是第三产业的应用问题具有极其重大的意义。同时，作为国家宏观调控重要工具的税收政策，也可以通过增减税收达到调整产业结构的目的。

二、营改增对税负影响的双重效应

（一）进项抵扣的减税效应与税率的增税效应综合影响分析

相较于营业税，增值税的税率和税基发生了较大的变化，从而导致增值税与营业税具有不同的特征。企业税收负担是受多方面原因影响的，而就营业税和增值税本身的税制结构要素——税率和税基方面来看，不是单一方面的影响效应就可以决定的。因此，营业税改为增值税对服务行业税负增减的影响来自于两方面

---

① 马丽娜，教授，中国政法大学商学院；卢诗懿，经济学硕士，中国政法大学商学院。

的效应变化：一方面是进项抵扣以及减少重复征税所带来的减税效应，另一方面是税率变动带来的税负变化效应，而且税率变动带来的效应随着改革前后税率的不同变化而不同。营业税改为增值税之后，税负的变化取决于上述两方面效应的共同作用之后得到的净效应。宏观来看，税率的变动效应与进项抵扣的减税效应的叠加可能会出项三种不同的情形：

（1）如果营改增之后适用的增值税税率大于之前营业税税率，那么，税率的增加将导致企业税收负担的增加，而当税率的税收负担增加效应大于进项扣除带来的税收减少的作用时，减税效应相对较弱，企业税负增加；当税率的增税效应小于进项抵扣的减税效应时，减税效应相对较强，综合效应为企业税负减少。

（2）如果增值税的税率与之前所征收的营业税税率相同，此时不存在税率增税效应和进项抵扣减税效应的比较问题，总效应取决于进项抵扣减税效应方面，因而此时企业税负是减少的。

（3）如果营改增之后的税率小于改革之前的税率，税率的增税效应为负，与进项抵扣的减税效应同向变动，净效应为企业税收负担下降。

（二）企业税收负担水平的衡量——企业税收负担率

为了衡量企业在营业税改增值税之后税收负担的变化情况，本文选取了微观税收负担水平指标——企业税收负担率，以此作为理论以及实证分析的基础。企业税收负担率的计算公式为：

企业税收负担率 = 企业实纳税收总额 ÷ 企业可支配财力 × 100%

其中，企业实纳税收总额在营改增之前为营业税实际缴纳税额，在营改增之后则为可能的增值税缴纳税额；企业可支配财力是指企业在一定时期内所能机动地支配使用的资金，本文选取景区企业在一定时期内流动资产中的货币资金作为其所能机动使用的资金予以考量。

如果设企业的税收负担率为 k，企业的营业收入为 R，营业税率为 t，企业可支配财力为 M，则当企业适用营业税时，其企业税收负担率为：

$$k = \frac{Rt}{M} \times 100\%$$

令增值税税率为 t'，当期进项抵扣额为 $\sum G_i$，则当营业税改为增值税后，企业的税收负担率计算公式为：

$$k = \frac{Rt' - \sum G_i \times t'}{M} \times 100\%$$

就目前增值税在服务业的应用情况而言，营业税改增值税导致部分企业出现负税不减反增的现象，增值税的推广可能出现的问题有：①部分劳动密集型服务业企业进项商品和劳务的增值税发票难以取得。企业成本包括外部商品、服务成本和内部人力资源成本，而在这其中只有外购商品以及服务成本能够作为增值税进项抵扣范围，从而导致现有服务业企业的进项抵扣规模较小，税负可能出现增加。②类似旅游景区行业的企业，其固定资产更新周期一般较长，短期出现大规模购置固定资产的可能性较小，由此少有可以用于进项抵扣的大规模进项税额。③目前增值税还处于试点阶段，只是在部分行业以及部分省份进行增值税试点改革，因此，增值税的适用范围有限，不是所有的外购交易都能够取得用于增值税进项抵扣的发票，进而可能导致企业在营改增之后反而出现税负不减反增。

三、我国景区旅游业成本结构及其缴纳营业税的现状

（一）我国景区（点）旅游业成本结构特点

旅游景区行业的成本结构中，有很大一部分是建筑与固定资产投资，比如人造景观、主题公园一类。不仅其固定资产投资费用较大，并且建筑投资及建筑维修费用较大。在目前增值税进项抵扣政策中，建筑、建筑维修部分并未包含在可用于进项抵扣的范围之内。新增固定资产价值部分可以列入抵扣范围，但是已经投入的固定资产尚未列入可进项抵扣的范围。

建立完善的增值税发票系统对增值税的推广具有决定性的重要意义。大部分旅游景区作为一个集游览、娱乐、餐饮、酒店于一体的多功能庞大而复杂的系统，其经营活动也是复杂多样的，而景区旅游业的很多经营活动的费用支出难以获得用于进项抵扣的增值税专用发票。一方面是由于获得增值税专用发票需要相关行业和地区也实行了营业税改增值税，而目前增值税应用的行业和地区范围有限。另一方面是用于进项抵扣的增值税专用发票难以收集，例如，旅游景区企业中餐饮部门购进的鲜活食品、接受临时劳务支出的费用等。

（二）我国景区（点）旅游业税收现状分析

目前，就整个旅游业而言，所应缴纳的主要税种有营业税、增值税、企业所得税、城建税与教育费附加。由于其余税种所占比例较小，数额较少，并且不会出现大的波动，较为稳定，因此，本文仅注重分析景区旅游业的营业税税收现状。全国旅游消费构成为长途交通、游览、住宿、餐饮、购物、娱乐、邮电通信、市内交通以及其他相关服务。每一个板块各自对应着所应缴纳的营业税。我国旅游业应缴纳的营业税对应的税率如表1所示。

表1　营业税税目及相应税率

税目	税率	税目	税率
一、交通运输业	3%	六、娱乐业	5%～20%
二、建筑业	3%	七、服务业	5%
三、金融保险业	5%	八、转让无形资产	5%
四、邮电通信业	3%	九、销售不动产	5%
五、文化体育业	3%		

数据来源：《中华人民共和国营业税暂行条例》（国务院令第136号）。

根据营业税税目税率表所示，在旅游业相关的行业中，娱乐业税率在5% ~ 20%之间波动，交通运输业税率为3%，邮电通信业3%，服务业5%，建筑业3%。而在旅游消费的构成中，长途交通以及市内交通对应3%的交通运输业营业税率，邮电通信对应着邮电通信业3%的税率，住宿、游览和餐饮以及其他服务应按服务业的5%缴纳营业税。

景区（点）旅游业的消费者中，其游览部分占据旅游消费构成的大部分。从全国各地区的旅游景区基本情况看来，门票收入在其所有营业收入中占绝对优势。因而在将增值税推广至景区旅游业时，不能不考虑景区（点）门票收入一部分几乎没有可用于进项抵扣的项目，可能导致整个增值税税收负担相较于营业税有所增大。

景区旅游在整个旅游业中处于中心地位，而游览观光以及与其相关的游览项目在旅游消费者的旅游消费构成中处在核心位置，因而对景区旅游业通过营业税改增值税达到结构性减税的目标，对整个旅游业减少阻力、进一步发展有十分重要的意义。

四、营改增对景区旅游业税负影响的预测性分析——以四川峨眉山景区为例

本文以四川峨眉山（沪市代码：A000888）的财务数据为例，选取了该上市公司资产负债表6个报告期的财务数据，将该景区旅游业营改增之后可用于进项抵扣的范围简化为购买商品、接受劳务支付的现金，适用增值税税率，销项税额的基础为该上市公司的营业收入，预测性地计算该公司适用增值税之后的税额，并用企业税收负担率衡量该企业营业税改增值税之后税负增减的变化（见表2）。

表2　增值税计算基础数据

报告期	货币资金（亿元）	营业收入（亿元）	购买商品、接受劳务支付的现金（亿元）	营业税金及附加（万元）
2015/9/30	6.04	8.39	2.68	3 640
2015/6/30	4.20	4.68	1.62	2 088
2015/3/31	4.15	2.11	0.85	956
2014/12/31	5.15	9.94	3.68	4 338
2014/9/30	5.58	7.72	2.57	3 348
2014/6/30	5.16	4.23	1.74	1 813

数据来源：峨眉山上市公司2014—2015季度财务报告。

由理论综述中的分析可知，当增值税的税率小于或者等于营业税的税率时，由于税率的变化效应和进项抵扣的减税效应是同向变化的，因此可以降低企业的税收负担水平。当增值税税率较营业税税率增加时，可能出现进项税额的抵扣效

应小于税率增加的增税效应，进而导致企业税收负担增加。因此，当营改增之后增值税税率大于营业税税率时，税率不同的增长幅度会带来不同的负税增减变化情况。本文分别选取6%、7%、8%为增值税的税率，计算其分别对应的增值税税额，三个税率体现了随着增值税税率的增长，企业税收负担的变化趋势。在不同增值税率下，峨眉山上市公司所应缴纳的增值税额如表3所示：

表3　不同增值税税率下的增值税额

报告期	增值税6%（万元）	增值税7%（万元）	增值税8%（万元）
2015/9/30	3 426	3 997	4 568
2015/6/30	1 836	2 142	2 448
2015/3/31	756	882	1 008
2014/12/31	3 756	4 382	5 008
2014/9/30	3 090	3 605	4 120
2014/6/30	1 494	1 743	1 992

注：表3增值税额数据是根据表2数据进行简单计算求得。

将表2和表3得到的数据代入企业税收负担率公式中，分别得到在对企业征收营业税、税率为6%的增值税、税率为7%的增值税以及税率为8%的增值税时其税收负担水平指标，如表4所示：

表4　企业税收负担率

报告期 ＼ 企业税收负担率	营业税	增值税6%	增值税7%	增值税8%
2015/9/30	60%	57%	66%	76%
2015/6/30	50%	44%	51%	58%
2015/3/31	23%	18%	21%	24%
2014/12/31	84%	73%	85%	97%
2014/9/30	60%	55%	65%	74%
2014/6/30	35%	29%	34%	39%

注：表4数据根据表2和表3数据进行简单计算求得。

由峨眉山上市公司各报告期的适用营业税、税率为6%的增值税、税率为7%的增值税以及税率为8%的增值税时的企业税收负担率可以得出，适用增值税且税率较低时，企业税收负担率明显下降，而随着增值税税率的提高，部分报告期出现了增值税的负担率大于对企业征收营业税时的税收负担率。比如，在表4中，当增值税率为7%时，报告期为2015年9月30日、2015年6月30日、2014年12月31日、2014年9月30日的税收负担率均大于同期征收营业税时的税收负担率；当增值税率上升为8%时，各报告期的企业税收负担率均大于征收营业税的税收负担率。以上计算数据说明，正如理论综述的分析，营业税改增值税后，企业税收负担水平的变化是从进项抵扣的减税效应和税率的增税效应两个方面的综合作用决定的。当对企业使用6%的增值税时，各报告期的进项抵扣减税效应均大于税率增加增税效应，因此企业的税收负担水平下降。当增值税税率增加到7%时，部分报告期出现了增值税的负担率大于营业税的负担率，是因为此时进项抵扣的减税效应较税率的增税效应小，税收负担总体表现是增加的。当增值税率为8%时，各报告期增值税的负担水平均大于营业税，此时税率的增税效应明显。

同时也应当注意，由于本文是预测性分析，简化了进项抵扣税额的计算，本文仅将购买商品、接受劳务支出的现金计入进项抵扣的范围，进项可抵扣项还可能包括新增固定资产以及已有固定资产的折旧。在购买商品、接受劳务部分的现金支出中，还有部分费用因难以取得增值税专用发票导致不能纳入进项抵扣的范围。

五、对策建议

影响旅游业税收负担水平的影响因素很多，诸如财政补贴政策，以及其自身经营状况中的营业收入水平，还有宏观水平的国家经济增长因素、产业结构因素等。本文主要从营业税改增值税后税率的变化，以及由于景区（点）旅游业本身的经营成本特点而体现在税收方面的税基的结构特点，预测未来增值税推广至景区旅游业时可能的税收负担水平的增减变化情况。根据上文的分析，对景区旅游业营业税改为增值税之后要达到的结构性减税目的可以提出以下对策建议：

（1）大部分景区（点）旅游企业均属于固定投资量大的企业，在其营业收入中，门票收入所占比重很大，而旧有的固定资产的投入并不能纳入进项抵扣的范围，并且其固定资产更新周期长。因此，营业税改为增值税后，较于其他行业中的企业而言，其可抵扣项很少，如果现有的营业税率由5%提高至6%或者7%甚至更高，可能导致企业税收负担加重。因此，在对景区（点）旅游企业进行增值税改革时，税率的变化应充分考虑到其所对应的税基结构特点，是否具有足以达到减税目的的进项抵扣税额。

（2）旅游业不同于工业产业，其产业经营链条短，上下游环节较少，属于服务性强的行业，直接服务于消费者，且没有更多的附加值，因此，应该对景区（点）旅游业本身设置简单易行的税制结构，减少增值税计算成本。

（3）旅游业自身的经营特点决定了其可用于进项抵扣的税额部分很少，目前国家出台的营改增方案中，仅有新增不动产可以纳入增值税进项抵扣范围，而已投入的固定资产及其折旧费用也应当适当纳入可抵扣的范围。除了不动产，还应当适当扩大可用于进项抵扣的范围，降低景区旅游业进项抵扣的门槛，将一些难以取得增值税专用发票的进项项目归入可以进项抵扣的范围。

（4）旅游业属于劳动力密集型的产业，其人力成本投入很大，却很难在增值税进项税额中予以扣除，因此，应当在增值税税制结构设计中适当考虑人力资源成本的投入。

（5）为景区旅游业结构性减税，可以释放行业经济增长活力，促进企业规模增长，减少企业成长的阻力，带动一批中小企业的壮大。因此，对景区旅游业采用适宜的税收优惠政策也是调节产业经济发展和结构的工具，包括各种免税政策以及进项抵扣放宽政策。

参考文献

[1]岳树民,李建清.优化税制结构研究[M].北京:中国人民大学出版社,2007:26.

[2]韩绍初.改革进程中的中国增值税[M].北京:中国税务出版社,2010:72.

[3]何建民.我国旅游服务业营业税改增值税的影响机理及影响状况研究[J].旅游科学,2013(2).

[4]汤贡亮.2011—2012中国税收发展报告[M].北京:中国税务出版社,2011:32.

[5]何建民.旅游业现代化开发经营与管理[M].上海:上海学林出版社,1989:56.

[6]王乔,姚林香.中国税制[M].北京:经济科学出版社,2012:103.

[7]田里.旅游经济学[M].北京:高等教育出版社,2002:66.

[8]国家税务总局税收科学研究所.中国税收研究报告[M].北京:中国财政经济出版社,2010:52.

[9]胡怡建.推进服务业增值税改革促进经济结构调整优化[J].税务研究,2011.

[10]程子建.增值税扩围改革的价格影响与福利效应[J].财经研究,2011.

[11]姜明耀.增值税"扩围"改革对行业税负的影响——基于投入产出表的分析[J].中央财经大学学报,2011.

[12]蒋娅娅.营改增试点区域扩围[N].解放日报,2012.

[13]黄立新.税收遵从的影响因素探究[J].税收征管,2013(5).

[14]马国强.税制结构的基础理论研究[J].税务研究,2015(1).

[15]张君."营改增"对服务业企业财务管理的影响及对应策略研究[J].税务金融,2014(1).

[16]孙钢.对"营改增"部分企业税负增加的分析[J].税务研究,2014(1).

上证指数影响因素研究

张 巍 程 源[①]

摘要： 本文从理论和实证两个方面研究了上证指数与人民币汇率、货币供应量、CPI 以及银行同业拆借利率这四者的关系，构建了宏观经济因素影响上证综合指数的模型。具体而言，上证综合指数与 CPI、人民币兑美元汇率呈正相关关系，与货币供应量 M0 呈负相关关系。

关键词： 转型期；对外直接投资；产业结构调整

一、引言：研究目的和意义

从中国股市发展的历程来看，宏观经济政策对股价的涨跌起着至关重要的作用，它的走向决定了证券市场的长期趋势。从理论角度来看，股票市场周期与宏观经济周期相关性的基本逻辑是宏观经济基本面决定上市公司经营业绩，上市公司经营业绩对股票价格有决定性影响。因此，把握好宏观经济发展的大方向，才能使我们精准地掌握证券市场的总体变动趋势，正确判断证券市场的价值。宏观经济状况良好，大部分上市公司经营业绩表现良好，股价也会相应上涨。综上，为了把握国内宏观经济的变动趋势，我们有必要对一些重要的宏观经济运行变量进行研究。本文采用了文献综述法和多元线性回归建模法对宏观经济变量对上证指数的影响进行了实证研究。

二、文献综述

2005 年，周海燕采用相关性检验、协整检验、Granger 因果检验等方法对宏观经济变量与股指波动的关系进行了实证分析，并指出，长期来看，我国股价指数与宏观经济的发展是一致的，但在某些特殊时期，二者又是相互背离的。她认为，股指还不足以成为宏观经济的"晴雨表"[②]。2006 年，刘玲提出股票价格指数与企业景气指标、工业增加值之间呈正相关关系，而与利率、货币供给之间呈负相关关

---

① 张巍，教授，中国政法大学商学院；程源，经济学硕士，中国政法大学商学院。

② 周海燕："我国股价指数波动及其宏观影响因素分析"，重庆大学硕士学位论文，2005 年。

系，与通货膨胀率之间的关系则不确定①。在《对影响股票价格指数宏观经济变量的实证分析》中，周敏运用计量经济学中的多元线性回归方法进行分析，得出结论：企业商品价格指数、股市成交量、汇率、货币供应量是影响股票价格指数的主要因素②。2010年，董彩丽通过实证研究证明了中国股票市场与宏观经济发展的一致性，股票价格指数能够在一定程度上反映我国宏观经济发展的整体水平及趋势。此外，她还提出股价指数对宏观经济变量的响应有一定的滞后性这一观点③。

三、实证研究

（一）数据选取及变量说明

本文选取 2016 年我国宏观经济、金融等方面的可查月度数据进行研究，分析这些因素对上证指数的影响。本文选取的 4 个变量数据均来自中国统计局网站。

（二）建立模型

Y 为上证指数，X_1 为人民币汇率，X_2 为 CPI，X_3 为货币供应量 $M0$，X_4 为银行同业拆借利率。

$$Y = B_0 + B_1X_1 + B_2X_2 + B_3X_3 + B_4X_4 + e$$

判断方程的拟合程度由图 1 散点图可知，自变量人民币汇率与因变量上证指数具有一定的线性关系且拟合较好。

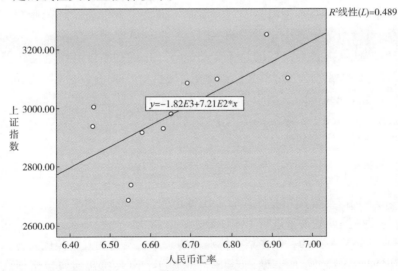

R^2线性(L)=0.489

$y=-1.82E3+7.21E2*x$

图 1 上证指数与人民币汇率散点图

---

① 刘玲、谢赤、曾志坚："股票价格指数与宏观经济变量关系的实证研究"，《湖南师范大学社会科学学报》2006 年，第 35 卷第 5 期。

② 周敏、王飞跃："对影响股票价格指数宏观经济变量的实证分析"，《全国商情（经济理论研究）》2008 年，第 13 期，第 66～68 页。

③ 董彩丽："股价指数与宏观经济变量关系的实证研究"，东北财经大学博士学位论文，2010 年。

由图 2 散点图可知，自变量 CPI 与因变量上证指数的线性关系不强，且拟合程度较差。

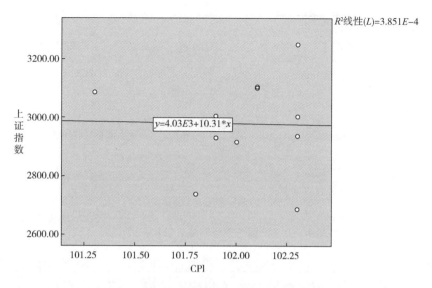

图 2　上证指数与 CPI 散点图

由图 3 散点图可知，自变量 M0 与因变量上证指数具有一定的线性关系，但拟合程度一般。

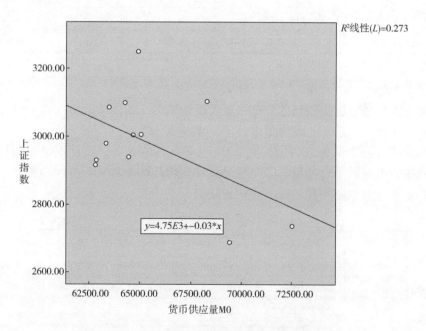

图 3　上证指数与货币供应量 M0 散点图

由图4散点图可知，自变量银行同业拆借利率与因变量上证指数具有一定的线性关系且拟合较好。

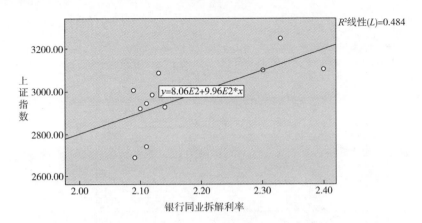

图4 上证指数与银行同业拆借利率散点图

在评价一个回归方程的拟合程度时，我们通常使用确定系数 R^2，R^2 越接近1，拟合程度越好，结合之前的散点图我们可以确信，该方程拟合较好（见表1）。

表1 模型汇总表

模型	R	R^2	调整 R^2	标准估计的误差	更改统计量				
					R^2 更改	F 更改	$df1$	$df2$	Sig. F 更改
1	0.699[a]	0.489	0.438	116.84755	0.489	9.579	1	10	0.011
2	0.868[b]	0.753	0.698	85.67520	0.264	9.601	1	9	0.013

a. 预测变量：（常量），人民币汇率。

b. 预测变量：（常量），人民币汇率，货币供应量 M0。

用方差分析对整个回归方程进行显著性检验 H_0：$B_1 = B_2 = \cdots = B_K = 0$（即自变量 x 的变化不引起 y 的线性变化）H_1：至少有一个 B_j 不等于0。

由表2可得 F 值为13.709，在0.02水平统计性显著，因此拒绝原假设，表明方程中至少有一个自变量与因变量之间存在统计性非常显著的线性关系，也再次证实了上述散点图中我们得出的初步结论。

表2 Anova

模型		平方和	df	均方	F	Sig.
1	回归	130 783.768	1	130 783.768	9.579	0.011[b]
	残差	136 533.502	10	13 653.350		
	总计	267 317.270	11			

续表

模型		平方和	df	均方	F	Sig.
2	回归	201 255. 112	2	100 627. 556	13. 709	0. 002^c
	残差	66 062. 158	9	7 340. 240		
	总计	267 317. 270	11			

a. 因变量：上证指数。

b. 预测变量：（常量），人民币汇率。

c. 预测变量：（常量），人民币汇率，货币供应量 M0。

（三）诊断共线性

由表 3 和表 4 可以看出，$VIF < 10$ 且容差 > 0.1，因此不存在多重共线性问题。

表 3　共线性诊断

模型	维数	特征值	条件索引	方差比例		
				（常量）	人民币汇率	货币供应量 M0
1	1	2. 000	1. 000	0. 00	0. 00	
	2	0. 000	91. 850	1. 00	1. 00	
2	1	2. 998	1. 000	0. 00	0. 00	0. 00
	2	0. 001	46. 232	0. 03	0. 08	0. 91
	3	0. 000	116. 962	0. 97	0. 92	0. 09

表 4　系数

模型	非标准化系数		标准系数	t	Sig.	B 的 95.0% 置信区间		共线性统计量	
	B	标准 误差	试用版			下限	上限	容差	VIF
1　（常量）	− 1 815. 708	1 549. 282		− 1. 172	0. 268	− 5 267. 723	1 636. 306		
人民币汇率	720. 570	232. 819	0. 699	3. 095	0. 011	201. 816	1 239. 323	1. 000	1. 000
2　（常量）	− 31. 828	1 273. 531		− 0. 025	0. 981	− 2 912. 755	2 849. 098		
人民币汇率	713. 374	170. 724	0. 692	4. 179	0. 002	327. 170	1 099. 578	1. 000	1. 000
货币供应量 M0	− 0. 027	0. 009	− 0. 513	− 3. 098	0. 013	− 0. 046	− 0. 007	1. 000	1. 000

综上所述，我们可以确定回归方程 $Y = -31.828 + 713.374X_1 - 0.027X_3 + E$。从估计结果来看，回归平面在 Y 轴上的截距为 31.828，人民币汇率的回归系数估计为 713.374，表示在控制其他变量的条件下，人民币汇率每提升一个单位，上

证指数就会增加713.374个单位，两者呈正向关系。货币供应量 MO 提升一个单位，上证指数就会减少0.027个单位，两者呈反向关系。而另外两个变量——银行同业拆借率和 CPI 对上证指数的影响不够显著，可能是样本量不够大等原因造成，这也是本文的不足之处。

（四）因子分析

因子分析是多元统计分析技术的一个分支，其主要目的是浓缩数据。它通过研究众多变量之间的内部依赖关系，探求观测数据中的基本结构，并用少数几个假想变量来表示基本的数据结构。表5是因子分析的结果。

表5　相关矩阵

	上证指数	人民币汇率	消费价格指数	货币供应量	银行同业拆借利率
上证指数	1.000	0.458	0.229	0.331	0.211
人民币汇率	0.458	1.000	0.746	0.744	0.686
消费价格指数	0.229	0.746	1.000	0.864	0.776
货币供应量	0.331	0.744	0.864	1.000	0.928
银行同业拆借利率	0.211	0.686	0.776	0.928	1.000

由表6检验各变量之间的相关性，我们得出的数据可以分析 KMD = 0.716 > 0.5，所以适合进行主成分分析。若其值小于0.5，则说明不适合该分析。通过验证，得出结论：对该数据适合做因子分析。

表6　KMO 和 Bartlett 的检验

取样足够度的 Kaiser – Meyer – Olkin 度量。		0.716
Bartlett 的球形度检验	近似卡方	119.614
	df	10
	Sig.	0.000

由表7可得出所提取的两个因子对 X_1 的说明程度为97.5%，同理，对 X_2 的说明程度为79.5%。

表7　公因子方差

	初始	提取
上证指数	1.000	0.975
人民币汇率	1.000	0.795
消费价格指数	1.000	0.860
货币供应量	1.000	0.937
银行同业拆借利率	1.000	0.882

表8　解释总方差

成分	初始特征值			提取平方和载入			旋转平方和载入		
	合计	方差的%	累积%	合计	方差的%	累积%	合计	方差的%	累积%
1	3.526	70.518	70.518	3.526	70.518	70.518	3.244	64.889	64.889
2	0.923	18.452	88.970	0.923	18.452	88.970	1.204	24.081	88.970
3	0.306	6.112	95.082						
4	0.200	3.993	99.075						

　　成分1初始特征值为3.526 > 1，则提取，但累计贡献率为70.518%，所以对成分2强行提取，此时累计贡献率为88.97%，即提取两个因子。其余主成分的特征值小于1，所以可以得出两个主成分可以代表大部分的信息，适合主成分法并能保证较高的准确性，进而对资本构成及其各项贡献率有一个清晰的结论。

　　由图5可知，成分1的特征值远大于成分2，且成分2的特征值与其余三个成分的特征值相差较大，成分3和成分4的特征值几乎在同一条直线上，相差不大，故提取两个因子是合适的。

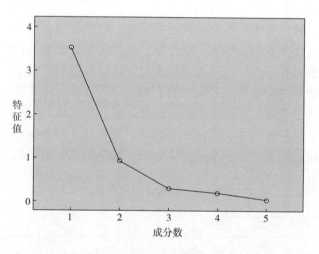

图5　碎石图

　　成分矩阵即载荷矩阵，根据定义，载荷矩阵除了是方程组系数，还是变量和主成分的相关系数。相关系数（绝对值）越大，主成分对该变量的代表性也越大。载荷矩阵横行的平方和叫作公因子方差，表示主成分对变量 X_1 到 X_5 的解释程度。载荷矩阵竖行的平方和叫作方差贡献度，用来说明主成分对原始变量的解释程度。表9表明自变量 x 和所提取因子 f_1 与 f_2 的关系表达式，由系数接近程度分析可得，自变量 x_2、x_3、x_4 可提取为 f_1。x_1 提取为因子 f_2：

表9　成分矩阵

	成分	
	1	2
上证指数	0.443	0.882
国内贷款	0.877	0.160
消费价格指数	0.906	−0.199
货币供应量	0.959	−0.132
银行同业拆借利率	0.906	−0.247

$$x_1 = 0.443f_1 + 0.882f_2$$

同理可 x_2、x_3、x_4、x_5 表达式：

$$x_2 = 0.877f_1 + 0.16f_2$$
$$x_3 = 0.906f_1 - 0.199f_2$$
$$x_4 = 0.959f_1 - 0.132f_2$$

四、结论

本文的实证研究表明，部分宏观经济变量对股票价格存在影响，股票价格指数在某种程度上反映了中国经济的整体发展态势和发展水平。从模型中各变量对上证指数的影响来看，人民币兑美元汇率对上证综合指数产生了正向的影响，货币供应量对上证综合指数产生了负向的影响，CPI与银行同业拆借利率对上证指数的影响不显著。当然，这也可能是我们样本量过小导致，但是上证指数的影响因素远不止以上所列举的4个变量，我们的研究也只是初步探讨，需要学者的不断努力才能使这一理论进一步发展，才能更好地维护我国的股票市场，更好地维护股民利益。

参考文献

[1]刘玲,谢赤,曾志坚. 股票价格指数与宏观经济变量关系的实证研究［J］.湖南师范大学社会科学学报,2006,35(5).

[2]王德劲. 宏观经济变量与中国股市关系研究[D]. 成都:西南财经大学,2002.

[3]董彩丽. 股价指数与宏观经济变量关系的实证研究[D]. 大连:东北财经大学,2010.

[4]周海燕. 我国股价指数波动及其宏观影响因素分析[D]. 重庆:重庆大学,2005.

中国房地产宏观调控政策对其价格的影响研究

——以北京市为例

郭 琳 汪 珣①

摘要: 本文根据2002年至今国家和北京市出台的房地产调控政策,结合近年来北京市商品房价格变动,运用因子分析和向量自回归(VAR)模型进行时间序列分析,并进行相关的检验,探究其内在联系。在文献研究和理论模型建构的基础上,根据灰色预测模型,结合最新出台的房地产调控政策,预测北京市未来的房地产价格走势,并给出合理应对策略,以及促进房地产市场稳定发展的对策和建议。

关键词: 房地产;调控政策;时间序列分析;向量自回归

一、引言

从2002年开始我国房地产价格快速上涨,至2010年,全国商品房销售均价上涨了近1.5倍,部分一线城市甚至上涨了3倍左右,至2016年,北京等超一线城市黄金楼盘的价格上涨甚至超过了10倍。面对房地产价格的快速上涨,为避免由此造成的对国内房地产泡沫经济的潜在危害,我国政府不断采取宏观调控政策措施抑制房地产价格的过快上涨。从2002年的"土地改革",到2005年的"国八条"、2006年的"国六条"、2009年的"国四条"、2010年的"新国十条",再到2011年的"新国八条"以及2013年的"国五条"和2016年"930"新政。这些调控政策从信贷政策、货币政策、土地政策、保障房政策、税收政策等各个方面入手,表明我国政府在不断地探索调控房地产价格的有效措施。

在如此复杂而又密集的房地产政策中,到底哪些会起到应有的调节作用?不同政策措施的出台会对房地产价格走势有何影响?我国未来的房地产宏观调控政策应如何制定才能达到预期效果?对这些问题的回答会让我们对房地产政策有更加深入的了解,对未来宏观调控政策的走向具有重要的理论和现实意义。

二、文献综述

很多学者都对房地产宏观调控政策进行了不同方面的研究,多从定性方面出

---

① 郭琳,副教授,中国政法大学商学院;汪珣,经济学硕士,中国政法大学商学院。

发对房地产调控政策及其价格走势进行研究，也有一部分学者通过不同的经济理论模型对房地产进行定量研究。安辉和王瑞东（2013）以2002年1季度至2011年3季度的经济数据构建向量自回归（VAR）模型，从房地产宏观调控政策出发，对我国房地产价格影响因素进行实证分析。陈辞和马永坤（2011）基于1999年至2008年中国省级面板数据，分析国家房地产宏观政策对住房价格影响的长期趋势和中国各省市区房价短期波动的差异。孙翊和马胜男等（2014）将动态多区域可计算一般均衡模型和政策模型系统引入房地产调控政策的研究，设计了反映投资工具、税收工具和价格工具调控过程的三种政策情景，模拟并对比了不同调控工具对北京和上海宏观经济的影响。任木荣和苏国强（2012）通过利率政策、信贷政策以及选择性货币政策工具来分析货币政策工具对房地产价格调控的影响。曹国华和喻震（2011）选取1999年至2010年全国及9个主要城市的房屋销售价格指数数据，运用事件研究法验证政府的行政调控政策和银行等金融机构的利率政策对房地产价格的影响。

三、实证分析

自从1998年实行房改以来，房地产市场有了跨越式的发展，居民住房价格也基本实现了市场化，在这一过程中，房地产市场一度成为国民经济发展的支柱行业。由于北京房地产市场交易活跃，市场化程度高，因此，为了更好地分析房地产市场住房价格与各个实体经济变量及国家宏观调控中间目标的关系，本文选取北京市作为实证分析的主要城市，选取了其2000年以来到2014年的年度数据作为样本，数据主要来源于国家统计局数据和中经统计网数据库。

（一）变量选取与模型构建

为了研究各项房地产市场调控政策对我国房地产价格的影响情况，选取相关政策变量作为自变量，选取2000年至2014年我国住宅商品房的平均销售价格为因变量。

其中，选取房地产企业土地购置面积（X_1）作为土地政策的工具变量。房地产企业土地购置面积代表某一年度通过各种方式（划拨方式除外）获得土地使用权的土地面积，表示某一年度政府土地供应量状况。

中国目前利率已经基本实现市场化，鉴于房地产贷款利率主要是跟随市场利率变化而变化，故选取央行一年期法定贷款利率作为利率变量（X_2）反映利率因素的变化。

考虑到影响房地产价格的重要经济变量还有城镇居民人均可支配收入、价格、指数、通货膨胀率等因素，为更加准确地反映各政策变量对房地产价格的影响，实证分析时将城镇居民人均可支配收入（X_3）作为变量之一纳入模型一并做回归分析。

（二）因子分析

根据源数据，并运用 SPSS 软件进行因子分析，结果如表 1 所示：

表 1　相关矩阵

		金融机构法定短期贷款利率_ 一年（%）	房地产开发企业购置土地面积（万平方米）	住宅商品房平均销售价格（元/米²）	城镇居民家庭人均可支配收入（元）
相关	金融机构法定短期贷款利率_ 一年（%）	1.000	−0.633	0.309	0.237
	房地产开发企业购置土地面积（万平方米）	−0.633	1.000	−0.534	−0.473
	住宅商品房平均销售价格（元/米²）	0.309	−0.534	1.000	0.944
	城镇居民家庭人均可支配收入（元）	0.237	−0.473	0.944	1.000

通过表 1 可以发现，该矩阵不是单位矩阵，所以初步看来存在因子分析的可能性。

表 2 中，成分 1 和成分 2 在方差百分比中占比较大，所以变量可以进行因子分析，但效果一般。

表 2　解释的总方差

成分	初始特征值			提取平方和载入			旋转平方和载入		
	合计	方差的%	累积%	合计	方差的%	累积%	合计	方差的%	累积%
1	2.596	64.892	64.892	2.596	64.892	64.892	2.012	50.289	50.289
2	1.031	25.769	90.660	1.031	25.769	90.660	1.615	40.371	90.660
3	0.321	8.029	98.690						
4	0.052	1.310	100.000						

提取方法：主成分分析。

图 1 中，成分 1 和成分 2 的特征值较高，住宅商品房平均销售价格和城镇居民家庭人均可支配收入相对较小，所以成分 1 和成分 2 可以涵盖成分 3 和成分 4 的解释能力。

表 3 中，成分 1 和成分 2 都是 4 个自变量的合成因素，从相关性来看，除了房地产开发企业购置土地面积与成分 1 负相关，其他三个自变量与成分 1 都高度相关，可以认为成分 1 能够解释它们；除了金融机构法定短期贷款利率与成分 2 负相关，其他三个自变量都与成分 2 相关，但相关系数较低，相关性不显著。

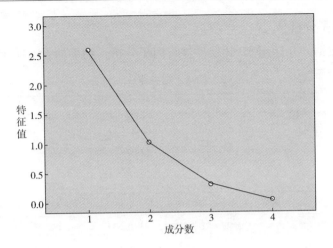

图1 碎石图

表3 成分矩阵①

	成分	
	1	2
住宅商品房平均销售价格（元/米²）	0.901	0.393
城镇居民家庭人均可支配收入（元）	0.865	0.470
房地产开发企业购置土地面积（万平方米）	− 0.805	0.402
金融机构法定短期贷款利率_ 一年（%）	0.622	− 0.703

提取方法：主成分。

①已提取了 2 个成分。

表4 中，金融机构法定短期贷款利率在成分 1 上的最终数值为 − 0.227，房地产开发企业购置土地面积为 − 0.007，住宅商品房平均销售价格为 0.508，城镇居民家庭人均可支配收入为 0.542，证明因子变量可以替代住宅商品房平均销售价格和城镇居民家庭人均可支配收入两个自变量进行数据建模，可以降维和简化处理；成分 2 由于只有金融机构法定短期贷款利率一个自变量得分为正，所以只能替代单一变量，成分 2 不予采纳。

表4 成分得分系数矩阵

	成分	
	1	2
金融机构法定短期贷款利率_ 一年（%）	− 0.227	0.686
房地产开发企业购置土地面积（万平方米）	− 0.007	− 0.498
住宅商品房平均销售价格（元/米²）	0.508	− 0.090
城镇居民家庭人均可支配收入（元）	0.542	− 0.157

提取方法：主成分。

旋转法：具有 Kaiser 标准化的正交旋转法。

（三）平稳性检验

为了避免传统回归分析对非平稳面板数据带来的伪回归问题的出现，本文先对所选取的所有经济变量进行平稳性检验，这是后续协整检验和建立回归模型的前提。本文用 ADF 检验方法对变量 $\ln X_1$、$\ln X_2$、$\ln X_3$、$\ln Y_1$ 分别做单位根检验，如表 5 所示。

表 5

变量	ADF 检验统计量	临界值（1%）	P 值
$\ln Y_1$	−3.688	−4.380	0.023 2
$D\ln Y_1$	−6.014	−4.380	0.000 0
$\ln X_1$	−1.937	−3.750	0.314 9
$D\ln X_1$	−5.277	−3.750	0.000 0
$\ln X_2$	−2.923	−3.750	0.042 7
$D\ln X_2$	−6.456	−3.750	0.000 0
$\ln X_3$	0.376	−4.380	0.996 5
$D\ln X_3$	−8.215	−4.380	0.000 0

由表 5 结果可知，变量 $\ln Y_1$、$\ln X_1$、$\ln X_2$、$\ln X_3$ 在 1% 的显著性水平下不能拒绝原假设，表示序列存在单位根，不是平稳时间序列；但各变量的一阶差分序列值在 1% 的显著性水平下 ADF 检验值都小于临界值，表示序列不存在单位根，是平稳时间序列。$\ln Y_1$、$\ln X_1$、$\ln X_2$、$\ln X_3$ 四个变量均为一阶单整序列。

（四）构建协整关系模型

由单位根检验可以发现，对 $\ln Y_1$、$\ln X_1$、$\ln X_2$、$\ln X_3$ 进行一阶差分后为平稳序列，建立协整回归模型，并采用 AEG 协整检验方法检验各变量之间的协整关系。

1. 协整回归模型

$$\ln Y_1 = \alpha 0 + \alpha 1 \ln X_1 + \alpha_2 \ln X_2 + \alpha_3 \ln X_3 + \mu$$

```
   Source |       SS       df       MS              Number of obs =      14
----------+------------------------------           F(  3,    10) =   53.15
    Model | 4.01829783     3  1.33943261            Prob > F      =  0.0000
 Residual | .251996638    10  .025199664            R-squared     =  0.9410
----------+------------------------------           Adj R-squared =  0.9233
    Total | 4.27029447    13  .32848419             Root MSE      =  .15874


      Y₁ |      Coef.   Std. Err.      t    P>|t|     [95% Conf. Interval]
----------+----------------------------------------------------------------
      X₁ |
      L1. |  -.1594142   .0878827    -1.81   0.100    -.355229    .0364006
          |
      X₂ |    .088994   .5190263     0.17   0.867    -1.067469   1.245457
      X₃ |   1.082122   .1108044     9.77   0.000     .8352349   1.32901
    _cons |   -.813207   1.705257    -0.48   0.644    -4.612756   2.986342
```

图 2

做回归分析后得到初步估计：

$$\ln Y_1 = -0.1.594\ln X_1 + 0.0889\ln X_2 + 1.082\ln X_3 - 0.813$$

2. 残差分析

对以上回归得到残差序列，并对残差序列绘制时间趋势图（见图3）。

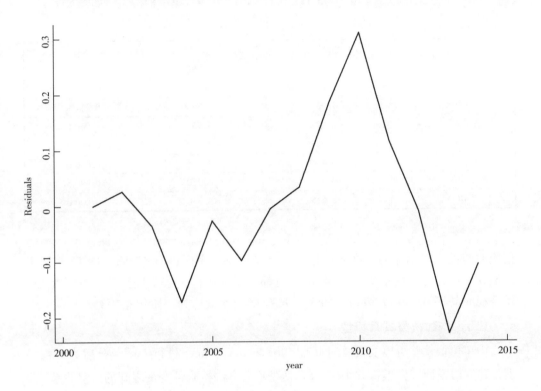

```
Augmented Dickey-Fuller test for unit root        Number of obs   =        12

                                 ------- Interpolated Dickey-Fuller -------
                    Test          1% Critical        5% Critical       10% Critical
                  Statistic          Value              Value             Value

Z(t)               -2.080           -2.660             -1.950            -1.600
```

D.e	Coef.	Std. Err.	t	P>|t|	[95% Conf. Interval]	
e						
L1.	-.6317653	.3036631	-2.08	0.064	-1.308369	.0448383
LD.	.4019629	.3337356	1.20	0.256	-.3416464	1.145572

图3

对残差的 ADF 单位根检验结果如图 3，实际 Z（t）值 -2.080 在 1% 与 5% 的置信水平之间，10% 的置信水平拒绝原假设，因此，残差序列不存在单位根，或者说残差序列是平稳的。

（五）总结

上文构建的模型反映了房地产企业土地购置面积、央行贷款利率、城镇人均可支配收入对房地产价格的影响。

首先，房地产企业土地购置面积的影响系数为 - 0.159 4，表明土地购置面积增加1%，房地产价格下降0.159 4%，有一定的影响。当房地产开发商开发的商品房量过大时，新增的房屋可能会因为产能过剩而导致房地产价格下降。

其次，央行贷款利率的影响因素为 0.088 9，表明社会贷款利率每增加1%，房地产价格增加0.088 9%，房地产价格受央行贷款利率的影响较小。

最后，城镇居民人均可支配收入的影响系数为 1.082 1，表明城镇居民人均可支配收入每增加1%，房地产价格将增加1.082 1%，可谓影响相当明显。

四、结论与建议

从上述分析中不难发现，房地产商开发、贷款利率的升降以及人均收入的变化都会影响房价的变化。中国房地产市场目前存在很大的泡沫，泡沫的产生源于诸多因素，想要消除泡沫，无非就是从供需两端开始。目前，我国政府已经充分意识到房地产泡沫对国家宏观经济发展的影响，希望下调房地产价格，但是又不希望房地产"硬着陆"。最近一次，央行上调中期借贷便利中标利率，等同于一次变相"加息"，各地房贷折扣比例有所上调，导致房地产价格止涨。这一举措明确表现出未来的大方向就是以调控利率为主导，打压房地产价格，使其回归合理水平。但是调控利率造成的不良影响容易力度过大，导致房地产崩盘，所以建议在调控利率的同时，调控房地产开发面积，这样才能稳健并有效地调节房地产价格。

参考文献

[1]安辉,王瑞东. 我国房地产价格影响因素的实证分析——兼论当前房地产调控政策[J]. 财经科学,2013(3):115 - 124.

[2]任木荣,苏国强. 货币政策工具调控房地产价格的传导机制分析[J]. 中央财经大学学报,2012(4):0 - 0.

[3]曹国华,喻震. 宏观调控政策对房地产价格影响的实证检验[J]. 统计与决策,2011(22):119 - 121.

[4]陈辞,马永坤. 国家宏观政策对房地产价格影响的协整分析——基于1999—2008 年中国省级面板数据的实证研究[J]. 云南财经大学学报,2011,27(5):59 - 65.

[5]孙翊,马胜男,韩钰,等. 若干房地产行业宏观调控工具的模拟和比较——以北京和上海为例[J]. 经济地理,2014,34(8):23 - 32.

[6]徐凯. 基于 VAR 模型的我国房地产价格货币政策传导机制研究[J]. 当代经济,2010(17):

113 - 115.

[7]孙莹,高芳菲. 近年来我国房地产价格调控政策的演变[J]. 中国物价,2011(2):30 - 32.

[8]崔时雨. 我国房地产价格政策调控有效性的研究[J]. 经济管理:文摘版,2015(10):
120 - 121.

[9]王志强,范勇. 北京市房地产价格影响因素浅析——从实证中看房地产政策[J]. 商场现代
化,2010(1):88 - 90.

[10]耿源. 北京市房地产价格变动影响因素的实证分析——基于格兰杰因果检验测算经济基
本面与房价的关系[J]. 中国市场,2014(26):16 - 19.

[11]王松涛,陈伟,陈轶,等. 房地产开发投资水平影响因素研究——北京、上海、天津、深圳房
地产投资开发比较研究[J]. 建筑经济,2007(8):17 - 21.

[12]贾小爱,李云发. 当前我国房地产调控政策对房价影响的测度——基于2009—2012年数
据分析[J]. 价格理论与实践,2012(8):45 - 46.

[13]喻瑶,楚艺江. 房地产价格调控政策研究——近年来商品房高价格下的调控政策分析[J].
价格理论与实践,2009(10):41 - 42.

福建省农村居民消费结构研究

——基于 ELES 模型的分析

郭　琳　罗丽萍[①]

摘要： 本文建立了实证研究模型——ELES 模型，采用 2014 年福建省不同收入组农村居民的消费支出数据并进行实证分析，具体分析了各类消费品的相关指标，比如，对比了边际消费倾向与边际储蓄倾向之间的大小关系、收入弹性是大于 1 还是小于 1，以及自价格弹性的大小等方面。通过研究发现，福建省农村居民整体消费水平较低，主要以基本需求消费为主，基本需求消费占实际消费的 80% 以上，他们的消费动力不足，边际消费倾向仅为 0.428。另外，福建省农村居民在医疗保健和教育文化方面的需求意识不足，导致其消费水平仅保持在基本消费支出的水平。最后，本文针对福建省农村居民的消费结构的特点，提出了一些相关的对策建议。

关键词： ELES 模型；农村居民；消费结构

　　福建省地处东部沿海地区，经济发展也比较快，其下设 9 个市，包括省会城市福州市，还有经济特区厦门市，研究其农村居民的消费结构特征，不仅对东部沿海地区居民消费结构的研究具有一定的帮助，也有利于相关政策的制定及其对居民消费行为的引导和调节。不少学者从不同角度用不同的方法来研究居民消费结构的特征，本文根据福建省 2014 年不同收入组农村居民的消费情况，运用 ELES 模型分析其边际消费倾向、需求的收入弹性以及自价格弹性等方面，从而得出福建省农村居民消费结构的特征。

一、扩展线性支出系统（ELES）模型的构造

　　关于扩展线性支出系统模型（ELES），用公式来表达的话，可以写成如下式子：

$$V_i = P_i X_i + \beta_i (Y - \sum_{i=1}^{n} P_i X_i) \quad (i = 1,2,3,\cdots,n) \tag{1}$$

　　其中，V_i 代表福建省农村居民对第 i 种消费品的支出金额；P_i 代表第 i 种消费品的价格；第 i 种消费品的需求量为 X_i；$P_i X_i$ 表示第 i 种商品的基本消费支出；n

---

① 郭琳，副教授，中国政法大学商学院；罗丽萍，产业经济学硕士，中国政法大学商学院。

表示商品的种类，本文中商品的种类共有 8 大类，按照福建省统计年鉴的统计方法来分类；Y 表示福建省农村居民的可支配收入；$\sum_{j=1}^{n} P_j X_j$ 是消费者对其他所有商品的基本消费支出；β_i 表示第 i 种消费品的边际消费倾向。

对公式（1）进行处理可以得到如下公式（2）：

$$V_i = (P_i X_i - \beta_i \sum_{i=1}^{n} P_i X_i) + \beta_i Y \quad (i = 1,2,3,\cdots,n) \tag{2}$$

本文所采取的数据是截面数据，而在截面数据中，$P_i X_i$ 和 $\sum_{i=1}^{n} P_i X_i$ 都是常数，那么，我们可以令

$$\alpha_i = (P_i X_i - \beta_i \sum_{i=1}^{n} P_i X_i) \tag{3}$$

将公式（3）代入公式（2）中，那么公式（2）就可以改写成如下的计量经济模型：

$$V_i = \alpha_i + \beta_i Y + \mu_i \tag{4}$$

其中，α_i 和 β_i 为需要通过回归来估算的参数，μ_i 为随机扰动项。对于公式（4），可以采用 OLS 的实证分析方法来估算 α_i 和 β_i，接着对公式（4）两边同时求和，就可以得到如下的式子：

$$\sum_{i=1}^{n} \alpha_i = (1 - \sum_{i=1}^{n} \beta_i) \sum_{i=1}^{n} P_i X_i \tag{5}$$

将公式（5）整理一下就得到：

$$\sum_{i=1}^{n} P_i X_i = \sum_{i=1}^{n} \alpha_i / (1 - \sum_{i=1}^{n} \beta_i) \tag{6}$$

公式（6）中，$\sum_{i=1}^{n} P_i X_i$ 表示的计算结果是人均基本需求的总消费额。将公式（6）代入公式（4）式就可以得到如下式子：

$$P_i X_i = \alpha_i + \beta_i \sum_{i=1}^{n} \alpha_i / (1 - \sum_{i=1}^{n} \beta_i) \tag{7}$$

之后再求各类商品需求的收入弹性，可以用如下式子表示：

$$e_i = \frac{\partial V_i}{\partial Y} * \frac{Y}{V_i} = \beta_i \frac{Y}{V_i} \tag{8}$$

各种商品的自价格弹性为：

$$e_{ii} = \frac{\partial V_i}{\partial P_i} \times \frac{P_i}{V_i} = \frac{(1 - \beta_i) P_i X_i}{V_i} - 1 \tag{9}$$

二、数据说明

模型涉及的数据都是来自 2015 年《福建省统计年鉴》，由于 2016 年的统计年鉴中没有按照不同收入分组的农村居民消费情况的统计，所以本文采用最新的 2015 年统计年鉴中的数据，运用软件 SPSS24 进行分析，运用的分析方法为最小二乘法。

三、福建省不同收入组农村居民消费结构的 ELES 模型分析

根据 2015 年《福建省统计年鉴》中的数据以及上面推导的公式 $V_i = \alpha_i + \beta_i Y + \mu_i$，利用 SPSS24 进行最小二乘法回归分析，分别对这 8 类消费需求进行回归，通过回归分析，可以得到表 1 的参数估计。

表 1　ELES 模型参数的估计

项目	α_i	α_i 的 t 检验值	β_i	β_i 的 t 检验值	R^2	V_i	$P_i X_i$	F 检验值
食品	2 424.79	16.758	0.142	14.796	0.986	4 309.56	3 833.18	218.936
衣着	244.73	4.117	0.026	6.565	0.935	589.83	502.60	43.100
居住	1 231.91	7.833	0.109	10.489	0.973	2 678.67	2 313.00	110.021
生活用品	130.34	3.258	0.041	15.287	0.987	674.54	536.99	233.703
交通通信	373.80	7.326	0.057	16.914	0.990	1 130.36	939.14	286.095
教育文化	660.10	11.095	0.022	5.573	0.912	952.11	878.30	31.055
医疗保健	547.80	17.001	0.017	7.893	0.954	773.44	716.41	62.303
其他	59.77	3.728	0.014	13.119	0.983	245.60	198.63	172.119
合计	5 673.24		9.428			11 354.10	9 918.25	

根据表 1 的回归模型估计结果，α_i 和 β_i 的估计都通过了 t 检验，R^2 值都在 0.91 以上，并且模型也都通过了 F 检验，表明本模型的拟合效果较好。

（一）边际消费倾向的分析

从表 1 我们可知，福建省农村居民的边际消费倾向仅达 0.428，边际储蓄倾向高至 0.572，换句话来理解就是，农村居民每多挣的 1 000 元可支配收入中，有 428 元花在消费支出上，另外 572 元会用来储蓄，这个数据与一些发达国家相比，福建省农村居民的消费动力明显不足，收入对消费的带动作用有限。

边际消费倾向排名第一的是食品，达 0.142，换句话说，增加的 1 000 元可支配收入中，有 142 块钱花费在食品支上，而这个消费是在基本消费满足之外消费的，这说明福建省农村居民对饮食方面比较有追求，这与实际情况也符合，福建省美食多，无论是闽南风味的美食，还是客家美食、沙县小吃等，福建省居民偏爱美食，吃得也比较精致，所以在食品方面的边际消费倾向最高。

边际消费倾向排名第二的是居住，每多挣的 1 000 元可支配收入中，会有 109 元花费在居住方面，这说明福建省农村居民对居住环境要求较高。现实中，福建省农村居民很多人都将其花费在给自己的房屋装修或者重建，这也证实他们在居住方面的边际消费倾向较大。

边际消费倾向排名第三的是交通通信，即每多挣的 1 000 元可支配收入中，

有57元花费在交通通信方面。近年来，随着海峡西岸的经济发展，福建省的各种交通设施也在完善，福建省农村居民更多选择走出去挣钱，而不是局限于在家干农活，那么，他们在公共交通方面的花费就会相对较多。而且农村居民的私人交通工具也随着收入的提高发生了变化，已经有很多农村居民的私人交通工具从开始的自行车更换成摩托车再换成小轿车。另外，他们也更加注重通信方面的交流，近年来，随着智能手机的推陈出新和手机品牌的多样化，福建省农村居民的对通信设备的需求也在逐渐增加。

剩下的边际消费倾向排名顺序依次是生活用品（4.1%）、衣着（2.6%）、教育文化（2.2%）、医疗保健（1.7%）、其他（1.4%）。其中，边际消费倾向最低的是其他、医疗保健和教育文化，说明福建省农村居民对其他杂项的消费热情不足。另外，他们对医疗保健和教育文化方面的认识不够，加之农村医疗保健及教育文化方面的资源、设施和服务不足，进一步导致农村居民在医疗保健和教育文化方面的边际消费倾向较低。

（二）基本消费支出及其结构

从表2可以看出，福建省农村居民的基本消费占实际消费的比重较高，全部都在80%以上，有的甚至高达90%以上。而基本消费①指的是，居民为了保证自身的正常生活，劳动力可以有效地投入生产之中，所需要的有形消费品和无形消费品的货币总支付。所以基本消费支出占比越高，说明福建省农村居民的消费支出动力不足，处于略低的支出水平。另外，福建省农村居民实际每人平均的消费总支出是11 350.07元②，模型估计的每人平均的基本需求支出为9 918.25元，那么，2014年，福建省农村居民的基本需求消费支出占总支出87.38%，这再一次说明福建省农村居民目前的消费处于基本生存型的消费支出，消费水平较低。消费支出，大部分用于满足基本需求，只有很小的比例用于提高生活或者享受生活。

表2　2014年福建省农村居民各类消费品的基本消费支出及其结构

项目	食品	衣着	居住	生活用品	交通通信	教育文化	医疗保健	其他
基本消费支出（元）	3 833.18	502.60	2 313.00	536.99	939.14	878.30	716.41	198.63
实际平均消费（元）	4 311.600	588.666	2 676.620	669.352	1 134.412	952.292	771.944	245.184
基本消费占实际消费的比重	0.89	0.85	0.86	0.80	0.83	0.92	0.93	0.81

福建省农村居民人均基本消费支出 $\sum_{i=1}^{n} P_i X_i$ 为9 918.25元。福建省低收入组

---

① 范剑平：《中国城乡居民消费结构的变动趋势》，人民出版社2001年版，第7页。
② 数据来源：2015年《福建省统计年鉴》。

别的农村居民可以自由支配的收入是 4 691.41 元,实际消费总支出是 7 711.52 元①,与模型计算的基本消费支出结果 (9 918.25 元) 相比存在较大的差距,说明低收入组的农村居民生活较为贫苦,支出水平满足不了基本消费的需求,入不敷出。

从表 2 可以明显看出,教育文化和医疗保健这两个方面的基本消费支出占实际消费的比重过大,高达 92% 和 93%,这说明福建省农村居民在这两方面的消费意识不够,仅处于保障基本消费的层面,对教育文化和医疗保健方面没有需求,所以对这两方面的消费还需要在政策层面加以引导。

(三) 需求的收入弹性分析

需求的弹性分析一般包括需求的收入弹性分析和需求的价格弹性分析。首先我们来看福建省农村居民各类消费需求的收入弹性②,其计算公式为 $e_i = \dfrac{\partial V_i}{\partial Y} \times \dfrac{Y}{V_i} = \beta_i \dfrac{Y}{V_i}$,具体计算数值如表 3 所示。

表3 2014 年福建省农村居民各类消费品消费需求的收入弹性

名称	食品	衣着	居住	生活用品	交通通信	教育文化	医疗保健	其他
收入弹性	0.44	0.59	0.54	0.81	0.67	0.31	0.29	0.76

表4 2014 年福建省不同收入组农村居民各类消费需求的收入弹性

分组	食品	衣着	居住	生活用品	交通通信	教育文化	医疗保健	其他
低收入组	0.22	0.37	0.27	0.52	0.42	0.15	0.13	0.46
中低收入组	0.34	0.51	0.43	0.79	0.58	0.21	0.20	0.73
中等收入组	0.40	0.53	0.52	0.85	0.66	0.27	0.27	0.74
中高收入组	0.46	0.55	0.63	0.84	0.66	0.35	0.35	0.83
高收入组	0.61	0.77	0.67	0.88	0.81	0.47	0.43	0.84

由表 3 可得出以下信息,福建省农村居民的各类消费需求的收入弹性都是大于 0 的,说明随着收入的增加,福建省农村居民各类消费品的花费也在增加,但是由于各类商品需求的收入弹性的值都小于 1,说明农村居民对各类商品的需求都缺乏弹性,也就是当福建省农村居民的收入增加 1% 的时候,从食品到其他等 8 类商品的消费需求将随着收入增加分别增加 0.44%,0.59%,0.54%,0.81%,

---

① 数据来源:2015 年《福建省统计年鉴》。

② 收入弹性表示在一定时期内,消费者对某种商品需求量的变动对消费者收入量变动的反应程度,它可用弹性系数以衡量。

0.67%，0.31%，0.29%，0.76%。这说明福建省农村居民无论对生活基本品的消费，还是对医疗教育类等非生活必需品的消费，都不容易随着收入的变化而产生较大的变化，说明福建省农村居民目前的消费支出主要围绕着各类消费品的基本需求，对提高生活部分的额外消费整体动力不足。

按照需求收入弹性大小排序的话，需求收入弹性较大的是生活用品、其他以及交通通信，这三个非生活必须消费品的需求收入弹性接近1，这也说明随着收入的增加，福建省农村居民将在生活用品、其他以及交通通信方面增加较多的消费。对食品、衣着、居住等生活必须消费品的需求收入弹性，其弹性值接近0.5，表明随着收入的增加，这些消费品的需求增加不多。综合这两个方面，说明福建省农村居民的消费结构整体朝着更加合理的方向发展。但是，其需求收入弹性最低的是医疗保健和教育文化方面，这与上面的分析结果一致，说明福建省农村居民对教育、医疗的认识较浅，这方面的消费意识不够，这也可能与农村的教育、医疗资源稀缺，服务网点少有关，对于这两个方面，居民的消费意识需要加以引导。

由表4可以知道，随着福建省农村居民收入水平的提高，各项消费品的需求收入弹性都在增加，高收入组农村居民与低收入组农村居民之间的各项商品需求的收入弹性差距很大，基本上是两倍的关系，有的甚至达到三倍。这些数据充分说明，福建省不同收入组农村居民之间的消费结构差距很大，低收入组农村居民的消费能力与高收入组农村居民的消费能力相差悬殊。

另外，低收入组农村居民收入弹性较大的消费品主要是生活用品和交通通信，这两项消费品的收入弹性值接近于0.5，而其他消费品（不包括其他杂项）的收入弹性都较小，在0.2左右，说明低收入组农村居民对收入的提高，其生活用品和交通通信方面的消费受到的拉动作用较大，这也是因为低收入组农村居民收入较低，生活较为俭朴，其对食品、衣着、居住、教育文化以及医疗保健的消费意愿较低，而生活用品和交通通信方面的消费可以立竿见影地改善农村居民的生活条件，比如，购置私人交通工具、添置家具等，所以低收入组农村居民在这两方面的收入弹性较大。随着收入级别的提高，福建省农村居民除了生活用品和交通通信方面的消费之外，还有多项消费品的收入弹性都较大，说明随着农村居民收入级别的提高，其消费能力和消费意愿都会提高。

最后，所有收入组别的农村居民在教育文化和医疗保健方面的需求收入弹性都是最小的，它们在这两方面的收入弹性均低于0.5，说明所有收入组别的福建省农村居民对教育文化和医疗保健方面的消费意愿都不足，因为对农村居民来说，吃、穿、住、行、用才是重要的，他们没有意识到教育文化以及医疗保健对个人以及对家庭的重要性，没有看到其未来的价值。所以，要改善该省农村居民的消费结构，首先要考虑的是提高该省农村居民的收入水平，尤其是低收入组农村居民的收入水平，然后要引导其在教育文化和医疗保健方面的消费。

（四）需求的价格弹性分析

需求的自价格弹性①的计算公式为：

$$e_{ii} = \frac{\partial V_i}{\partial P_i} \times \frac{P_i}{V_i} = \frac{(1 - \beta_i)P_i X_i}{V_i} - 1$$

按照上述公式算出的福建省农村居民各类消费品需求的自价格弹性见表5。

表5　2014年福建省农村居民各类消费品消费需求的自价格弹性

名称	食品	衣着	居住	生活用品	交通通信	教育文化	医疗保健	其他
自价格弹性	-0.24	-0.17	-0.23	-0.24	-0.22	-0.10	-0.09	-0.20

由表5可以看到，福建省农村居民各种商品的自价格弹性都较小，食品（0.24），衣着（0.17），居住（0.23），生活用品（0.24），交通通信（0.22），教育文化（0.10），医疗保健（0.09），这说明福建省农村居民对各类消费品的价格变动反应不敏感，这与前面的分析结果一致。因为福建省农村居民目前的消费主要围绕基本消费需求，额外提高生活的消费动力不足，边际消费倾向也较小，储蓄倾向较大，正因为绝大部分的需求都是围绕基本需求消费的，那么，各类商品或服务的需求对价格的变动自然也就不敏感。

其中，教育文化、医疗保健这两方面的自价格弹性最低，均不大于0.10，这再一次说明福建省农村居民对这两方面的消费处于最基本的消费需求，并且居民在这方面的消费热情不足，导致这两方面的价格变化对福建省农村居民的消费需求影响极小，总体还是保持在最基本的需求层面。自价格弹性较大的消费品是食品、生活用品、居住以及交通通信，它们的弹性值均在0.2以上，说明对福建省农村居民而言，他们在这4个方面的消费水平相对较高，所以在收入一定的情况下，价格上升时，他们可以压缩这4个方面的消费。

四、结论和建议

（一）ELES模型分析结论

从上面的分析可以看出，福建省农村居民在医疗保健和教育文化这两方面的消费水平很低。该省农村居民总的边际消费倾向仅为0.428，其中，边际消费倾向最低的3种商品分别是其他（0.014）、医疗保健（0.017）、教育文化（0.022）。另外，从需求的收入弹性和自价格弹性来看，医疗保健和教育文化的弹性都是最低的，并且医疗保健和教育文化的基本消费占实际消费的比重也是最大的，达到90%以上。结合以上分析可以得到：福建省农村居民对医疗保健和

---

① 自价格弹性是指需求量对价格变动的反应程度，是需求量变化的百分比除以价格变化的百分比。

教育文化的消费水平极低，这两方面的消费几乎就是基本消费，仅仅是为了满足最低生活的需要，随着收入的增加，该省农村居民在这两方面的消费增加极少，受价格的影响也不大，福建省农村居民在这两方面的支出未来有很大的潜力。

福建省农村居民的整体消费动力不足，实际每人平均的消费总支出是11 350.07元①，模型估计每人平均的基本需求支出为 9 918.25 元，那么，2014 年福建省农村居民的基本需求消费支出占总支出的 87.38%，这说明福建省农村居民目前的消费处于基本生存型的消费支出，消费水平较低。另外，其边际储蓄倾向大于边际消费倾向，说明消费动力不足，福建省农村居民的消费水平具有很大的开发潜力。

福建省低收入组别的农村居民生活较为贫困，入不敷出，不同收入组别农村居民需求的收入弹性差距较大。福建省低收入组别的农村居民可以自由支配的收入是 4 691.41 元，实际消费总支出是 7 711.52 元②，与模型计算的基本消费支出结果（9 918.25 元）相比，存在较大的差距，说明低收入组的农村居民生活较为贫苦，支出水平满足不了基本消费的需求，入不敷出。同时，不同收入组农村居民的收入弹性差距较大，说明该省农村居民的收入水平需要提高，尤其是低收入组农村居民的收入水平，更是亟待提高。

（二）对策建议

1. 努力提高农村居民的收入水平，为后续扩大消费以及改善消费奠定基础

从福建省农村居民近几年的收入结构来看，其收入来源主要是工资性收入，2006 年，工资性收入和家庭经营性收入的比例为 1∶1.08，到 2015 年，这两项收入之比为 1∶0.75。可见，对福建省农村居民来说，工资性收入已经成为农村居民收入的主体。除此之外，他们另外还有少量的转移性收入和财产性收入。再结合 2016 年《福建省统计年鉴》，其中，农村居民主要收入来源是工资性收入的地区有以下 5 个：福州、厦门、莆田、泉州、漳州，主要收入来源是经营性收入的地区有以下 4 个地区：三明、南平、龙岩、宁德。

首先，想办法提高福建省农村居民的工资性收入，尤其是上面提到的主要收入来源于工资性收入的 5 个地区的农村居民的收入，这些地区的农村居民更加愿意在第二和第三产业投入劳动力，这也与这些地区的民营经济较发达有关，尤其是在闽南地区有很多民营企业，这为农村居民增加工资性收入创造了条件，但是，很多农村居民更多地投入到劳动密集型的产业之中，这对提高工资性收入帮助不大，因此，政府应该对进城务工的农村居民进行更多相关知识和技能的培训，使他们可以转向知识密集型产业，从而提高自己的工资性收入。另外，对一些乡镇的民营企业，政府应该更多地给予资金和政策扶持，使乡镇企业得到更好

---

① 数据来源：2015 年《福建省统计年鉴》。
② 数据来源：2015 年《福建省统计年鉴》。

的发展，这也为农村居民创造了更多的就业岗位，为增加他们的收入提供帮助。

其次，家庭经营性收入也是福建省农村居民的另一个主要收入来源，以这种收入为主的农村居民主要集中在上面提到的 4 个地区，若想提高这些地区农村居民的收入，有力的措施就是增加其家庭经营性收入。当前农村的农业生产成本较高，各方面的基础设施不完善，这对农业生产来说加大了难度，因此，政府应该增加公共产品的供给，完善水利设施、交通设施等，降低农村居民的农业生产成本，另外，对农村居民也要加大农业教育培训，让他们掌握更多的农业知识，系统地了解农业经营，使农村居民可以更加专业而有效地经营农业，不再仅仅依靠人力完成农业的生产经营，可以使用一些农用机械来降低农业生产的人力成本。通过降低家庭经营成本，就可以间接地提高农村居民的收入水平。

2. 消除农村居民的后顾之忧，让农村居民"敢花钱"

从上面的分析可以看到，福建省农村居民的边际储蓄倾向高达 0.572，他们一般存钱用于养老治病，同时，农村一般都主张节约消费的观念，在这两者的作用之下，福建省农村居民"不敢花钱"。要打破农村居民有钱"不敢花"的消费习惯，政府应该完善农村居民的社会保障制度，让他们不用担心生病了、失去劳动能力之后怎么办。

首先，应该积极宣传，让农村居民更大范围地参与社保，增加医疗保健方面的投入；其次，政府在社会保障方面应该增加财政资金支持，建立养老金保障、大病医疗保险等制度，进一步促进新农保等医保制度的健全，加强对医院和医药市场的监管；最后，对低收入组的农村居民，他们的实际消费还覆盖不了基本消费需求，处于贫困阶段，政府应该给予救助，比如，对他们的医疗费用实行减免政策，降低医疗报销的起点等。对农村居民，可以建立救助基金，对没钱看病、没钱养老的农村居民给予适当的补助。当农村居民的生活有了基本保障之后，他们才会"敢花钱"，才能增加居民的当期消费。

3. 完善市场体系，发展新的消费点，让居民"肯花钱"

福建省农村居民"敢花钱"之后，接下来就是让他们"肯花钱"，也就是要完善农村消费市场体系，开发新的农村消费热点，从而吸引农村居民消费，让他们愿意提高消费水平，改善消费结构。

首先，产业需要创新，提供环保、智能的消费品。随着生活水平的提高，福建省农村居民的消费结构也在向享受型的消费方向转变，对生活的追求也提高了，想要吃得更健康、用得更好，因此需要进行产业升级，进行供给侧改革。①在农产品方面，首先要灵敏地察觉到市场需求的变动，据此来调整其生产结构，更多地生产一些绿色健康的农产品，同时生产一些更受人们欢迎的农产品，比如

---

① 毛中根、杨丽姣："经济全球化背景下供给侧改革与居民消费结构升级"，《财经科学》，2017 年，第 1 期，第 72 ~ 82 页。

牛羊肉和奶制品等，需要加大对其的生产力度，支持相关人员对农产品进行改良，提升农产品的品质，对农产品进行深加工、细加工，使农产品的种类更加多样，满足不同人群的需求。近几年，随着智能手机的快速发展，福建省农村居民在这方面的消费显著增长，2006年，每百户农村居民移动电话拥有量为131.70台，至2015年，每一百户农村居民拥有的移动电话的数量达到246.40台，增长了87.1%①，这说明这类智能化电子产品在农村的消费市场不小，未来也是该省农村居民的消费热点。另外，包括旅游业、教育、医疗、家政等服务行业也会成为未来的消费热点，因此，产业结构的调整与创新、产业质量的提升都是极为重要的，若能够提供与农村居民需求相匹配的产品，可对刺激居民的消费起着很大的作用。

其次，可以增加下乡商品的补贴。2009年实行这个政策的时候，摩托车、彩电、冰箱等商品在农村的消费市场被激活了，同时也使这些过剩产能的企业得到解救，因此可以继续扩大下乡商品补贴的范围，发展汽车下乡补贴等政策，同时允许农村居民对这些消费品进行分期付款（比如农用机械的信贷消费等），这两项政策的推行会极大地激活农村消费市场，使农村居民"肯花钱"。

再次，福建省农村居民关于教育文化和医疗保健方面的消费水平较低，消费意识不足，需要加大力度向农村居民宣传这方面的消费优势，使他们意识到教育文化和医疗保健的消费对一个人长期发展的重要性。在加强宣传教育的同时，教育资源和医疗保健资源的配套设施也需要跟上，才能为居民的消费保证前提条件。

最后，随着互联网金融的发展，网络购物已经成为一种趋势，但是农村居民对网络购物却存在很大的不便之处，主要是受物流的影响，有的农村地区物流到不了，有的地方物流较慢，这些都阻碍了农村居民网络消费的发展。因此，应当完善物流体系，引进物流管理，使农村居民的网络购物不受物流的限制，从而激发农村居民的网络消费热情。同时，物流体系的发达和完善也有利于吸引一些企业往农村发展，这又会进一步促进农村居民的网络消费。

参考文献

[1] 王雪琪,赵彦云,范超. 我国城镇居民消费结构变动影响因素及趋势研究[J]. 统计研究,2016,33(2):61 – 67.

[2] 臧旭恒,孙文祥. 城乡居民消费结构:基于 ELES 模型和 AIDS 模型的比较分析[J]. 山东大学学报(哲学社会科学版),2003(6):122 – 126.

[3] 张文爱. 基于 ELES 模型的四川省农村居民消费结构实证研究[J]. 农业技术经济,2007(5):49 – 53.

① 数据来源：2007 年以及 2016 年《福建省统计年鉴》。

[4]王怡,李树民.城镇居民消费结构与经济增长关系的实证研究[J].统计与决策,2012(10):
133 – 135.

[5]周树高,丁元.广东城镇居民消费结构变动分析[J].中国流通经济,2006(2):53 – 56.

[6]姜森,何理.中国城镇居民消费结构变动研究——基于 ELES 模型的实证分析[J].经济与
管理研究,2013(6):21 – 26.

[7]韩星焕.农村居民消费影响因素的实证分析——以吉林省为例[J].农业技术经济,2012
(11):78 – 84.

[8]尹世杰.中国消费结构研究[M].上海:上海人民出版社,1988:417 – 430.

[9]厉以宁.消费经济学[M].北京:人民出版社,1984.

[10]林白鹏.中国消费结构学[M].北京:经济科学出版社,1987:121 – 158.

内蒙古旅游产业发展能力初探

郭 琳 杨 悦[①]

摘要：旅游产业是经济发展的绿色动力，近年来，内蒙古越来越重视对旅游资源的开发。作为北方重要省份，内蒙古拥有丰富的自然资源，但同国内其他省份相比仍有一定差距。本文立足内蒙古的旅游发展能力，利用因子分析法从市场、基础、企业和环境4个指标入手，用实证数据考察内蒙古自治区旅游发展的真实水平，通过提出相应建议，以期内蒙古旅游产业实现更好发展。

关键词：内蒙古；旅游业；发展能力；因子分析

一、引言

按照产业经济学对产业的基本分类，第三产业中的旅游业作为节约资源、绿色发展的产业，近几年来被重视的程度不断提高。随着国家发展进入"十三五"时期，在经济新常态、供给侧改革的政策环境背景下，旅游产业以其强劲的发展势头成为部分地区的经济"马达"。相比重工业的能耗污染后果，新技术产业的高素质人才要求，旅游产业作为一个门槛较低且对环境保护要求较高的可持续发展产业，以自身的发展不断带动着餐饮、住宿等其他行业的发展。随着社会生活水平的不断提高，人们对精神文化的需求不断提升，对旅游业的提升发展有了进一步的需求。因此，大力发展旅游业成为不少地区的共识。本文通过学习已有对旅游产业发展研究的基本方法，构建符合旅游产业发展的描述指标，结合同国内其他省、市、自治区旅游产业发展情况进行的比较，对内蒙古旅游产业的发展得出相应结论并提出发展建议。

二、内蒙古旅游业发展概况

作为北方重要省份，内蒙古自治区东西直线距离2 400公里，南北跨度1 700公里，横跨东北、华北、西北三大区，土地总面积118.3万平方公里，占全国总面积的12.3%。内蒙古自治区位于中纬度，地处欧亚大陆内部，大部分地区处在东亚季风的影响之下，属于温带大陆性季风气候区，气候复杂多样，四季分明。

---

① 郭琳，副教授，中国政法大学商学院；杨悦，经济学硕士，中国政法大学商学院。

得天独厚的自然条件赋予内蒙古境内众多富有特色的旅游景点，按照相关旅游资源分类标准，内蒙古旅游资源八类俱全。东部有广袤无垠的锡林郭勒草原，中部有历史深厚的河套文化遗址，西部有苍茫壮阔的草原，可谓一年四季处处皆景。除了引人入胜的自然风光以外，内蒙古作为少数民族聚集的北方大省，在历史的发展中形成了浓郁的地方民俗，拥有包括汉族、蒙古族为主，以及满、回、达斡尔、鄂温克等在内的 49 个民族，不同民族语言文化各具特色，自然与人文的有机结合为内蒙古自治区旅游产业的发展提供了重要保障。

近年来，内蒙古自治区为了实现自身经济的可持续发展，在积极利用并完善资源产业发展的同时，对第三产业有极大贡献度的旅游业也不断加大投入，促进旅游业发展。截至 2015 年，内蒙古旅游产业收入 2 257.1 亿元，占当年 GDP 总收入的 12.7%，景点数达 265 个，符合资质的旅行社 953 家，旅游业从业人员达 39 000 余人，拥有星级酒店 278 家并实现营业收入 27 亿多元。总体来看，内蒙古旅游业的发展近年来得到了很大提升，但就行业发展具体情况同国内旅游强省相比，仍有较大差异。在经济新常态背景下，大力发展旅游业是实现经济结构转型升级的重要途径，因此，通过考察内蒙古旅游产业的发展能力，本文旨在现今良好政策背景下找出进一步加强内蒙古自治区旅游产业可持续发展的着力点，为内蒙古的经济发展贡献理论支持。

三、国内外旅游业研究概述

关于旅游业较通俗的定义是：为涉及旅游相关的消费者提供所需产品或服务的行业。目前，旅游业主要涉及的行业有食、住、行、娱等，如餐饮业、酒店业、旅游景区业以及旅行社服务等。Thomas（1994）认为，旅游作为社会经济现象，不能单视为一个产业，而应该作为一个影响力巨大的部门看待。Freya（2006）认为，旅游是用来满足人类发展的必需品。Dwyer（2000）、Melian（2003）、Divisekera（2003）从不同角度论述了旅游资源对旅游竞争的影响。Dianne（2006）则强调政府和社会对旅游产业的促进作用[1]。在影响旅游业发展的主要因素的分析方面，Canestrill（1991）强调旅游地承载力的贡献[2]；Samsudin（1997）等通过用技术和经济两个角度对马来西亚的旅游能力进行论证[3]；Marjorie（1998）研究了国家环境和管理对约旦旅游发展能力的影响[4]；

---

① Dianne Dredge：Policy Networks and the Local Organization of Tourism, *Tourism Management*, 2006, 27（2）, pp. 269~280.

② E. Canestrill & P. Costa：Tourism Carry Capacity：Fuzzy Approach, *Annals of Tourism Reasearch*, 1991, 18（2）, pp. 295~311.

③ AbdulRahim Samsudin, UmarHamzah, Rak-miAb：The Springs of Malaysia and Their Potential Development, *Journal of Asian Earth Sciences*, 1997, 15（2）, pp. 275~284.

④ Marjorie Kelly：Jordan's Potential Tourism Development, *Annals of Torusim Research*, 1998, 25（4）, pp. 904~918.

Crouch G（2000）从综合性角度出发，将政治、经济、文化等因素纳入发展力考察范畴，Yooshik（2002）则以旅游业利益相关者为分析角度；Sugiyarto（2005）以集聚模型指数为切入点，对不同国家的旅游发展力进行分析。在前人的基础上，Sanji（2010）强调人力资本等其他信息因素对评价指标完善的重要程度。涉及旅游业发展能力的实证分析方面，使用因子分析法的主要学者有：Seong Kim（2000）对南非旅游业进行研究，Lyck（2002）分析了丹麦旅游业的发展情况，Cracolici 和 Nijkamp（2009）对意大利进行旅游业的主成分分析。

国内关于旅游业的研究主要集中在国家、城市以及产品等方面。早期的研究以定性分析为主，主要聚焦旅游市场的发展潜力。如朱红①（2002），刘春梅、樊磊②（2003），严永军③（2004）分别对西部整体旅游业、黑龙江旅游业和西部体育旅游业进行定性分析。从杨敏（2006）对青海旅游产业的研究以后，国内的分析也开始建立量化指标④。

具体研究中，在国家层面，刘名俭、邹丽君（2011）基于全球视角，对世界主要国家的旅游竞争力进行比较分析，并得出中国旅游发展的优缺点⑤。张海广、王佳⑥（2012），傅云新、胡兵等⑦（2012）分别使用锡尔系数竞争力分析法分析了全国各省旅游产业发展差异，并针对具体省份提出相应发展建议。在涉及不同类型的旅游产业的研究中，谭振军⑧（2001）分析了辽宁的森林旅游，康传德、庄小丽⑨（2006）分析了旅游电子商务。已有国内研究多数集中于区域角度的旅游产业分析。利用层次分析法，蔡远勇、娄思远（2011）对云南部分地区构建旅游发展指标并进行评价⑩。李航飞（2011）主要从广东省基础设施竞争力着

① 朱红："西部旅游业发展潜力与对策"，《四川师范大学学报（自然科学版）》，2002年，第25卷第2期，第205~208页。
② 刘春梅、樊磊："黑龙江省旅游业的发展潜力"，《北方经贸》，2003年，第1期，第114~115页。
③ 严永军："我国西部地区体育旅游产业发展的潜力分析"，《南京体育学院学报》，2004年，第18卷第5期，第33~35页。
④ 杨敏："青海旅游产业的发展潜力评估"，陕西师范大学硕士学位论文，2006年。
⑤ 刘名俭、邹丽君："基于TTCI中国旅游产业国际竞争力评价"，《经济地理》，2011年，第3期，第518~522页。
⑥ 张广海、王佳："我国旅游产业竞争力及其区域差异研究"，《北京第二外国语学院学报》，2012年，第1期，第32~39页。
⑦ 傅云新、胡兵、王烨："中国省市旅游竞争力时空演变分析"，《经济地理》，2012年，第6期，第144~149页。
⑧ 谭振军："试析辽宁省森林旅游发展潜力"，《辽宁林业科技》，2001年，第3期，第32~33页。
⑨ 康传德、庄小丽、魏龙吉："基于灰色系统理论的市场潜力预测模型"，《石家庄经济学院学报》，2006年，第29卷第2期，第162~165页。
⑩ 蔡远勇、娄思元："基于的云南少数民族地区旅游竞争力评价研究"，《四川高等专科学报》，2011年，第1期，第53~57页。

手得出区域经济发展对旅游经济有促进作用的结论①。仵颖涛、李红坤②（2011）对山东省进行了分析。文艳，郑向敏等（2013）使用 TOPSIS 法对西部 12 省进行了聚类操作分析③。在国内主要旅游城市的竞争分析中，王俊、王琪延（2010）通过服务、市场、环境和资源 4 个层次对 287 个主要地级市旅游城市进行综合分析④，武传表、王辉（2009）利用因子分析法从经济发展、基础设施、生态环境等 5 个方面对沿海城市的旅游竞争力做出判断⑤。在更为微观层面的分析中，张广海、梁琴（2011）结合层次法和德尔菲法着重对山东的旅游企业整体进行评价⑥。许孟斯（2013）立足人才战略，提出了新的发展思路⑦。此外，还有学者如张秀华⑧（2011）、刘荣⑨（2011）以及曹雪梅⑩（2010）等对旅游产品也进行了相应研究。

回顾已有研究文献，对内蒙古旅游业的研究时间较早且方法主要以定性分析为主，本文通过利用目前最新的旅游发展数据，结合实证分析方法对内蒙古旅游业的发展能力进行研究。

四、内蒙古旅游业发展能力实证分析

（一）研究方法与数据来源

本文对内蒙古旅游业发展能力的分析方法是因子分析法，基本思想即利用少数几个因子来描述许多指标或因素之间的关系，通过将对具有一定相关关系的变量综合成较少的几个因子来反映大部分信息。实际上是通过降维对关键变量进行分析。在提取因子时，一般多使用主成分分析法，即通过变化坐标，将多个相关变量线性变化为一组不相关变量，利用所得结果选择靠近方差最大的主成分，实现减少变量个数和反映变量大多数信息的双重目的。因子分析的数

① 李航飞："广东省区域旅游竞争力空间分析"，《信阳师范学院学报（自然科学版）》，2011 年，第 4 期，第 220～223 页。

② 仵颖涛、李红坤："山东省区域旅游竞争力实证研究"，《山东经济》，2011 年，第 4 期，第 141～145 页。

③ 文艳、郑向敏、李勇泉："基于锡尔系数的西部省旅游竞争力差异研究"，《重庆师范大学学报》，2013 年，第 4 期，第 129～134 页。

④ 王俊、王琪延："中国地级及以上城市旅游竞争力评价研究"，《经济问题探索》，2010 年，第 6 期，第 132～137 页。

⑤ 武传表、王辉："中国个沿海开放城市旅游竞争力定量比较研究"，《旅游科学》，2009 年，第 3 期，第 13～17 页

⑥ 张广海、梁琴："山东省旅游企业竞争力分析"，《山东经济学》，2011 年，第 4 期，第 129～133 页。

⑦ 许孟斯："旅游企业人才管理创新"，《管理学家》，2013 年，第 4 期，第 147 页。

⑧ 张秀华："旅游产品市场竞争力研究"，《生产力研究》，2011 年，第 5 期，第 89～90 页。

⑨ 刘荣："河南省旅游产品结构分析与优化策略"，《华北水利水电学院学报》，2011 年，第 2 期，第 62～65 页。

⑩ 曹雪梅："旅游发展新的突破"，《城乡规划与环境建设》，2010 年，第 6 期，第 13～14 页。

学模型如下：

$$X_1 = a_{11}F_1 + a_{12}F_2 + \ldots + a_{1m}F_m + \varepsilon 1$$
$$X_2 = a_{21}F_1 + a_{22}F_2 + \ldots + a_{2m}F_m + \varepsilon 2$$
$$\vdots$$
$$X_p = a_{p1}F_1 + a_{p2}F_2 + \ldots + a_{pm}F_m + \varepsilon p$$

简化矩阵形式为：$\underset{(p*1)}{X} = \underset{(p*m)}{A}\ \underset{(m*1)}{F} + \underset{(p*1)}{\varepsilon}$，且满足以下条件：

$$m \leqslant p;$$
$$Cov(F,\varepsilon) = 0;$$
$$D(F) = I_m;$$
$$D(\varepsilon) = \begin{vmatrix} \sigma_1^2 & 0 & 0 \\ 0 & \ldots & 0 \\ 0 & 0 & \sigma_p^2 \end{vmatrix}$$

这里，F 即公共因子，是一个新的综合变量。a_{ij} 是第 i 个变量在第 j 个公共因子上的载荷。ε 是 X 的特殊因子。

本文主要选择了 2015 年全国 31 个省、市、自治区旅游发展相关指标数据，数据来源于《中国旅游统计年鉴 2015》《中国旅游统计年鉴（副本）》《中国统计年鉴》，并使用 SPSS19.0 进行因子分析计算。

（二）研究指标

结合国内已有的产业发展评价指标、产业经济学中关于产业竞争力评价的相关理论，本文在选择研究评价内蒙古旅游发展指标上进行了一定理论梳理。从符合主流的研究分类入手，基本上将能对旅游业发展进行评价的指标主要分为：市场指标、企业指标、基础指标以及环境指标 4 个方面，通过仔细分析不同方面涉及的不同要素建立次级指标体系。下面就具体的指标进行简单介绍。

市场指标主要涉及国内旅游收入、国家旅游外汇收入、入境过夜人数、入境过夜人均天花费等指标。可以说，市场指标是直接反映旅游发展的指标，旅游发展成熟与否直接体现在市场指标的高低中，市场指标最能体现地区旅游产业所具备的发展优势。

基础指标是指旅游产业发展所依托的社会背景。产业的发展不可能独立于社会，其所依托的基础设施等条件是发展的基本要素。不同地区，基础要素的不同，对消费者所产生的吸引力也大有不同。基础因素主要涉及景点数、交通以及人力资本等方面。

企业指标主要是从微观角度对旅游产业的发展进行研究。按照产业经济学的相关定义：产业是从事同类属性的经济活动的集合或系统；企业是构成产业的重要部分，一定程度上，产业中的企业竞争力直接决定着该地区相应产业的发展能力。本文研究旅游产业的企业指标主要包括旅行社数量以及营业收入和利润、星级饭店相关数量等。

环境指标主要有自然环境以及社会环境。自然环境越优越，对游客的吸引程度越高，具体如森林覆盖率、人均水资源等指标。社会环境主要是指经济发展条件，显然，发达地区能够对旅游需求起到刺激作用，同时，较为扎实的经济基础也能不断满足消费者的需求，从提供的旅游服务到旅游产品，都能实现更好地提高具体的旅游产业发展评价指标（详见表1）。

表1 旅游产业发展评价指标

一级指标	二级指标	变量
市场指标	国际旅游外汇收入	X_1
	入境旅游人数	X_2
	国内旅游收入	X_3
	国际旅游外汇增长率	X_4
	国际旅游人数增长率	X_5
	国内旅游收入增长率	X_6
基础指标	旅游景点数	X_7
	旅游院校数	X_8
	旅游业从业人员数量	X_9
	旅游学院学生数	X_{10}
	人均年客运总量	X_{11}
	铁路路网密度	X_{12}
	公路路网密度	X_{13}
企业指标	旅行社数量	X_{14}
	旅游行社营业收入	X_{15}
	旅行社营业利润	X_{16}
	星级饭店数量	X_{17}
	星级饭店营业额	X_{18}
	星级饭店客房出租率	X_{19}
	星级饭店全员劳动生产率	X_{20}
	星级饭店人均固定资产原值	X_{21}
环境指标	GDP	X_{22}
	人均 GDP	X_{23}
	城镇居民可支配收入	X_{24}
	农村居民可支配收入	X_{25}
	森林覆盖率	X_{26}
	建成区绿化覆盖率	X_{27}
	自然保护区占辖区面积比重	X_{28}
	人均水资源量	X_{29}

（三）内蒙古旅游业发展能力实证过程

为了保证因子分析的准确性，本文在分析过程中对4个指标体系分别进行因子分析，将真实数据进行标准化处理后代入 SPSS 19.0 软件中进行降维计算。

在实际运行中，需要利用 KMO 检验和 Bartlett 球形检验判断所取数据是否能进行因子分析。基本原理是：KMO 检验用于检验变量间的偏相关系数，如果小于0.5，则说明所取变量不适合用于因子分析，变量之间相对独立。Bartlett 球形检验用来检验相关系数矩阵是否是单位阵，如果拒绝原假设，则说明变量之间是相关的，因而可以进行因子分析。

1. 市场指标

市场指标的实证结果如表2所示：

表2　KMO 和 Bartlett 的检验

取样足够度的 Kaiser – Meyer – Olkin 度量		0.605
Bartlett 的球形度检验	近似卡方	93.002
	df	15
	Sig.	0

KMO 大于0.5，且通过了 Bartlett 球形检验，故 X_1，X_2，X_3，X_4，X_5，X_6 适合进行因子分析（见表3）。

表3　公因子方差

	初始	提取
X_1	1	0.896
X_2	1	0.795
X_3	1	0.7
X_4	1	0.754
X_5	1	0.746
X_6	1	0.37

提取方法：主成分分析。

根据公因子方差结果，因子对自变量的解释度较强，结果比较合理。

表4　解释的总方差

成分	初始特征值			提取平方和载入		
	合计	方差的%	累积%	合计	方差的%	累积%
1	2.767	46.121	46.121	2.767	46.121	46.121
2	1.494	24.897	71.018	1.494	24.897	71.018

成分	初始特征值			提取平方和载入		
	合计	方差的%	累积%	合计	方差的%	累积%
3	0.822	13.698	84.717			
4	0.512	8.526	93.242			
5	0.352	5.87	99.112			
6	0.053	0.888	100			

从表 4 可以看出，前两个因子的特征值大于 1，且累计贡献率达到了 71.018%。

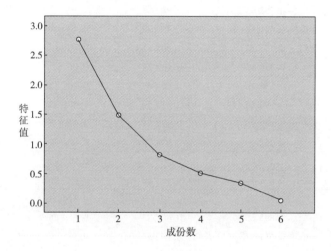

图1　因子分析碎石图

利用方差极大法对因子进行旋转，得到表5的结果。

表5　成分矩阵和旋转成分矩阵

	成分矩阵[a]			旋转成分矩阵[a]		
	成分				成分	
	1	2		1	2
X_1	0.946	0.022	X_1	0.945	-0.056
X_2	0.891	0.045	X_2	0.891	-0.029
X_3	0.835	0.05	X_3	0.836	-0.019
X_4	-0.118	0.86	X_4	-0.046	0.0867
X_5	-0.055	0.862	X_5	0.016	0.863
X_6	-0.604	-0.077	X_6	-0.608	-0.027

提取方法：主成分。　　　　　　　　　　提取方法：主成分。

a. 已提取了2个成分。　　　　　　　　　旋转法：具有 Kaiser 标准化的正交旋转法。

　　　　　　　　　　　　　　　　　　　a. 旋转在3次迭代后收敛。

根据载荷值可以看出，X_1，X_2，X_3，X_6组成第一主成分 F_{11}，根据各自变量的实际意义将该主成分命名为总量成分。X_4 和 X_5 组成第二主成分，外汇增长率和人数增长率体现了市场的发展，因此将之命名为发展成分 F_{12}。

根据两个成分的权重进行赋值计算，得到市场指标的综合因子 F_1。即 $F_1 = 0.6475F_{11} + 0.3524F_{12}$，通过代入得到关于全国 31 省市场指标的结果，如表 6 所示。

表6　内蒙古和其他地区市场指标输出结果

地区	F_{11}	F_{12}	F_1	排名
北京市	0.686 86	−0.755 21	0.178 53	11
天津市	−0.169 02	−0.368 35	−0.239 28	21
河北省	−0.702 63	−0.980 58	−0.800 61	29
山西省	−0.401 12	−0.454 79	−0.420 04	24
内蒙古自治区	−0.535 70	−1.005 11	−0.701 17	28
辽宁省	0.376 17	−0.640 24	0.017 8 9	14
吉林省	−0.538 38	0.408 04	−0.204 77	20
黑龙江省	−0.996 25	−2.910 50	−1.671 02	31
上海市	0.940 93	−0.479 38	0.440 27	6
江苏省	1.252 50	−0.018 72	0.804 40	4
浙江省	1.133 97	0.505 35	0.912 38	3
安徽省	0.031 44	0.162 29	0.077 56	13
福建省	0.362 92	−0.171 79	0.174 4 4	12
江西省	−0.695 35	−0.608 85	−0.664 86	27
山东省	0.617 57	0.242 54	0.485 37	5
河南省	−0.017 37	0.034 30	0.000 84	15
湖北省	0.158 05	0.832 88	0.395 93	8
湖南省	−0.290 43	−0.435 70	−0.341 64	23
广东省	4.227 28	−0.512 32	2.556 57	1
广西壮族自治区	−0.087 51	1.322 74	0.409 60	7
海南省	−0.695 33	−1.204 89	−0.874 95	30
重庆市	−0.146 02	0.014 98	−0.089 27	17
四川省	0.014 86	0.917 68	0.333 10	9
贵州省	−0.398 47	0.202 65	−0.186 58	18
云南省	0.159 66	2.390 32	0.945 97	2
西藏自治区	−1.193 34	0.487 96	−0.600 68	26
陕西省	−0.103 03	−0.029 58	−0.077 14	16
甘肃省	−0.851 46	0.624 74	−0.331 10	22
青海省	−0.858 54	2.248 13	0.236 56	10
宁夏回族自治区	−0.615 38	0.565 86	−0.198 9 9	19
新疆维吾尔自治区	−0.666 89	−0.384 46	−0.567 33	25

表6显示，广东、云南、浙江、江苏、山东等沿海发达地区其市场的排名处于全国领先水平，这与其经济实力雄厚和自然条件优越有关。内蒙古的市场综合排名靠后，其总量因子和发展因子也处于较低水平，充分说明内蒙古自治区整体旅游发展的市场竞争力较弱。

2. 基础指标

基础指标实证结果如表7所示。

表7　KMO 和 Bartlett 的检验

取样足够度的 Kaiser – Meyer – Olkin 度量		0.753
Bartlett 的球形度检验	近似卡方	135.772
	df	21
	Sig.	0

KMO 大于 0.5，且通过了 Bartlett 球形检验，故 X_7，X_8，X_9，X_{10}，X_{11}，X_{12}，X_{13}适合进行因子分析（见表8）。

表8　公因子方差

	初始	提取
X_7	1	0.567
X_8	1	0.826
X_9	1	0.828
X_{10}	1	0.696
X_{11}	1	0.796
X_{12}	1	0.936
X_{13}	1	0.878

提取方法：主成分分析。

根据公因子方差结果，因子对自变量的解释度较强，结果比较合理。

表9　解释总方差

成分	初始特征值			提取平方和载入		
	合计	方差的%	累积%	合计	方差的%	累积%
7	4.003	57.181	57.181	4.003	57.181	57.181
8	1.524	21.774	78.955	1.524	21.774	78.955
9	0.552	7.888	86.844			
10	0.382	5.456	92.3			
11	0.245	3.497	95.797			
12	0.186	2.654	98.45			
13	0.108	1.55	100			

从表 9 中可以看出，前两个因子的特征值大于 1，且累计贡献率达到了 78.955%，故提取出两个主成分。

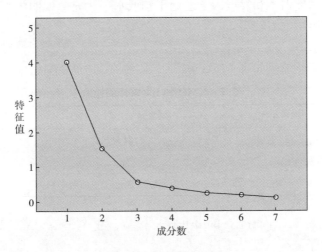

图 2　因子分析碎石图

利用方差极大法对因子进行旋转，得到表 10 的结果。

表 10　成分矩阵和旋转成分矩阵

	成分矩阵[a]			旋转成分矩阵[a]	
	成分			成分	
	1	2		1	2
X_7	0.723	−0.209	X_7	0.753	0.008
X_8	0.881	−0.223	X_8	0.908	0.041
X_9	0.901	−0.129	X_9	0.9	0.136
X_{10}	0.831	0.069	X_{10}	0.776	0.306
X_{11}	0.867	−0.208	X_{11}	0.89	0.052
X_{12}	0.155	0.055	X_{12}	−0.127	0.959
X_{13}	0.651	0.674	X_{13}	0.429	0.833

提取方法：主成分。　　　　　　　　提取方法：主成分。

a. 已提取了 2 个成分。　　　　　　　旋转法：具有 Kaiser 标准化的正交旋转法。

　　　　　　　　　　　　　　　　　　a. 旋转在 3 次迭代后收敛。

根据载荷特征值的大小，可以得出 X_7，X_8，X_9，X_{10}，X_{11} 可划为第一主成分，即旅游产业资源成分 F_{21}；X_{12}，X_{13} 明显属于交通基础成分 F_{22}。重复权重的计算方法得到旅游发展基础指标综合因子 $F_2 = 0.724\ 262 F_{21} + 0.275\ 737 F_{22}$。通过代入得到关于全国 31 省旅游发展基础指标的结果，如表 11 所示。

表 11 内蒙古和其他地区基础指标输出结果

地区	F_{21}	F_{22}	F_2	排名
北京市	− 0.329 07	2.041 09	0.324 471	10
天津市	− 1.379 75	2.233 02	− 0.383 57	22
河北省	− 0.104 71	0.365 76	0.025 016	14
山西省	− 0.760 59	0.266 43	− 0.477 4	23
内蒙古自治区	− 0.637 82	− 1.141 04	− 0.776 58	28
辽宁省	0.259 1	0.445 7	0.310 553	11
吉林省	− 0.854 13	− 0.293 96	− 0.699 67	25
黑龙江省	− 0.122 83	− 0.988 31	− 0.361 48	21
上海市	− 1.041 17	2.778 81	0.012 141	15
江苏省	2.533 3	0.093 63	1.860 592	1
浙江省	1.323 15	0.051 37	0.972 473	4
安徽省	0.832 58	0.371 62	0.705 476	6
福建省	− 0.165 65	− 0.009 9	− 0.122 7	16
江西省	− 0.342 64	− 0.016 78	− 0.252 79	19
山东省	1.245 33	0.826 51	1.129 846	3
河南省	0.627 82	0.455 58	0.580 327	8
湖北省	0.479 73	0.145 96	0.387 697	9
湖南省	0.838 86	0.065 22	0.625 539	7
广东省	2.008 94	0.105 26	1.484 024	2
广西壮族自治区	− 0.263 85	− 0.509 74	− 0.331 65	20
海南省	− 0.892 29	0.118 16	− 0.613 67	24
重庆市	0.224 15	0.515 45	0.304 472	12
四川省	1.561 1	− 1.095 85	0.828 48	5
贵州省	− 0.209 44	− 0.233 52	− 0.216 08	17
云南省	0.386 83	− 0.921 65	0.026 033	13
西藏自治区	− 1.322 21	− 1.348 71	− 1.329 52	31
陕西省	− 0.222 5	− 0.219 38	− 0.221 64	18
甘肃省	− 0.660 41	− 1.033 13	− 0.763 18	27
青海省	− 1.187	− 1.267 45	− 1.209 18	30
宁夏回族自治区	− 1.312 67	− 0.412 98	− 1.064 59	29
新疆维吾尔自治区	− 0.512 16	− 1.387 17	− 0.753 43	26

利用表 11 中的数据进行分析可知，排名靠前的省份主要有江苏、广东、山东、浙江等景区数目多且产业人力资源充裕的地方，这些发达地区的交通网络覆盖较广。内蒙古自治区的基础综合因子排名位居全国第 28 位，基础设施和景区等相关要素与强省相比仍有较大的差距。

3. 企业指标

企业指标的实证结果如表 12 所示：

表 12　KMO 和 Bartlett 的检验

取样足够度的 Kaiser – Meyer – Olkin 度量		0.72
Bartlett 的球形度检验	近似卡方	184.036
	df	28
	Sig.	0

KMO 大于 0.5，且通过了 Bartlett 球形检验，故 X_{14}，X_{15}，X_{16}，X_{17}，X_{18}，X_{19}，X_{20}，X_{21} 适合进行因子分析（见表 13）。

表 13　公因子方差

	初始	提取
X_{14}	1	0.739
X_{15}	1	0.876
X_{16}	1	0.809
X_{17}	1	0.624
X_{18}	1	0.895
X_{19}	1	0.268
X_{20}	1	0.808
X_{21}	1	0.764

提取方法：主成分分析。

根据公因子方差结果，因子对自变量的解释度较强，结果比较合理。

从表 14 中可以看出，前两个因子的特征值大于 1，且累计贡献率达到了 72.298%，故提取出两个主成分（见表 14）。

表 14　解释的总方差

成分	初始特征值			提取平方和载入		
	合计	方差的%	累积%	合计	方差的%	累积%
14	4.005	50.063	50.063	4.005	50.063	50.063
15	1.779	22.234	72.298	1.779	22.234	72.298

成分	初始特征值			提取平方和载入		
	合计	方差的%	累积%	合计	方差的%	累积%
16	0.863	10.789	83.087			
17	0.697	8.711	91.798			
18	0.315	3.934	95.733			
19	0.187	2.343	98.076			
20	0.123	1.536	99.612			
21	0.031	0.388	100			

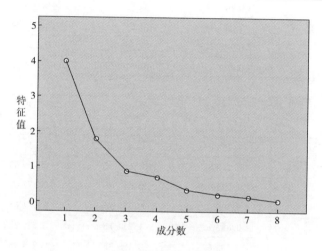

图3　因子分析碎石图

利用方差极大法对因子进行旋转，得到表15的结果。

表15　成分矩阵和旋转成分矩阵

	成分矩阵[a]			旋转成分矩阵[a]		
	成分				成分	
	1	2		1	2	
X_{14}	0.805	-0.302	X_{14}	0.849	-0.135	
X_{15}	0.935	0.047	X_{15}	0.906	0.234	
X_{16}	0.898	-0.053	X_{16}	0.89	0.128	
X_{17}	0.743	-0.267	X_{17}	0.782	-0.113	
X_{18}	0.945	0.03	X_{18}	0.92	0.219	
X_{19}	0.419	0.304	X_{19}	0.349	0.382	
X_{20}	0.179	0.881	X_{20}	-0.001	0.899	
X_{21}	0.152	0.861	X_{21}	-0.024	0.874	

提取方法：主成分。

a. 已提取了两个成分。

提取方法：主成分。

旋转法：具有 Kaiser 标准化的正交旋转法。

a. 旋转在3次迭代后收敛。

根据载荷特征值的大小，可以得出 X_{14}，X_{15}，X_{16}，X_{17}，X_{18}，X_{19} 可划为第一主成分 F_{31}；X_{20}，X_{21} 属于第二主成分 F_{22}。重复权重的计算方法得到旅游发展企业指标综合因子 $F_3 = 0.692\,427F_{31} + 0.307\,572F_{32}$。通过代入得到关于全国 31 省旅游发展企业指标的结果，如表 16 所示。

表 16 内蒙古和其他地区企业指标输出结果

地区	F_{31}	F_{32}	F_3	排名
北京市	2.298 07	2.863 81	2.472 076	1
天津市	−0.733 36	0.664 21	−0.303 51	19
河北省	−0.093 92	0.748 08	0.165 056	9
山西省	−0.674 72	−0.432	−0.600 07	28
内蒙古自治区	−0.471 44	0.511 43	−0.169 14	14
辽宁省	0.336 74	−0.343 81	0.127 421	10
吉林省	−0.631 39	−0.316 78	−0.534 62	24
黑龙江省	−0.602 85	−1.053 66	−0.741 51	29
上海市	1.283 69	−0.624 4	0.696 814	5
江苏省	1.607 3	−0.127 13	1.073 837	3
浙江省	1.753 43	−0.634 46	1.018 9 8	4
安徽省	−0.112 87	−0.612 76	−0.266 62	17
福建省	0.235 9	0.047 7	0.178 015	8
江西省	−0.505 62	0.222 55	−0.281 65	18
山东省	0.882 15	−1.214 16	0.237 382	7
河南省	−0.235 62	−0.199 32	−0.224 46	15
湖北省	0.027 88	0.066 64	0.039 802	11
湖南省	−0.012 15	−1.089 82	−0.343 61	21
广东省	2.920 83	−0.389 68	1.902 608	2
广西壮族自治区	−0.530 66	0.672 87	−0.160 49	13
海南省	−0.678 06	−0.323 32	−0.568 95	25
重庆市	−0.496 53	0.981 51	−0.041 93	12
四川省	−0.595 05	2.919 28	0.485 862	6
贵州省	−0.461 61	−1.543 76	−0.794 45	30
云南省	0.028 1	−0.929 7	−0.266 49	16
西藏自治区	−0.881 29	0.767 6	−0.374 14	22
陕西省	−0.244 02	−0.476 18	−0.315 43	20
甘肃省	−0.564 23	−0.191 97	−0.449 73	23
青海省	−1.135 93	0.664 73	−0.582 1	27
宁夏回族自治区	−1.135 66	−0.044 3	−0.799 99	31
新疆维吾尔自治区	−0.577 12	−0.583 18	−0.578 98	26

对表 16 中的数据进行分析可知，北京、广东、浙江、江苏等地的旅游产业企业竞争力居全国领先水平，这些地区都属于经济发展较快的地区，旅游业涉及的相关企业发展较为成熟，管理水平较高。相较于前两个因素，内蒙古旅游产业企业综合因子的排名有所提升，尽管在全国范围内仍然处于中间水平，但是企业发展能力的确能给内蒙古的旅游发展有所启发。

4. 环境指标

环境指标实证结果如表 17 所示。

表 17　KMO 和 Bartlett 的检验

取样足够度的 Kaiser – Meyer – Olkin 度量		0.646
Bartlett 的球形度检验	近似卡方	162.231
	df	28
	Sig.	0

KMO 大于 0.5，且通过了 Bartlett 球形检验，故 X_{22}，X_{23}，X_{24}，X_{25}，X_{26}，X_{27}，X_{28}，X_{29} 适合进行因子分析（见表 18）。

表 18　公因子方差

	初始	提取
X_{22}	1	0.477
X_{23}	1	0.917
X_{24}	1	0.901
X_{25}	1	0.916
X_{26}	1	0.707
X_{27}	1	0.836
X_{28}	1	0.841
X_{29}	1	0.935

提取方法：主成分分析。

根据公因子方差结果，因子对自变量的解释度较强，结果比较合理。

从表 19 中可以看出，前 3 个因子的特征值大于 1，且累计贡献率达到了 81.623%，故提取出 3 个主成分。

表 19　解释的总方差

成分	初始特征值			提取平方和载入		
	合计	方差的%	累积%	合计	方差的%	累积%
1	3.725	46.558	46.558	3.725	46.558	46.558
2	1.655	20.691	67.249	1.655	20.691	67.249
3	1.15	14.374	81.623	1.15	14.374	81.623

续表

成分	初始特征值			提取平方和载入		
	合计	方差的%	累积%	合计	方差的%	累积%
4	0.693	8.666	90.289			
5	0.435	5.435	95.724			
6	0.177	2.207	97.931			
7	0.115	1.437	99.368			
8	0.051	0.632	100			

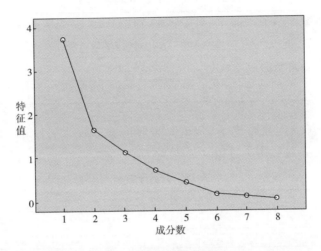

图 4　因子分析碎石图

利用方差极大法对因子进行旋转，得到表 20 的结果。

表 20　成份矩阵和旋转成份矩阵

	成分矩阵[a]				旋转成份矩阵[a]		
	成分				成分		
	1	2	3		1	2	3
X_{22}	0.662	−0.183	0.074	X_{22}	0.485	−0.289	0.398
X_{23}	0.856	0.386	−0.189	X_{23}	0.95	−0.117	−0.033
X_{24}	0.877	0.361	−0.035	X_{24}	0.942	−0.043	0.106
X_{25}	0.905	0.295	−0.101	X_{25}	0.941	−0.141	0.101
X_{26}	0.215	−0.657	0.478	X_{26}	−0.17	−0.225	0.792
X_{27}	0.622	−0.011	0.67	X_{27}	0.476	0.224	0.748
X_{28}	−0.631	0.661	0.077	X_{28}	−0.246	0.712	−0.523
X_{29}	−0.367	0.622	0.643	X_{29}	−0.086	0.962	0.028

提取方法：主成分。
a. 已提取了 3 个成分。

提取方法：主成分。
旋转法：具有 Kaiser 标准化的正交旋转法。
a. 旋转在 5 次迭代后收敛。

根据载荷特征值的大小，可以得出 X_{22}，X_{23}，X_{24}，X_{25} 可划为第一主成分，F_{41}；X_{26}，X_{27} 为第二主成分 F_{42}，X_{28}，X_{29} 为第三主成分 F_{43}。故而环境综合因子：$F_4 = 0.570\,444F_{41} + 0.253\,445F_{42} + 0.176\,110F_{43}$。

通过代入得到关于全国 31 省旅游发展基础指标的结果，如表 21 所示。

表 21　内蒙古和其他地区基础指标输出结果

地区	F41	F42	F43	F4	排名
北京市	2.521 16	0.668 72	0.705 32	1.731 879	1
天津市	1.532 2	− 0.421 7	− 1.652 28	0.476 173	7
河北省	− 0.263 67	− 0.340 39	0.340 92	− 0.176 64	15
山西省	− 0.519 85	− 0.158	− 0.171 81	− 0.366 85	20
内蒙古自治区	0.283 32	− 0.003 88	− 0.563 1	0.061 467	11
辽宁省	0.247 12	0.078 38	0.138 91	0.185 297	10
吉林省	− 0.464 13	− 0.209 07	− 0.363 84	− 0.381 82	22
黑龙江省	− 0.685 61	− 0.060 89	− 0.303 59	− 0.46	25
上海市	2.712 97	− 0.166 31	− 1.427 47	1.254 055	2
江苏省	1.586 18	− 0.312 34	0.209 89	0.862 63	5
浙江省	1.447 2	− 0.452 08	0.984 16	0.884 29	4
安徽省	− 0.390 29	− 0.276 5	0.442 29	− 0.214 82	16
福建省	0.235 65	− 0.128 14	1.595 12	0.382 866	9
江西省	− 0.624 3	0.231 61	1.674 06	− 0.002 61	12
山东省	0.710 9	− 0.313 74	0.331 59	0.384 409	8
河南省	− 0.341 46	− 0.634 46	− 0.140 59	− 0.380 34	21
湖北省	− 0.245 28	− 0.532 06	0.138 74	− 0.250 33	18
湖南省	− 0.384 5	− 0.275 68	0.774 71	− 0.152 77	14
广东省	0.626 57	− 0.311 4	1.240 27	0.496 924	6
广西壮族自治区	− 0.903 65	− 0.372 04	0.759 74	− 0.475 98	27
海南省	− 0.779 09	− 0.334 8	0.492 93	− 0.442 47	24
重庆市	− 0.301 63	− 0.000 71	0.272 51	− 0.124 25	13
四川省	− 0.476 97	0.190 15	0.010 92	− 0.221 97	17
贵州省	− 1.102 45	− 0.554 29	− 0.029 73	− 0.774 6	30
云南省	− 1.041 28	− 0.312 83	0.496 41	− 0.585 85	28
西藏自治区	− 0.263 91	5.162 28	0.207 56	1.194 365	3
陕西省	− 0.569 52	− 0.245 16	0.628 26	− 0.276 37	19
甘肃省	− 1.058 82	− 0.290 47	− 2.076 33	− 1.043 28	31
青海省	− 0.653 39	0.493 85	− 2.684 92	− 0.720 4	29
宁夏回族自治区	− 0.478 97	− 0.133 88	− 0.905 09	− 0.466 55	26
新疆维吾尔自治区	− 0.354 46	0.015 8 4	− 1.125 54	− 0.396 4	23

环境综合因素体现了社会经济发展因素和自然环境因素对旅游发展能力的影响。排名靠前的地区中，北京、上海、浙江、江苏等地经济发展动力较强，能够为产业的发展基础较好的财力支持，西藏的自然条件则从另一方面提供了旅游支持。从第一主成分来看，内蒙古的排名相对靠前，近几年得益于资源的开采，内蒙古自治区的经济总量的确在全国范围内较为领先，并且内蒙古自治区的自然环境多种多样，随着国家耕地保护政策的进一步实施，生态环境较几年前也有所改善。

五、对内蒙古旅游产业发展的建议

为增强内蒙古自治区旅游产业的竞争力，根据 4 个指标因子分析的结果，结合内蒙古自治区的发展特色，笔者提出以下几点建议。

（一）创新旅游市场

旅游市场的活力是产业发展的直接体现。内蒙古自治区应充分发挥自身旅游资源的优势，对已有的旅游景点进行不断完善，并不断开拓新的旅游资源。利用地处中蒙俄交界的地理位置，增强边境旅游和贸易互动，积极利用"互联网 +"打造边境特色旅游，增加旅游文化内涵，开发富有创意的旅游路线，结合草原、沙漠等景观，打造祖国北方亮丽的风景线。

（二）推进基础建设

基础建设对游客的吸引力具有十分重要的作用。因此，政府需要从社会基础和人才基础两方面着手，通过不断完善旅游交通设施建设、数字化服务建设，加大对旅游人才的培养力度。另外，也可以通过和内蒙古自治区内的学校制定旅游人才合作培养计划，结合同企业的定向就业合作增强旅游人才的高效输出，可相应地在内蒙古大学等高校增设相关专业，为旅游业人才的就业提供绿色通道。

（三）力行生态保护

任何发展都不能违背自然规律，在不断开发旅游资源的同时，也要坚持可持续的生态发展理念。通过加大对环境保护的宣传力度，出台相应的环境保护标准，对不符合科学发展的旅游景点要严肃处理，增强科学技术和环保措施在资源开发中的应用，践行高效、节能的发展理念。

房地产企业融资成本影响因素分析

——以万科房地产为例

邓达　　卢笛[①]

摘要： 近年来，由于政策导向与表外业务，房地产企业的融资成本居高不下，通过何种方式降低融资成本成为各房地产企业亟待解决的问题。本文使用万科地产 2008—2017 年的财务数据建立回归模型，分析企业融资成本与企业内部因素之间的相关关系，并得出结论：万科房地产的企业融资成本与权益收益率、资产负债率之间都存在负相关关系，企业可以通过调整资本结构、增强盈利能力等方式降低融资成本。

关键词： 房地产企业；融资成本；资本结构

一、绪论

（一）研究背景、目的及意义

1. 研究背景

近年来，由于银行理财资金委托外部投资业务以及各类繁杂的通道业务投资，我国实体经济的融资成本被持续推高，尤其是在资本密集型产业中，企业融资成本已经成为衡量企业融资情况是否居于正常水平的一个重要指标。房地产业作为典型的资本密集型产业，通过何种方式来降低房地产企业的融资成本成为亟待解决的问题。

2016 年 10 月 28 日，上海证券交易所向债券承销机构发布监管函，明确房地产企业的公司债券资金不得用于购置土地，同时将对房地产业采取"基础范围 + 综合指标评价"的分类监管标准，表明房地产企业发行公司债收紧。[②] 自 2016 年 10 月以来，房地产企业公司债发行监管趋于严格，截至 2017 年 7 月 6 日，证监会对 43 家公司申请发行的公司债终止或中止审查，其中，房地产板块占比最高。

---

① 邓达，教授，中国政法大学商学院；卢笛，产业经济学硕士，中国政法大学商学院。

② 2016 年 10 月 28 日，上海证券交易所向债券承销机构发布《关于试行房地产、产能过剩行业公司债券分类监管的函》

2. 研究目的

本文从企业财务指标这一视角切入，以房地产企业融资成本作为研究对象，选择合理指标，建立模型来探究房地产企业融资成本与企业财务比率指标之间的相关关系，探究调整各个财务指标从多大程度上影响房地产企业的融资成本，并对研究结论中反映出的问题提出合理建议。

3. 研究意义

中国人民银行、银监会发布的各类货币政策与金融监管办法，受影响最大的是金融市场，其次是房地产行业，其价格变动与政策调控息息相关。中国人民银行中性偏紧的货币政策会减少各商业银行的现金流，银行减少了可供使用的资金，房地产企业的融资成本就会升高，在目前严峻的融资背景下，房地产企业通过调整自身的资本结构来达到减少房地产企业融资成本的目的是十分必要的。

本文通过实证分析得出财务比率指标中影响企业融资成本的因素，基于此，可以对房地产企业财务指标的调整提出建议，例如，杠杆比率对融资成本是否有影响作用，如何调整杠杆比率或其他财务比率来达到降低融资成本的效果，通过这样的分析来使房地产企业调整自身财务战略，降低融资成本。

（二）目前国内研究状况

目前，国内学者对本课题的研究主要集中在以下几个方面：①企业融资成本的影响因素分析。丰秋惠、刘少英（2014）通过研究 2008 年以来融资成本的变化趋势，得出了银行和中介机构经营行为的变化以及某些对价格不敏感的企业是企业融资成本重要影响因素的结论[1]；叶康涛、陆正飞（2004）采用多元回归模型考察了中国上市公司融资成本的影响因素，得出结论：β 系数、负债率、企业规模都是影响企业融资成本的因素，并且不同行业的企业融资成本各不相同[2]；邢天才、王璇璇、郭凯（2016）基于金融结构的视角，研究发现金融结构和通胀预期均构成融资成本的重要影响因素，其中，金融结构的影响更为显著[3]；曲铖（2011）通过研究发现，市场的波动性与股权融资成本之间有正相关关系，股票的流动性与股权融资成本呈负相关关系[4]。②房地产企业的融资成本。陈诗一、王祥（2016）通过建立模型，研究降低融资成本的政策对房地产价格的影响，结果表明，政府降低融资成本能够明显弱化房地产市场的加速器效应[5]；姜百芋、张桂仁（2016）研究了房地产融资的基本现状，发现当前房地产融资成本不断提

---

① 丰秋惠，刘少英.我国企业融资成本的影响因素及对策分析［J］.新金融，2014（6）：39～43.

② 叶康涛，陆正飞.中国上市公司股权融资成本影响因素分析［J］.管理世界，2004（5）：127～131，142.

③ 邢天才，王璇璇，郭凯.中国融资成本的长期影响因素——基于结构和预期视角的实证研究［J］.金融论坛，2016（10）：18–29.

④ 曲铖.浅论股权融资成本的影响因素［J］.中国外资，2011（24）：103.

⑤ 陈诗一，王祥.融资成本、房地产价格波动与货币政策传导［J］.金融研究，2016（3）：1～14.

高，房地产融资的风险系数也在不断加大，导致该现状的主要原因是融资渠道的单一和市场竞争的加剧①。

本文主要研究的是企业融资成本的内部影响因素，并在此基础上选择房地产企业进行分析。

（三）研究方法

1. 研究理论

本文探究房地产企业融资成本与企业财务指标之间是否具有相关关系。企业融资成本有不同的计算方法，本文采取的是加权平均资本成本法。加权平均资本成本是指以企业的各项资本在企业全部资本中所占的比重为权重，然后对各项资金的资本成本分别加权，然后求和计算出总的资本成本。"加权平均资本成本法"能够用来确定一个风险投资项目所要达到的收益率。②

同时，我们视当前金融市场为"半强型有效市场"，所谓半强型有效市场，是指企业的价格反映并包含了所有公开可用的信息。信息立刻反映在价格里，投资者会预期获得正常的收益率，同时，企业会从它出售的证券中预期得到公允价值，即双方在公平交易和自愿情况下确定的价格，不存在信息不对称导致获取超额利润的现象，这会减少实证分析中的误差。

在计算房地产企业的融资成本时，需要使用企业的预期收益率，由此要用到资本资产定价模型，由于系统风险不确定性导致其难以衡量，本文选择传统 CAPM 模型中的 β 值来替代系统风险因素。

2. 研究方法

本文采取多元回归分析方法研究房地产企业融资成本与其财务指标之间的关系，通过万科地产年报收集其 2008 年至今的财务数据，根据年报提供的风险系数、贷款利率、所有者权益以及资金规模，通过 WACC 与 CAPM 方法，计算出万科地产的融资成本；接着使用 SPSS 软件建立模型，进行多元回归，根据结果得到模型具体系数；最后根据模型的系数，可以得出融资成本及企业财务指标之间的关系。

二、货币政策与融资成本关系模型构建、解释与分析

（一）模型构建

1. 财务指标变量选取

本文拟从经营风险、财务风险、企业规模和资产营运情况 4 个角度选取财务指标③：

---

① 姜百芊，张桂仁. 房地产企业融资成本和风险控制研究 [J]. 现代经济信息，2016（1）：170～171.
② 斯蒂芬·A. 罗斯：《公司理财》（第 9 版），机械工业出版社 2012 年版。
③ 数据来源：2008—2016 年万科企业股份有限公司年度报告。

（1）权益收益率（ROE）：净利润/股东权益，是反映股东权益收益水平的指标。指标数值越高，说明投资带来的收益越高。

（2）资产负债率：负债总额/资产总额，由于资产是总负债与权益之和，因此该指标反映了企业的融资结构。

（3）每股收益（EPS）：税后利润与股本总数的比率，是综合反映企业获利能力的指标。

（4）总资产周转率：是反映资产管理能力的指标，指标数值越高，说明销售能力越强。

（5）资产总额（自然对数）。

2. 企业融资成本指标选取

（1）权益融资成本。权益融资是通过公司权益资本渠道来完成的，通过各种途径增加权益资产来扩大企业的资产总额，例如，招徕新的投资人、发行新股、所有者使用自有资金增加投资等来实现。权益资本获取的主要方式包括所有者自有资金、亲属与生意伙伴的投资等。如果公司所有者想要增加公司的资本，或者拓展新的企业发展方向，可以通过上述不同的渠道来增加其权益资产。

（2）债务融资成本。房地产企业的债务资本来源于银行贷款和发行债券，债务资本成本直接等于借款的利率。因此，本文使用的债务融资成本为银行的基准贷款利率。

3. 变量构建

由于企业财务指标数据直接从企业年报中获取，因此，本文需要构建的是企业融资成本变量。

本文选择2008—2017年万科的企业融资成本数据为因变量 Y，为了计算企业融资成本数据指标，我们使用 WACC 加权平均资本成本法。

根据 WACC 公式：

$$R_{WACC} = \frac{S}{S+B}R_S + \frac{B}{S+B}R_B, \tag{1}$$

其中，S 为企业所有者自有资金，B 为贷款融资，R_S 为预期收益率，R_B 为贷款利率。

自有资金占总资金的比例，即 $\frac{S}{S+B} = 1 -$ 资产负债率，R_B 即贷款利率已知，R_S 需进一步计算。

根据资本资产定价模型：

$$R_S = R_F + \beta(R_M - R_F) \tag{2}$$

其中，R_F 为无风险收益率，一般来说是指一年期国库券收益率；β 为风险系数，表示一种证券对市场组合变化反映程度的指标；R_M 为市场利率，是指市场上由供求关系所决定的利率，能够反映 R_M 的指标有银行间同业拆借利率等。

首先，将数据代入公式（2），得到企业 R_S（期望收益率），然后将数据代入公式（1），得到 R_{WACC}（企业加权平均融资成本）。

要计算公式（2），首先得到一年期国库券利率①，R_M 使用 shibor，即上海银行间同业拆放利率②。而企业 β 值由企业收益率与大盘整体收益率算出。计算出的具体融资成本数据如表1所示。

表1 2008—2017年万科企业融资成本数据

年份	2008年	2009年	2010年	2011年	2012年	2013年	2014年	2015年	2016年	2017年
R_S	6.02%	2.65%	2.77%	4.43%	6.47%	4.50%	5.49%	6.04%	3.12%	4.35%
R_B	7.20%	5.31%	5.56%	5.81%	6.31%	6%	5.60%	5.35%	4.90%	4.90%
R_M	4.69%	2.64%	2.79%	4.73%	4.87%	4.68%	5.76%	5.30%	3.25%	4.40%
R_F	2.60%	2.60%	2.60%	2.85%	3.45%	3.45%	3.60%	3.60%	3.85%	3.85%
R_{WACC}	4.81%	3.63%	3.79%	4.43%	4.91%	4.79%	4.46%	4.18%	3.87%	4.01%

4. 统计回归

将上述数据输入 SPSS，定义万科房企融资成本 R_{WACC} 为因变量 Y，5个企业财务指标为5个自变量，分别为：每股收益 X_1，总资产周转率 X_2，权益收益率 X_3，资产负债率 X_4，资产总额 X_5。使用"进入法"对数据进行回归，并设定"F 值显著水平 <0.05 时进入方程，F 值显著水平 >0.1 删除"的标准。得到结果如下：

首先，通过残差图（图1）来检查回归方程中的异常值，其中，X 轴为标准化的预测值，Y 轴为标准化残差，通过观察我们发现，残差图的散点均匀分布在 $Y=0$ 两侧，即围绕 $e=0$ 随机波动，从而可以判定没有异常值存在。

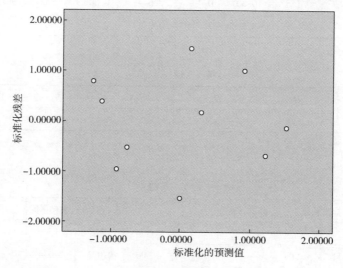

图1 残差图

① 数据来源：《中华人民共和国财政部公告》，财务部网站。

② 数据来源：上海银行间同业拆放利率网站。

接下来观察表 2 模型汇总，可知回归方程的拟合优度 R – square 为 0.833，调整后的拟合优度为 0.624，表明回归模型对观测值的拟合程度较好；Durbin – Watson 的 d 值为 2.645，高于临界值，说明回归方程不存在序列自相关。

表 2　模型汇总[b]

模型	R	R^2	调整 R^2	标准 估计的误差	Durbin – Watson
1	0.913[a]	0.833	0.624	0.002 820 0	2.645

a. 预测变量：（常量）X_5，X_3，X_4，X_1，X_2。

b. 因变量：R_{wacc}。

观察表 3 中的共线性统计量，X_1，X_2，X_5 的 VIF 值大于 10，说明自变量 X_1，X_2，X_5 的多重共线性程度比较严重，因此，删除这 3 项自变量，以 X_3，X_4 为自变量，重新进行回归，得到结果如表 4、表 5 所示。

表 3　系数[a]

模型	非标准化系数		标准系数	t	Sig.	B 的 95.0% 置信区间		共线性统计量	
	β	标准 误差	试用版			下限	上限	容差	VIF
1 （常量）	0.287	0.110		2.616	0.059	– 0.018	0.592		
X_1	– 0.981	0.414	– 1.872	– 2.368	0.077	– 2.131	0.169	0.067	14.984
X_2	0.147	0.082	1.802	1.794	0.147	– 0.081	0.376	0.041	24.176
X_3	– 0.192	0.067	1.372	2.879	0.045	0.007	0.378	0.184	5.443
X_4	– 0.077	0.155	– 0.301	– 0.499	0.644	– 0.506	0.352	0.114	8.751
X_5	– 0.020	0.009	– 3.264	– 2.396	0.075	– 0.044	0.003	0.022	44.490

a. 因变量：R_{wacc}。

表 4　模型汇总[b]

模型	R	R^2	调整 R^2	标准 估计的误差	Durbin – Watson
1	0.742[a]	0.550	0.421	0.003 500 6	2.039

a. 预测变量：（常量）X_4，X_3。

b. 因变量：R_{wacc}。

表 5　系数[a]

模型	非标准化系数		标准系数	t	Sig.	B 的 95.0% 置信区间		共线性统计量	
	β	标准 误差	试用版			下限	上限	容差	VIF
1 （常量）	0.034	0.004		7.645	0.000	0.023	0.044		
X_3	– 0.103	0.036	0.734	2.893	0.023	0.019	0.187	1.000	1.000
X_4	– 0.030	0.065	– 0.116	– 0.459	0.660	– 0.183	0.124	1.000	1.000

a. 因变量：R_{wacc}。

表 4 中整个回归方程的拟合优度为 0.55，相对第一次回归变小了，主要原因在于删除了 3 个自变量的数据，导致选取的数据样本不够多。

（二）模型解释与结果分析

1. 模型解释

建立回归模型：

$$Y = \beta_0 + \beta_1 X_3 + \beta_2 X_4 + \varepsilon \tag{3}$$

对 β_1 做原假设 $H_0：\beta_1 = 0$，备择假设 $H_1：\beta_1 \neq 0$；对 β_2、对 α 做原假设 $H_0：\beta_2 = 0$，备择假设 $H_1：\beta_2 \neq 0$，观察表 5 系数表格，β_1 对应的 sig 值 $= 0.023 < 0.05$，因此应拒绝原假设 H_0，即认为 β_1 显著非零，自变量 X_3 对 Y 有显著影响；β_2 对应的 sig 值 $= 0.66 > 0.05$，因此不能拒绝原假设 H_0，因此，自变量 X_4 对 Y 没有显著影响。

根据表 5 中的系数，我们得到回归方程：

$$Y = 0.034 - 0.103 X_3 - 0.030 X_4 \tag{4}$$

从公式（4）可以看出，房地产企业的融资成本与企业的权益收益率之间呈正相关关系，企业的融资成本与资产负债率呈负相关关系，虽不显著，但是具有经济学解释意义，因此仍在方程中保留。最初建模时引入的 3 个具有高度多重共线性的变量——每股收益、总资产周转率和资产总额，并不能说它们和企业融资成本没有相关关系，而可能是经济变量自身的共同趋势或者样本资料的限制所导致的。

2. 结果分析

万科的企业融资成本与企业的权益收益率之间呈负相关关系，说明企业的权益收益率越高，企业融资成本越低，反之，企业的权益收益率越低，融资成本越高。原因如下：企业融资分为外部融资和内部融资，在企业盈利的情况下，由公司内部产生现金，意味着外部融资的需求较少，企业权益收益率反映了股东权益的收益能力，在内部融资中，企业所有者可以通过使用自有资金来增加投资，因此，权益收益率越高，股东权益的收益能力越好，也就越容易使用自有资金增加投资，而不需要动用外部融资（比如发行新债和发行新股），因此融资成本会降低。同时，从外部投资者的角度来看，权益收益率相当于一个信号，ROE 越高，说明企业自有资金投资的收益越高，经济效益越好，这意味着外部投资者对其投资的风险较小，企业也就相对容易进行外部投资，不需要提高自己的融资成本来吸引外部投资，也从另一个角度说明了 ROE 越高，融资成本越低，二者之间呈负相关关系。

万科的企业融资成本与资产负债率呈负相关关系，由于资产负债率 = 负债/总资产，而总资产 = 负债 + 股东权益，因此资产负债率增加，说明权益/总资产降低，即负债/权益增加，负债与权益的比率即企业的财务杠杆。房地产企业属于高财务杠杆的企业，根据含税的 MM 理论，盈利能力较强的公司会增加它们的负债，因为支付额外的利息可以抵消一部分税前利润，因此企业增加负债，相当于给了投资者一个信号，即公司的盈利能力较强，企业的负债增加时可以通过额外的利息来降低由较多盈余带来的税负，并且房地产企业（由其性质决定）增加财务杠杆带来的破产风险是非常微小的。因此，当企业的资产负债率增加时，企业的融资成本会降低。

（三）小结

根据上述回归结果，我们得到了以下结论：万科房产的融资成本主要受企业权益收益率及财务杠杆影响，企业权益收益率增加，融资成本降低，企业财务杠杆增加，融资成本也会下降，但企业的财务杠杆不能过高，否则会导致企业存在破产风险，增加企业的破产成本。因此，企业的财务杠杆应保持在合理范围内。

三、结论

（一）研究结论

在近年房地产企业融资成本居高不下的背景下，为了从企业内部控制融资成本，本文研究了万科房地产企业内部因素对其融资成本的影响，根据万科2008—2017年的财务指标数据，又计算了近十年来万科的融资成本，使用统计软件，根据结果探究上述变量之间的关系，并得到以下结论：

首先，在财务杠杆不变的情况下，企业的权益收益率增加，融资成本会下降，因此，企业可以通过提高内部生成资金的能力来降低融资成本；其次，在适度范围内增加财务杠杆的比重，即增加债务融资，企业的融资成本会因为利息增加降低了税负而下降。当然，除了这两个因素产生的影响，企业的融资成本还受其他因素的影响，比如，外部市场环境、政策因素等。企业要做的是在无法改变外部环境的情况下调整自身的战略，减少融资成本。

（二）发展建议

1. 建立多元化的融资模式

企业通过建立多元化的融资模式，不过分依赖某一种形式的融资方式，可以分散风险（例如，过分偏重债务融资导致破产风险这类财务困境成本与过分依赖权益融资导致的怠工、在职消费等代理成本），有效降低企业的融资成本。

2. 提高企业的盈利能力

根据本文回归结果可知，企业的盈利能力越高，融资成本越少，因此，房地产企业应根据政策调整自身的发展战略，走专业化、精细化的发展道路，优化企业结构，为企业未来的发展提供保障，尽最大可能提升房地产企业的利润空间。

参考文献

[1]丰秋惠,刘少英.我国企业融资成本的影响因素及对策分析[J].新金融,2014(6):39~43.

[2]彭柯.我国上市公司资本结构影响因素实证分析[J].新金融,2008(8):54~57.

[3]叶康涛,陆正飞.中国上市公司股权融资成本影响因素分析[J].管理世界,2004(5):127~131,142.

[4]宋琳,涂罡.资本成本、融资结构与我国企业融资偏好分析[J].南京经济学院学报,2003,(03):53~59.

[5]李丽虹.商业地产企业的融资成本与影响因素[J].商场现代化,2017(9):246~247.

[6]邢天才,王璇璇,郭凯.中国融资成本的长期影响因素——基于结构和预期视角的实证研究[J].金融论坛,2016,(10):18~29.

[7]曲铖.浅论股权融资成本的影响因素[J].中国外资,2011(24):103.

[8]陈诗一,王祥.融资成本、房地产价格波动与货币政策传导[J].金融研究,2016(3):1~14.

[9]姜百芊,张桂仁.房地产企业融资成本和风险控制研究[J].现代经济信息,2016(1):170~171.

我国环保产业融资租赁的问题及解决对策

——以中小环保类企业为例

张弛　张晔①

摘要：融资租赁是以"融物"实现"融资"的灵活方式，在大型基础设施建设、工业设备改造等领域发挥了重要的金融支撑作用。节能环保项目作为战略新兴领域，具有良好的发展前景，如能将二者有效结合，必将助力我国的经济结构调整，实现资金在虚拟经济和实体经济间的良性循环，提高环保类企业和融资租赁公司的竞争实力与经营效率。然而，两类企业本身的问题以及宏观制度环境方面存在的一些不利因素，使融资租赁业务在环保产业的开展较为缓慢。本文在讨论制约中小环保企业使用融资租赁方式筹集经营资金若干原因的基础上，提出了促进二者合作与发展的政策建议。

关键词：环保类企业；中小企业；融资租赁；制约

1973 年召开的全国环境保护工作会议②标志着我国环保产业开始起步。人们习惯上把"既侧重末端处理，又涵盖从原材料到废物处理的生命周期总过程"作为环保产业的广义概念，主要将其划分为自然资源开发与保护型、清洁生产型、污染源控制型和污染治理型四类③，以便与国际接轨。

环保类企业是服务于环保领域，从事环保产品与技术服务的研发、生产与销售，环保工程施工，环保设备运行等领域的市场主体④。本文所指的环保产业经营主体不仅包含上述环保类企业，还包括重污染转型企业、节能服务公司等。我国环保产业从业单位主要为中小型企事业单位。2004 年环保产业状况调查公报数据显示，我国固定资产在 5 000 万元以下的中小规模单位共 9 853 个，在相关

---

①　张弛，副教授，中国政法大学商学院。主要教学研究领域为宏观经济学、制度经济学、法经济学；张晔，经济学硕士，中国政法大学商学院，现就职于沈阳市东软熙康医疗系统，任人力资源专员。

②　该会议是 1973 年 8 月国务院委托原国家计委在北京组织召开的第一次全国环境保护会议，此次会议揭开了中国环境保护事业的序幕。

③　曾贤刚：《环保产业运营机制》，中国人民大学出版社 2005 年版，第 7 页。

④　陈炜烽、汤忠忠：《我国环保类企业发展现状及趋势分析》，福建论坛（社科教育版），2010 年，第 8 期，第 189 页。

产业从业单位中占比 84.8%[①]。

国际上通常以环保投资占 GDP 的比重作为衡量一国环保产业发展程度的重要依据[②]。纵观我国环保投资表现，2004—2014 年，环保投资占 GDP 的比重仅提高了 0.23 个百分点，最终维持在 1.5 个百分点左右，并没有显著的提升（见表 1）。与世界发达国家相比，目前我国刚刚达到环境污染得到初步控制的水平[③]，难以满足社会各界大幅度改善环境质量的要求。

表 1 2004—2014 年我国环保投资与 GDP 增长状况

年份	环保投资（亿元）	GDP（亿元）	环保投资占 GDP 比重（%）	环保投资增长率（%）	GDP 增长率（%）
2004 年	2 057.5	16 0714.4	1.28	17.56	17.68
2005 年	2 562.2	185 895.8	1.38	24.68	15.67
2006 年	2 779.5	217 656.6	1.28	8.35	17.09
2007 年	3 668.8	268 019.4	1.37	31.99	23.14
2008 年	4 937.0	316 751.7	1.56	34.57	18.18
2009 年	5 258.4	345 629.2	1.52	6.51	9.12
2010 年	7 612.2	408 903.0	1.86	44.76	18.31
2011 年	7 114.0	484 123.5	1.47	-6.54	18.4
2012 年	8 253.5	534 123.0	1.55	16.02	10.33
2013 年	9 037.2	588 018.8	1.54	9.5	10.09
2014 年	9 576.0	636 138.7	1.51	5.96	8.18

资料来源：根据国家统计局、中国环境统计年鉴、中国产业信息网数据整理。

融资租赁作为 20 世纪中期发展起来的新型金融形式，其本质是借"融物"实现融资。承租人分期支付的租金包括融资本金和资金使用对价，租赁标的的物权承担了租赁债权的担保功能[④]。我国于 20 世纪 80 年代初引入融资租赁以解决技术与设备更新改造的困难，虽然近来经济增长连续下滑，但融资租赁业却逆势上扬，呈现良好的发展态势，并在实体经济发展及国家重点建设领域发挥了重要

---

① 国家环保总局、国家发改委、国家统计局：《2004 年全国环境保护相关产业状况公报》，2006 年，第 4 页。最近一次环保产业状况调查（2011 年）并未公示产业中的企业规模状况。

② 根据《世界银行研究报告（2006）》，当一国环保投资占同期 GDP 的 1%~2% 时，环境污染恶化才能得到初步的控制；当环保投资占同期 GDP 的 2%~3% 时，该国环境质量才能得到改善。参见世界银行网站。

③ "2015 年中国环保行业投资现状分析及优化对策建议"，http://www.chyxx.com/industry/201506/325594.html。

④ 《金融租赁公司管理办法》中将融资租赁定义为："出租人根据承租人对租赁物和供货人的选择或认可，将其从供货人处取得的租赁物按合同约定出租给承租人占有、使用、向承租人收取租金的交易活动。"

的金融支持作用。目前，租赁资产在大型基础设施及工业设备等行业分布范围较广，但也逐步向节能环保、电子通信等新兴行业渗透，对我国经济结构的改善和升级具有一定的促进作用。

受我国金融结构失调和金融资源错配的影响，传统的融资渠道不能满足环保类企业的发展需要，使中小环保企业一度陷入了融资困境。为此，探究环保类企业与融资租赁相结合的可能性，挖掘影响资金在二者间顺利流动的制约因素并探讨具体的解决措施具有一定的理论意义和实践价值（见图1）。

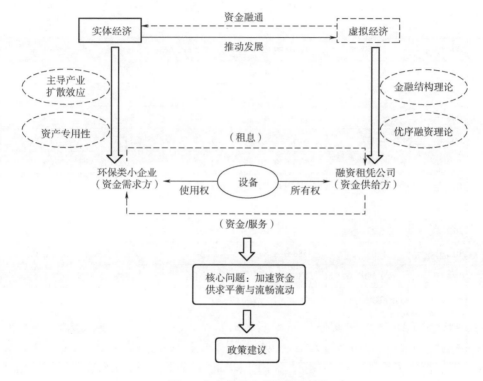

图1　本文的基本结构与思路

一、我国中小环保企业融资租赁中的问题

目前，我国理论界和实务界对环保产业融资研究取得的基本共识是，我国环保产业资本不足，普遍面临资金短缺问题（吴光伟，2006）。具体表现在投融资总量不足、投融资结构不合理、渠道单一、效益低下、机制不灵活等方面，其中，机制不灵活最为突出（郭朝先、刘艳红等，2015），导致节能环保产业融资效率低的主要原因在于纯技术效率低（张强、贺立，2013），等等。

融资租赁由于存在"融物"这一特定前提，使其在经营稳定性差、信用级别低且缺乏抵（质）押物的中小企业、部分存量资产占比高的重资产企业以及现金流稳定但难以设定抵押的公益设施和用款周期长的社会事业领域具有不可替代的应用优势。资金匮乏的中小环保类企业普遍具有资产设备占比大、保值率高、抵（质）押条件欠佳、用款周期较长的特点，这也是它们频受传统融资方式冷遇的主要原因。事实上，融资租赁应用于环保产业和中小环保企业，既可以以物权保障债权，降低环保类企业的融资门槛；又可简化环保类企业的融资手续，降低中小环保企业因通胀或技术进步等原因引致的风险损失，为它们提供高额度、中长期的融资支持，助力其优化资金结构，还可进一步降低环保类企业的税收负担。

不过，融资租赁在环保领域的业务开展状况并不乐观。虽然一部分金融租赁公司形成了专业化经营特色并逐步积累了品牌优势，但多数企业倾向于将大客户作为服务重点。以居 2014 年十大金融租赁公司之首的国银租赁公司为例，其主导业务为航空、船舶、基础设施、商业房产、轨道交通等领域；由工商银行全资的工银租赁主要业务范围则为大型飞机、船舶和设备租赁；非银系的昆仑租赁实力雄厚，在石油装备、海洋运输、西部区域市场、石油产业利益相关者 4 个发展方向的租赁业务中表现突出。相较而言，仅有少数金融租赁公司涉足环保产业，其中，由兴业银行独资设立的兴业租赁秉承绿色金融理念在环保领域一枝独秀，自 2010 年开业以来一直以节能减排项目作为拓展重点，积累了一定的市场竞争优势。可见，我国内资融资租赁公司中多数企业租赁重点业务定位于汽车融资租赁和工程机械租赁，进入节能环保产业（特别是向中小环保类企业提供融资租赁服务）的为数不多。受市场准入管制，外资融资租赁公司数量虽多，但普遍规模较小且实力不强，我国的外资融资租赁企业前十强中只有 2014 年注册成立的华能天成融资租赁有限公司的业务范围涉及节能环保领域[①]。

总之，在我国当前的制度环境下，诸多因素阻碍金融资本在租赁公司与环保类企业之间配置与流动。本文从环保类企业、融资租赁公司以及宏观制度环境三个方面探究制约中小环保企业实施融资租赁的不利因素。

二、制约环保产业融资租赁发展的不利因素

（一）资金需求方：中小环保企业自身的不足

1. 环保类企业欠缺规模经济

我国环保类企业普遍规模较小，这种状况看似与经济合作与发展组织（OECD）成员国相仿，本质上却有很大区别。与 OECD 成员国的小型环保类企业合作的组织大多是具有专项技术支持的大企业或知名研究机构，而我国的中小型环保类企业多为分布零散、技术力量薄弱的民营企业。2015 年，规模在 50 人

---

① 排名数据来源于中国租赁联盟、天津滨海融资租赁研究院：《2015 年上半年中国融资租赁业发展报告》。

以下的环保类企业占比 92.64%，90.16% 的环保类企业年收入不足 1 000 万元，注册资金不足 50 万元的环保类企业占比为 74.64%①。另外，我国环保企业数量众多但市场集中度不高，产业内各企业之间往往存在过度竞争，产品和服务趋于同质化。中小环保企业受实力所限，多侧重于产品的生产，在环保技术开发、环保工程承包、环保资源利用、自然保护、环保咨询等方面则相对不足。因此，环保类企业的经营分散和规模不经济既是制约产业发展的痼疾，也削弱了其对社会资金的吸引力。

2. 环保类企业经营管理水平落后，信用意识和租赁意识淡薄

中小型环保类企业除了经营管理水平落后、财务制度不健全和信用意识淡薄的通病之外，还缺乏科学性、前瞻性的战略规划。盲目发展、重复建设、低水平经营导致企业存活率较低。由于环保产业的特殊性，且其租赁标的物的二次流转受限，加上承租期内拖租、欠租现象严重，导致融资租赁企业面临较高风险，不愿涉足环保领域。受租赁行业合法性及法律风险等方面顾虑的影响，大多数中小环保类企业对新型融资方式的使用仍然具有较多顾虑，对设备更新抱有"重买轻租"的心态。

3. 环保项目科技含量较低

相对而言，融资租赁公司在航空、航运、机械制造业、医疗与教育等领域开展业务较为广泛和成熟，主要是适应我国改革开放后快速工业化的要求，民航业、军工业、机械制造等作为基础产业，技术稳定性较强，回报率较高，且通常具有国家扶持财政兜底的保证，使上述行业采取融资租赁方式相对普遍，融资租赁制度也比较成熟。而环保产业作为战略重点领域方兴未艾，环保技术引进和发展客观上相对缓慢。目前，融资租赁公司提供资金支持的环保项目主要集中于大气治理、水处理、固废处理、交通节能、工业节能等领域，往往具有规模大、政府扶持力度高的特点，资金匮乏的中小型环保类企业想要涉足比较困难。而企业自身创新能力不足又加剧了融资难度，使中小环保企业融资陷入恶性循环的怪圈。

（二）资金供给方：融资租赁公司的瓶颈

1. 资金来源约束抬高资金成本

商务部发布的《中国融资租赁业发展报告（2014—2015）》指出，我国目前的融资租赁公司筹资主要来源还是银行短期贷款，虽然诸如点心债、金融债等创新型融资方式也受到了行业的重视，但在融资条件和成本、跨境使用等方面的限制下，上述方式提供的资金数量有限②。银行短期贷款不能满足环保型租赁项目中长期的时限要求，租赁企业面临着流动性风险隐患。在融资难度增加和流动性

---

① "腾讯财经联合九次方对我国环保产业链大数据进行解读"，http://finance.qq.com/original/bigdata/huanbao.html。该数据来源一定程度上能弥补我国官方对环保产业中企业规模现状的统计缺陷，具有一定参考价值。

② 李光荣、王力、黄育华等：《中国融资租赁业发展报告》，社会科学文献出版社 2015 年版，第 9 页。

风险加大的压力下，融资租赁公司需要以一定的风险溢价保证营利性，直接抬高了环保类企业融资租赁时的资金价格。根据对国资租赁公司节能环保项目的调查不难发现，大部分环保类企业的融资租赁项目期限较短，融资租赁作为一种中长期融资渠道的优势并没有体现出来。

2. 市场定位有待调整，产品和服务趋于同质化

虽然大型环保项目因有大企业或政府作为担保方，使投资风险更低，投资回报率更高，广受租赁企业青睐，但是入资大型环保工程项目往往也对租赁企业的资本背景、资金规模、风控能力和管理水平提出了更高要求。一些中小型租赁企业专业化程度较低，又不能根据市场需求灵活调整业务类型，创新适合中小型环保项目的融资租赁模式和产品，融资租赁模式局限于"直租"和"回租"，产品和服务同质化严重，为了维持生存，几乎陷入恶性竞争。

3. 缺乏专业复合型人才

作为金融服务类企业，互联网和大数据加速了行业细分与产业融合的趋势，已经颠覆了包括银行在内的传统资金供应商的营销模式，金融企业普遍感觉人才储备空虚。许多融资租赁企业缺乏由环保领域技术专家和金融服务商共同领衔的专业复合型团队，导致评估环保项目实施效果方面的能力不足，成为租赁公司投资环保类企业的重要顾虑之一。

（三）宏观制度环境的不足

1. 法律环境不完善，相关领域立法缺失

融资租赁行业的发展需要法律制度的保障，现阶段我国规范融资租赁行业的法律主要涉及两个部分：其一，对融资租赁交易方面进行调整规范的《合同法》和《物权法》；其二，对融资租赁监管方面进行调整规范的《金融租赁公司管理办法》《外商投资租赁业管理办法》等部门规章或规范性文件。总体上，我国融资租赁方面的法律法规缺乏体系化，专门的《融资租赁法》尚未出台，司法实践领域纠纷不断。立法缺失严重阻碍了融资租赁行业的发展，对环保类企业开展融资租赁业务也是有害无利。

部分交易规则缺乏可操作性或者交易规则缺失，也是妨碍融资租赁业务顺利开展的一个重要原因。比如，融资租赁中不仅涉及合同问题，还涉及物权问题，我国的《合同法》仅对租赁物的所有权和取回权进行了原则性的规定，缺乏"在实践中经常出现的租赁物所有权和抵押权冲突时的解决机制，租赁物所有权和善意第三人的冲突解决机制，出租物取回权的具体实行条件、程序和方法等规定"[1]，导致出租人的所有权遭到侵犯却不能得到司法保障的情形时有发生[2]。我

---

[1] 廖岷、凌涛、钟伟：《金融租赁研究》，中国金融出版社2013年版，第41页。

[2] 江平："发展融资租赁业期待相关制度的完善"，http://finance.ce.cn/rolling/201108/26/t20110826_16628086.shtml。

国《物权法》缺乏对租赁物权登记的规定，特别是动产租赁物登记方面的规定尚属空白。

2. 多头监管不利于行业内公平竞争

租赁行业多头监管导致监管标准不一。银监会发布的准入标准和监管要求更为严格，商务部对内资试点租赁公司和外商投资租赁公司的准入和监管要求则相对宽松。即使是商务部监管下的融资租赁公司，其准入要求和监管标准由于历史原因也有差异：外资租赁企业注册资本要求较低，2009年，外资租赁企业审批权限的下放进一步降低了其准入门槛，使外资租赁公司数量每年以爆发式的速度增长，内资租赁公司的发展仍处于试点阶段，其发展一度受阻，因此造成很多国内资本绕道海外以外资身份进军本国租赁市场，不仅提高了企业的设立成本，也加大了行业监管难度。融资租赁企业的差别待遇导致行业竞争环境有失公平，致使整个行业良莠不齐，阻碍了行业的健康发展。

3. 信用评级与担保体系不健全

租赁合同的普遍风险是承租人拖欠租金，一旦发生，融资租赁公司将面临严重损失。信用评级机构作为第三方，是避免道德风险和约束败德行为的商业中介，可以有效遏制出租人与承租人之间的信息不对称。然而，在市场化起步较晚的中国，金融领域的普遍信用体系尚在缓慢推进当中，具体到融资租赁行业更是进展缓慢。此外，通过对国资租赁企业的融资租赁项目的进一步考察也不难发现，得到国资租赁业务支持的企业多是有政府作为担保方或母公司为实力雄厚的国企[1]，说明担保方的身份与实力对项目能否落实具有决定性意义，加剧了环保行业中企业发展的两极分化。

三、推进我国环保产业融资租赁发展的思路与建议

首先，通过市场竞争的洗礼，中小型环保类企业应加快提升自身的盈利能力、经营管理能力和创新创造能力。该类型企业可以尝试通过建立产业集群的方式降低生产成本，形成规模优势，在产业集群内部共享技术溢出效应。竞争实力的不断提高既会使中小环保类企业的商业资质得到改善，也有利于融资各方交易成本的降低和融资效率的提高。为此，可以考虑从建立和完善企业财务管理制度和信用管理制度，并从推动环保类企业转变"重卖轻租"的传统观念等方面入手。

---

[1] 例如，在与承租方湖北神雾热能公司展开的脱硝设备回租项目中，北京神雾集团作为湖北神雾热能公司的担保方，是一家大型新能源与高效节能技术公司，是北京市15家循环经济试点单位之一，已被列入国家工信部、发改委及财政部第一批节能服务公司名单，该企业生产技术成熟并处于行业领先地位。再如，与北京北燃金房能源投资有限公司的供热设备及管网回租项目中，承租人北燃金房属于市属国企性质，其担保方为北京燃气集团系北京控股集团有限公司全资控股的大型国有独资企业。

其次，融资租赁公司或应立足以下几个方面调整转型：一是与银行展开合作①以拓宽资金来源，通过为银行创造价值的方式来吸引银行的投资；二是推动抵押资产的交易与处置（包括实物资产和证券化资产），提高资产流动性，盘活存量资产；三是根据自身规模及优势调整其市场定位，提高价值管理和资产管理能力，实现从资金中介向资产金融服务商角色的转变。租赁公司应摆脱现阶段争夺利差的单一竞争模式，关注并深挖节能环保这片"蓝海"市场的投资机会，实现差异化和专业化发展。在这个过程中，要特别注意相关专业复合型人才队伍的培养和储备。

最后，从国际经验来看，发达国家的融资租赁行业具有健全周密的法律制度保障，我国尚缺乏一部专门的《融资租赁法》，以弥补《合同法》《物权法》等相关法律对租赁法律关系及权利义务等方面规定的不足②；监管部门应做到统一标准，严格准入，改变对待外资租赁企业的"超国民待遇"。此外，政府还应建立和完善中小环保企业的信用担保体系，推动对环保类企业信用状况的评级与披露；允许租赁公司为环保类企业提供资金支持时使用政策性基金；建立环保产业专项融资租赁保险基金等。

参考文献

[1]陈炜烽,汤忠忠.我国环保类企业发展现状及趋势分析[J].福建论坛(社科教育版),2010(8).

[2]王晗,李宏.中国环境产业发展的制约因素与对策[J].大连海事大学学报:社会科学版,2010(1).

[3]李树,陈刚,陈屹立.环境立法、执法对环保产业发展的影响——基于中国经验数据的实证分析[J].上海经济研究,2011(8).

[4]赵云皓,逯元堂,辛璐,等.促进环保产业发展的财政资金政策实践与展望[J].中国人口:资源与环境,2012(S1).

[5]郭朝先,刘艳红,杨晓琰,等.中国环保产业投融资问题与机制创新[J].中国人口:资源与环境,2015(25):8.

[6]张强,贺立.我国节能环保产业上市公司融资效率研究[J].求索,2013(4).

[7]贾美云,李杰.我国中小企业融资租赁问题探讨——对中小企业融资租赁渗透率低的思考[J].湖北经济学院学报:人文社会科学版,2010(7):12.

[8]谢清河.金融租赁与中小企业融资:基于金融功能理论分析[J].金融理论与实践,2011(3).

[9]陈丽芹,郭焕书,叶陈毅.利用融资租赁解决中小企业融资难问题[J].企业经济,2011(11).

---

① 汤敏："国内租赁公司融资渠道非常单一",http://finance.sina.com.cn/hy/20140921/222620372-118.shtml。

② 高圣平、陈磊："融资租赁法出台为何不容易",《法制日报》,2015年8月10日,第4版。

［10］吕振艳,杜国臣.中国融资租赁行业现状与问题分析［J］.技术经济与管理研究,2013(9).

［11］曾大鹏.融资租赁法制创新的体系化思考［J］.法学,2014(9).

［12］吴舜泽,逯元堂,赵云皓,等.第四次全国环境保护相关产业综合分析报告［J］.中国环保产业,2014(8).

［13］俞岚.绿色金融发展与创新研究［J］.经济问题,2016(1).

［14］付健,潘庆.我国环保产业投资基金制度探析［J］.学术论坛,2015(38):7.

［15］国务院.关于加快融资租赁发展的指导意见［R］.2015年.

［16］工业和信息化部办公厅.国家开发银行办公厅关于推荐2015—2016年工业节能与绿色发展重点项目的通知工信厅联节函［R］.2015.

［17］国家环保总局,国家发改委,国家统计局.2004年全国环境保护相关产业状况公报［R］.2006.

［18］中国租赁联盟,天津滨海融资租赁研究院.2015年上半年中国融资租赁业发展报告［R］.2015.

分享经济模式典型案例的经济学分析

——基于途家、滴滴出行、摩拜单车的实证探究

支小青　李凝曦①

摘要：互联网背景下，通过有效利用网络平台降低交易成本、提高资源配置效率、减少资源浪费的经济模式即为分享经济模式。② 随着"互联网＋"时代的到来以及社交网络的成熟，分享经济新模式正推动着全民共享时代的到来。本文以途家、滴滴出行、摩拜单车这3家典型的分享经济公司为例，尝试探讨"分享经济"在中国的发展现状及发展困境，并在此基础上提出相应的对策。

关键词：分享经济；互联网；服务；发展

分享经济是伴随开放源代码、大数据、云计算等互联网开放新技术的发展而发展起来的，它是通过以租代买等模式创新，实现人人参与、互通有无、协同消费，充分利用知识资产与闲置资源的新型经济形态。③ 分享经济既可以在供给侧改革方面扩大供给总量，促进收入的快速增长，还可以在需求侧改革方面培育新的消费增长点，带来新的消费革命。鉴于分享经济在未来经济社会中可以预期的日趋重要的位置，对其产生的物质基础、技术条件、运行模式以及未来走向进行理论研究无疑是极具意义的。

一、分享经济的含义及其理论支撑

（一）分享经济的概念

2015 年 10 月，中国共产党在十八届五中全会公报和"十三五"规划建议中首次提出"分享经济"一词，明确表示要"发展分享经济"，并将分享经济列入国家战略。④ 同年 12 月，在浙江乌镇召开第二次世界互联网大会主题为"互联

---

① 支小青，副教授，中国政法大学商学院；李凝曦，经济学硕士，中国政法大学商学院。
② 刘国信："'互联网＋'催热分享经济"，《中国审计报》，2016 年。
③ 刘玉玲："基于分享经济的商业模式及趋势分析"，《现代商业》，2016 年，第 22 期，第 100～104 页。
④ 张越："分享经济：向日常化细分"，《中国信息化》2016 年，第 12 期，第 44～45。刘玉玲："基于分享经济的商业模式及趋势分析"，《现代商业》，2016 年，第 22 期，第 100～104 页。王珍、沈建国："中西分享经济理论对比"，《财经科学》，2009 年，第 7 期，第 57～64 页。

互通，共享共治——共建网络空间命运共同体"，会上习近平主席提出"共享经济"对我国乃至全世界未来经济发展的重要性，他表示，共享经济将会作为"国家经济战略"来加以推动。

国家信息中心信息化研究部和中国互联网协会分享经济工作委员会共同发布了对分享经济的详细分析报告。报告中指出，2015年中国分享经济市场规模约为1.956万亿元，分享经济领域参与提供服务者约5 000万人（其中，平台型企业员工数约500万人），约占劳动人口总数的5.5%。报告预测，未来5年分享经济年均增长速度在40%左右，到2020年，市场规模占GDP比重将达到10%以上。[①] 美国"分享经济"发展较为迅速成熟，其中最为人知的是Airbnb和Uber两个平台。随着Airbnb、Uber进入中国市场，中国的"分享经济"也跃跃欲试，途家、滴滴打车、摩拜单车等开始得到越来越多国民的支持和认可。

（二）分享经济理论支撑

西方分享经济理论来源首先是利润共享思想，最有代表性的是美国经济学家、麻省理工学院经济学教授马丁·L.威茨曼的理论。威茨曼在其著作《分享经济》一书中提到资本主义"滞胀"的根本原因在于资本主义现存工资制度的不合理。威茨曼认为，分享经济的主要成就是从工资制转向分享制。他提出，整个经济体系必须从工资体系转向分享体系，建立利润分享制度。分享体系的特点是：在滞胀环境下，当企业利润减少时，雇员名义工资水平不变，实际工资水平则下降；同时，随着雇佣规模的增加，单位劳动成本随着就业量增加而下降，边际劳动成本低于平均劳动成本。当面临外部环境压力时，企业倾向于在最低价格水平条件下增加雇佣工人总量和增加产出，从而减少失业并扩大有效需求，使分享经济具有扩大就业和增加生产的偏好。所以，当在劳动力市场上能够找到可资利用的工人时，企业就会扩大生产。因此，分享经济必然具有扩大就业和增加生产的偏好。

以文森特·奥斯特罗姆和埃琳娜·奥斯特罗姆夫妇为首的布鲁明顿学派提出的共同生产理论也对分享经济产生过较大影响。在共同生产理论视野下研究公共资源，尤其是公共池塘资源时，消费者被视为生产过程的组成部分，标准经济学理论中关于生产者和消费者两分法的观点便无法得到支撑。共同生产理论认为，共同生产克服了公共产品和公共服务的缺陷。共同生产问题可以在服务行业包括私人和公共部分在内的许多领域得到答案。[②]

再有多边平台理论。所谓多边平台，是指不同消费群体之间进行直接交易的平台。如今的分享经济平台采用双边或多边接入的商业模式。在这个模式中，一

---

① 刘玉玲："基于分享经济的商业模式及趋势分析"，《现代商业》2016年，第22期，第100～104页。
② 孙宇："探寻分享经济的理论基础：身份认同、分享和包容性增长"，《电子政务》，2016年，卷4，第28～36页。

边用户数量和价值的上升会引发另一边用户数量和价值的上升，这种双边网络效应是共享经济能够极大程度集成社会资源并优化资源配置效率的最大秘诀所在。在分享经济的发展中，分享经济平台公司作为服务提供者和使用者之间直接交易的组织者，形成了最初的双边市场，帮助更有效地使用从前未被充分利用的资源，以增加市场竞争，同时给消费者提供了更多的选择。随着第三方支付机构、广告商等利益相关者的加入，逐渐形成了多边市场平台。① 总体来说，分享经济可以为消费者提供差异化的创新性服务，从而带来更多的选择、更好的价格和更高的质量。对服务者而言，分享经济通过对其闲置资产的有效利用和对企业家精神的激发，使其进入传统上由大企业垄断的服务市场，进而创造财富，促进经济增长。

二、分享经济案例实证分析

（一）途家

目前，分享经济的一个重要发展领域是旅游业。2011 年，途家的联合创始人在三亚启动途家项目，并且迅速在线上平台开放商户运营，一方面能够为消费者提供公寓民宿的方便体验，另一方面也对市场进行教育及培养。

2016 年 12 月，经过 5 年的高速发展，途家启动新的五年计划，其下一个五年计划的重点将会分拆线上线下业务，从而打造一个完整的生态系统。2017 年 3 月，途家召开 2017 开放年战略发布会，将这个战略构想进一步推进。途家的这一生态系统是基于消费者、经营者、置业者和区域化 4 个纬度展开的，因而被称为"3 + 1"发展战略。随着技术的发展延伸，用户体验将得到进一步优化，市场规模也将进一步扩大。2016 年，途家在在线短租行业中发展非常迅猛，国内在线短租平台品牌认知度排名稳居第一，达 70% 以上。

艾瑞咨询研究院通过数据分析显示，2016 年，中国在线出租市场交易规模达到 87. 8 亿，较上一年增长 106. 1%。2016 年的市场表现比较理想，原因是市场培育初见成效，并且在线短租平台在行业的激烈竞争后，参与商优胜劣汰，开始凸显"二八法则"的态势。预估 2017 年整个中国在线短租市场的交易规模将达到 125. 2 亿元。

从最初的本地化探索，到资本时代的扩张，再到如今的生态系统建设，途家短短几年的发展路径更像是一种螺旋式的发展模型，因势利导、审时度势的战略响应或许正是途家成为在线短租行业发展案例样板的关键所在。

（二）滴滴出行

网约车的发展给日常生活带来的便利显而易见。2016 年，交通运输部等七

---

① 刘奕、夏杰长："共享经济理论与政策研究动态"，《经济学动态》，2016 年，第 4 期，第 116 ~ 125 页。

部委公布了《关于深化改革推进出租汽车行业健康发展的指导意见》，对出租车行业深化改革进行了顶层设计和制度性安排，支持转型发展，统筹兼顾乘客、驾驶员、出租汽车企业和互联网平台等各方利益，鼓励促进互联网与出租汽车的融合发展。

滴滴出行是网约车领域发展较为迅猛的亮点。滴滴出行成立于2012年6月，最早通过出租车进入市场。滴滴出行建立的初心是用户需求的痛点——打不到车。①

2015年5月，滴滴出行提出了潮汐战略，希望尽快达到"三年、三百万、三分钟"的伟大企业梦。潮汐计划就是整合社会上的专业运力和零散运力，通过分档运营手段来灵活处理并且满足高峰期抑或是低谷期不同时段人们的出行需求。滴滴出行根据"潮汐战略"对各项业务进行了精确定位。比如，在出租车领域，其调整主题就是进化——100%应答。它们推出动态调价体系和服务升级方式，让那些服务好的司机获得更多的收入，做到按服务水平分配。同时，在这一战略的部署下，滴滴出行还顺势推出了顺风车、快车、拼车、代驾、小巴等项目，彻底引爆了人们对分享经济的关注，成为分享经济的领跑者。

（三）摩拜单车

摩拜单车在2016年推出并进入人们的视野，迅速成为城市中靓丽的橙色风景。它利用互联网技术，通过手机App软件与用户联系起来，不需要办卡和车桩，用手机就能租借和归还自行车。299元押金，1元/30分钟的收费标准，价格低廉，较为方便地解决了用户短距离出行的不便。

摩拜单车（mobike）是由北京摩拜科技有限公司研发的一种互联网短途出行解决方案，是无桩借还车模式的智能硬件。② 打开摩拜单车App，用户可以通过手机查看单车的位置，通过扫描车身上的二维码开锁即可开始骑行。到达目的地后，在街边任意画白线区域内手动锁车并归还单车。

2016年4月22日，北京摩拜科技有限公司在上海召开发布会，正式宣布摩拜单车服务登陆申城。上线不到一年的时间，滴滴出行的注册用户多达120万，并且完成E轮融资，先后进驻包括北上广深在内的逾20个城市，业已走向世界，让"骑行改变城市"的绿色环保理念走向世界。摩拜单车凭借自身优势在iOS和安卓双平台的下载量迅速上升，成为一个逆势突起的现象级应用。

三、分享经济问题剖析

互联网的发展给我们带来了便利，但是网络的冲击也使部分行业面临冲击。

---

① 姜华山："滴滴：分享经济的领跑者"，《企业观察家》，2016年，第4期，第48~49页。

② 分享经济发展报告课题组张新红、高太山等："中国分享经济发展报告：现状、问题与挑战、发展趋势"，《电子政务》，2016年，第4期，第11~27页。

就我国而言，分享经济的发展还会面临一些特殊的问题。总体来说，以下问题将难以回避。

（一）分享实践发展加快，监管体系亟待重构

当前，许多新业态游走在监管的灰色地带，如股权众筹在中国还处在法律与监管的模糊地带。有些领域的创新项目存在不合理的制度要求，如要求从事网络出行服务的专车需要具备运营资格等。[①]如果按照现有的法律、法规和制度的要求，我国很多分享经济模式下的企业都有"违法"之嫌。

例如，在线短租行业是介于旅馆与一般房屋租赁之间的房屋资源分享模式，目前对这一领域的监管缺乏相应的法律法规。由于监管的缺失，导致房东与租客之间的利益难以保障。因此，从长远来看也不利于旅游房屋租赁行业的健康发展。

因此，分享经济的发展无疑对现有的法律、法规和制度等提出了新的挑战，督促法律监管部门改革监管制度，制定新的法律、法规和制度，完善政策体系，使国家法律法规、规章制度能覆盖分享经济，创新监管方式与手段。

（二）创新导致利益调整，统筹协调难度增大

分享经济的发展对传统企业而言是一个巨大的冲击。在现代市场中，分享型企业对传统经济秩序和商业逻辑显而易见的冲击导致社会财富和利益的重新调整与分配，这无疑会遭到来自既得利益者的质疑和阻挠。

例如，在交通出行方面，传统行业对分享经济型产业排挤抵制。交通出行分享经济的发展使大量非正常营运的车辆进入市场，动摇了传统交通出行业的"霸王"地位，利益的分割导致各地出租车行业对专车的围堵、排挤，使专车发展受到极大的阻碍和限制。

因此，分享经济可能引发深层次的社会分工与组织变革，涉及领域广、人员多，统筹协调难度增大。

（三）产业发展还未成熟，诸多问题有待解决

目前，诸多领域的分享经济都处于探索阶段或者是发展初期，产品与服务的供给方通常是不确定的个人或组织，在安全性、标准化、质量保障体系、用户数据保护等方面存在不足。多数领域的分享经济模式尚未取得合法地位，无法纳入正常的监管体系，不公平竞争、税收、劳资关系等许多问题得不到妥善解决，不良商家偷奸耍滑。[①]

例如，在生活服务方面，部分平台缺少经营许可，标准化水平不高。在传统经营模式下，家政、速递、美容等行业需要在工商、税务注册时申请到相应的卫

---

① 分享经济发展报告课题组、张新红、高太山等："中国分享经济发展报告：现状、问题与挑战、发展趋势"，《电子政务》，2016年，第4期，第11～27页。

生、消防、安全许可方能经营。如今通过平台运营，很多是由个体直接参与，原有的许可制度已经无法适应。① 并且生活服务类产品品种多、差异大，服务人员复杂，缺乏统一的招聘、培训和考核，难以保障服务者具备标准化的操作技能和服务水平。

（四）观念认识不到位，原有法规不适应

目前，分享经济的发展并未传播到所有生活层面，人们对它的理解也只是现象观察和实证分析，缺乏系统科学的理论研究。比如，分享经济发展相关宏观制度设计以及社会财富效应等均没有系统的理论指导，也缺乏有效的数据支撑。

此外，对信息时代技术水平与生活需求变化如此之快、经济发展如此迅猛的社会来说，现有的法律法规已无法适应。分享经济在近几年"互联网＋"时代来临之后火速发展，原有的法律法规明显滞后，已不能对分享经济发挥有效的监管作用。

四、分享经济发展对策及发展趋势

（一）发展对策

分享经济的发展是人类从工业社会走向信息社会的重要推动力。从国内外分享经济行业发展的共同趋势可以看出，分享经济领域的竞争愈演愈烈，产业发展将在竞争、淘汰、整合的过程中逐步走向成熟。对我国而言，未来分享经济的发展应该如何进行？从政府层面到具体企业应该怎样调整姿态积极应对？笔者认为可从以下几个方面重点布局。

1. 传统企业与分享经济相结合是大势所趋

在互联网经济快速发展时期，技术的创新与发展日新月异，传统企业依靠其固有商业模式难以生存。在 2014 年 9 月的夏季达沃斯论坛上，李克强总理发出"大众创业、万众创新"的号召。商业模式的创新是创业的高级形态，是改变现有产业格局的重要推动力量。将产业链上的任何一部分进行单一创新或重新组合创新都会引发产业链的变革，一旦这种变革被市场检验并接受的话，将会引起更大范围的创新，最终引起商业模式的颠覆式创新。② 目前，分享经济已经被市场检验通过，传统企业必须重视分享经济的发展，并与分享经济相结合，才不会被时代淘汰。

2. 商业模式的重新定位与选择

分享经济模式之下，不同的平台企业需要采取适合自身发展的商业模式才能在发展中不断突破。例如，在线短租平台打破了传统的运营模式，扩展房源，盈利颇丰。但是这种模式在交通出行或者家政行业却未必适用。所以，在分享经济

---

① "房屋住宿领域分享经济发展分析"，《互联网天地》，2016 年，第 8 期，第 76～78 页。
② "生活服务分享让生活更美好"，《中国战略新兴产业》，2016 年，第 9 期，第 60～61 页。

发展的浪潮中，平台企业采取何种商业模式，需要综合考虑所属行业的特性和企业自身发展战略的定位，探索适合自身发展的商业模式。

3. 现有法律法规的补充和完善

在分享经济的发展格局下，必须出台、补充与完善相关法律法规，制定适用分享经济的法律条款，才能更有效地实施对网络平台和专业从事分享经济的中介公司的监管。[①] 并且可以在地方性法规中切入现行市场法律体系，对分享经济对象的资质进行审查，对网络点对点支付带来的征税问题和交易标的物的质量进行评价，对分享经济中的交易行为进行规范，以保护交易双方和政府的合法权益。

（二）发展趋势

2015年，我国分享经济市场规模约为19 560亿元（其中，交易额18 100亿元、融资额1 460亿元），分享经济领域参与提供服务者约5 000万人左右（其中，平台型企业员工数约为500万人），约占劳动人口总数的5.5%。[②] 预计未来5年，分享经济年均增长速度在40%左右，到2020年，分享经济规模占GDP的比重将达到10%以上。未来几年，我国分享经济发展将呈现以下趋势。

1. 内涵持续深化，外延不断扩大

目前，我国分享经济主要涉及金融、交通、住房、医疗、家政等服务业领域，伴随着分享经济在经济社会各领域的广泛渗透与深入发展，商业模式将不断创新并走向成熟，这都会有力地推动产业规模扩大和经济社会发展。未来我国将立足互联网经济，将服务业延伸扩宽至基础设施、能源、农业、制造业等领域，从而实现从消费领域、流通领域向生产领域的覆盖与渗透。

创新必然会引发新问题和新现象，因此，在分享经济趋于成熟的发展过程中需要进行深入研究，将分享经济的内涵持续深化，挖掘分享经济可持续发展的可能性，并且扩大分享经济的外延。通过分享经济来解决人类所面临的经济衰退、气候变化等全球性的问题，将是未来分享经济相关研究的重中之重。

2. 竞争更加激烈，优胜企业胜出

由于市场潜力大，目前尚未形成稳定的市场竞争格局，未来几年分享经济领域的竞争将越演越烈。分享经济要在变化莫测的市场经济中立于不败之地，就必须坚持"以用户为中心"的服务理念，依靠价值创造来获取可持续发展的能力。因此，分享经济型企业需要不断约束自己，加强自我监督，树立企业品牌，推动企业健康发展。在互联网经济迅速发展的过程中，部分发展较快的领域将由少数企业独占鳌头。未来几年我国出现巨无霸平台型企业或可预期。

---

① 国家信息中心课题组、张新红、高太山等："分享经济：全球态势和中国概览——中国分享经济发展报告（2016）要点"，《浙江经济》，2016年，第6期，第21~24页。

② 刘玉玲："基于分享经济的商业模式及趋势分析"，《现代商业》，2016年，第22期，第100~104页。

3. 传统企业转型，结合分享经济

商业模式的创新是创业的高级形态，是改变现有产业格局的重要推动力。在"互联网＋"时代，随着物联网以及创新2.0的发展，传统企业单纯依靠传统发展方式是很难在激烈的市场竞争中生存的，必须认识到分享经济带来的冲击和挑战，不断突破自身的行业与技术限制，并与分享经济相结合，参与分享经济，才有可能获得新的竞争优势。目前，传统的实体经济企业也在围绕自身优势推出分享经济应用，推出一批基于移动互联网的出行类、医疗类手机软件，这都是突破行业限制的有效举措。

4. 监管体系重构，多元主体协同治理

分享经济产品或服务本身需要更多规则加以约束和规范，才能摆脱标准化流程，去掉专业化中介，缩减由大量兼职人员提供的产品或服务质量不确定性。我们应该看到，分享经济的全面发展既对政府治理创新产生了显著的"倒逼"效应，也为构建多方参与的协同治理模式提供了经验积累、技术与数据支撑。监管体系的完善有利于分享经济的有序发展。

5. 倡导开放包容，走向信息社会

从发展趋势来看，支持和鼓励创新将成为各项制度设计的基本原则，分享经济充分发展的红利将惠及每一位社会成员，推动人类走向更为开放、包容的信息社会。在分享经济浪潮下，各行各业出现了大量的新型就业岗位，未来身兼数职以及从事自由职业的就业者会越来越多。

五、结语

分享经济是"互联网＋"时代的产物，大数据、物联网为分享经济提供了巨大的发展空间，分享经济在未来经济社会中的重要性毋庸置疑。我国的分享经济起步不算早，但发展势头异常迅猛，经济效应十分可观。本文对分享经济的概念界定、理论梳理、实证分析和对策研究，对3个典型案例所进行的比较和分析，对分享经济及其在未来经济社会中的重要作用的预期与展望都是笔者兴致盎然并极力关注的问题，期待在后续研究中能够将此文的研究引向深入。

参考文献

[1]刘国信."互联网＋"催热分享经济[N].中国审计报,2016(5).

[2]刘玉玲.基于分享经济的商业模式及趋势分析[J].现代商业,2016(22).

[3]张越.分享经济:向日常化细分[J].中国信息化,2016(12).

[4]王珍,沈建国.中西分享经济理论对比[J].财经科学,2009(7).

[5]孙宇.探寻分享经济的理论基础:身份认同、分享和包容性增长[J].电子政务,2016(4).

[6]刘奕,夏杰长.共享经济理论与政策研究动态[J].经济学动态,2016(4).

[7]姜华山.滴滴:分享经济的领跑者[J].企业观察家,2016(4).

[8]分享经济发展报告课题组,张新红,高太山,等.中国分享经济发展报告:现状、问题与挑战、发展趋势[J].电子政务,2016(4).

[9]中国互联网协会分享经济工作委员会白皮书组委员.房屋住宿领域分享经济发展分析[J].互联网天地,2016(8).

[10]生活服务分享让生活更美好[J].中国战略新兴产业,2016(9).

[11]国家信息中心课题组,张新红,高太山,等.分享经济:全球态势和中国概览——中国分享经济发展报告(2016)要点[J].浙江经济,2016(6).

他山之石，可以攻玉

美国煤层气产业发展中的产权界定与政策扶持[①]

黄立君[②]

摘要：煤层气是优质清洁能源，它集调整能源结构、清洁环保、促进煤矿安全生产三大优点于一身。美国自20世纪80年代开始发展煤层气产业，已经成为最早开发利用煤层气、煤层气产量最高、商业化开发最成功的国家。这种成功得益于美国对煤层气产权的界定以及政府从研发、生产、消费等环节所采取的全方位激励政策。尽管美国政府并不强迫任何企业承担开发煤层气的任务，但是各级政府通过立法和政策等方面的制度安排来对煤层气研发者、生产者、消费者进行宏观引导，大力扶持煤层气产业，使开发利用煤层气成为投资者有利可图的自觉行为，最终达到市场引导能源产业发展的目的。

关键词：煤层气产业；产权界定；政策扶持

一、引言

煤层气（煤矿瓦斯）是优质清洁能源，它集调整能源结构、清洁环保、促进煤矿安全生产三大优点于一身。在节能、环保、新能源战略背景下，从1996年起，我国开始将鼓励煤层气作为新能源产业进行发展。1998年，煤层气的勘探、开采与石油、天然气一样实行登记制，由此，煤层气被赋权为一种独立的矿产资源。经济学家们认为，得到清晰界定的产权有利于资源的有效配置。但历经20多年的发展，中国储量高达368 000亿立方米的煤层气资源（位居世界第三）却仍处于初级规模阶段，开采利用率非常低。"十一五"和"十二五"期间，中国煤层气开发规划目标的完成率都不到30%。截至2010年，中国煤层气开采总量约86亿立方米，利用总量约为34亿立方米。美国能源情报署（EIA）官方网站数据显示，全球煤层气商业化开发最成功的美国，自1980年实施《能源意外获利法》到2008年，煤层气产量已从当时的不足2亿立方米增加到557亿立方米。近10年间煤层气的稳定产量为550亿~556亿立方米，位居世界第一。在能源替代方面，美国煤层气产量占天然气产量的比例也从1989年的不到1%提高到目前的接近10%，中国该比例则不到1.5%。

---

① 本文原发表于《财经问题研究》（2016年第12期）。
② 黄立君，副教授，中国政法大学商学院。

那么，美国的煤层气产业是如何发展起来的？发展现状如何？在煤层气产业发展过程中，美国政府究竟采取了哪些可供其他国家借鉴的措施？本文试图对这些问题进行阐释。

二、文献综述

20 世纪 30 年代已经发现煤层气的经济价值，但由于当时世界油、气储备量大而且价格低廉，所以很少有人重视煤层气。直到 20 世纪 70 年代能源危机，煤层气才开始进入商业化开采利用，同时与煤层气产业发展相关的问题也开始引起学界的关注。

国外学者的相关研究主要集中于以下 4 个方面：一是煤层气和煤炭产权冲突问题。Olson（1978）很早就指出煤层气产权冲突会影响煤层气产业的发展。Farnell（1982）关于亚拉巴马州、Feriancek（1990）关于圣胡安盆地、Lewin 等（1992）关于西弗吉尼亚州、Feriancek（2000）以及 Johnson（2004）关于怀俄明州煤层气开发方面产权纠纷的分析说明，煤层气和煤炭所有者之间的利益冲突一直受到学者们的重点关注。二是在煤层气产权短期内不能明确界定的情况下，如何促进利益冲突的相关方合作开发煤层气问题。Mcclanahan（1995）以弗吉尼亚州为例，对通过建立第三方保证金账户和强制联合经营等促进煤层气开采的解决办法进行了评析。Bryner（2003）也建议冲突各方从非合作走向合作，因为合作可以减少冲突，进而减少诉讼。三是煤层气开发利用过程中的环境污染问题。Cohen（1984）早就提出煤层气生产开发的环境污染问题，但直到 21 世纪初期，Bryner（2003）以及 Ingelson（2005）等学者才把注意力更多地转移到煤层气开采过程中管道道路修建、钻井、噪音污染、大气污染、破坏地下水质量等对环境造成的影响。Reddy（2015）则全面系统地分析煤层气开发对环境的影响。四是美国煤层气产业发展原因问题。Chakhmakhchev 和 Fryklund（2008）把美国煤层气产业成功发展的原因归结为 6 个方面：丰富的煤层气资源、煤层气产业发展初始阶段政府采取的税收和财政方面强有力的激励政策、发达的天然气运输管道、具有竞争力的价格、强劲的需求以及先进的技术。

国内学者姚国欣和王建明（2010）的研究表明，美国最早开发利用煤层气，成功采取财政支持等激励政策建立煤层气产业体制，是煤层气商业化开发最成功、煤层气产量最高的国家。还有很多学者对美国煤层气产业发展的原因、经济政策及对中国的启示进行过探讨。通常，北美地区非常规油气蓬勃发展的原因归结为以下 10 个方面：丰富的非常规油气资源、有利的自然条件、先进的开发技术、完整的服务产业、强劲的消费需求、成熟的油气市场、充足的资本投资、完善的行业政策、谨慎的环境保护态度以及共赢的利益分享。

在探讨美国有关煤层气的激励政策时，几乎每个学者都会谈及 1980 年开始实施的《能源意外获利法》以及其他经济政策对煤层气发展的重要影响，而且这种探讨更多地是从联邦政府层面展开的。但联邦政府及各州政府究竟是如何把相关法律法规和政策转化为具体可操作的行动方案，让煤层气生产企业获得实实在在的好处，从而促进煤层气的产业化发展，学者们并未展开深入研究。因此，本文试图对美国联邦政府及各州政府在煤层气产权界定、研发、生产、消费等环节所采取的激励政策进行具体分析，进而阐明在煤层气产业发展的初始阶段，美国政府如何对它进行扶持，从而实现产业化发展。

三、美国煤层气产业发展现状

20 世纪 70 年代以前，美国煤矿抽放煤层气主要是为了煤矿井下安全。20 世纪 70 年代的能源危机促使美国能源部投入较大力量进行煤层气开发利用研究和示范工程建设。1980 年，美国第一个商业煤层气田——黑勇士盆地橡树林煤层气开发区建成投产，标志着美国煤层气产业进入起步阶段。但正如 Mcclanahan（1995）所言，1982 年，全国煤层气年产量事实上还是零。得益于 1980 年之后美国天然气研究所和许多天然气公司开始大规模煤层气商业性开发，煤层气资源产量从 1983 年的 1.7 亿立方米迅猛提高到 1989 年的 26 亿立方米，到 1995 年已经达到 273 亿立方米，基本形成产业化规模。2008 年，美国煤层气产量达到历史最高值 562 亿立方米。2006—2011 年，连续 6 年煤层气产量都在 500 亿立方米以上。

根据 Reddy（2015）的研究，2004 年，美国能源情报署根据区域和流域对美国的煤层气产量进行过评估，评估的结果是：2002 年、2005 年、2010 年和 2015 年美国煤层气产量分别为 429 亿、453 亿、489 亿和 576 亿立方米。比较 2004 年美国能源情报署预估的数据及其官方网站 2016 年发布的最新数据我们发现，2002 年、2005 年和 2010 年的实际产量分别为 461 亿、495 亿和 539 亿立方米，比 2004 年预估的都要高。① 这说明美国煤层气产业的实际发展要比业界预期的快一些。

美国煤层气主要的开发盆地有圣胡安、黑勇士、粉河、尤因塔、拉顿、阿巴拉契亚、皮申斯、阿科马。截至 2012 年年底，美国煤层气生产井达到 3.8 万口，探明可采储量为 25 000 亿立方米，年产气量为 538 亿立方米，最高为 560 亿立方米。另外，美国煤矿抽放出来的煤层气大部分得到了利用，每年煤层气的回收、使用和销售量已达到 550 亿立方米。目前，美国煤层气占天然气产量的比例接近 10% 左右。由此可见，美国的的确确成为煤层气产量最高、商业化开发最成功的国家。

---

① 2016 年发布的数据的计量单位为"亿立方英尺"。为了统一计量单位，笔者按 1 亿立方米约等于 35 亿立方英尺的标准进行了换算。其中，2015 年的数据空缺。

四、煤层气产业发展中的成功经验

在 20 世纪 70 年代世界能源危机背景下，作为一种稀缺资源，煤层气成为人们追逐的对象。美国环境保护局（EPA）认为，开发利用煤层气可以同时满足 4 个方面的好处：获得经济利益（economic）、增加能源供应（energy）、保护环境（environment）以及提高煤矿安全性（safety）。那么，如何才能充分开发利用煤层气，实现煤层气产业化发展？

从世界各国能源产业发展的历史来看，新兴能源产业发展初期，政府的资金投入和政策扶持非常重要。对高投入、高风险、回收周期较长的煤层气产业而言，国家的扶持更是不可或缺。事实证明，在煤层气产业发展过程中，美国政府发挥了重大作用，它对该产业的帮助和扶持是全方位的。在煤层气产权界定、研发、生产和消费环节，都有相应的法律、法规、政策或其他制度安排来扶持该产业，从而使开发利用煤层气成为投资者有利可图的自觉行为，最终达到市场引导能源产业发展的目的。

（一）产权界定

通常认为，一项资源要得到有效利用，必须做到：第一，界定产权（必要条件）；第二，产权可以转让（充分条件）。正如法经济学家波斯纳（1997）所言："如果任何有价值的（意味着既稀缺又有需求的）资源为人们所有（普遍性），所有权意味着排除他人使用资源（排他性）和使用所有权本身的绝对权，并且所有权是可以自由转让的，或者像法学学者说的是可以让渡的（可转让性），那么资源价值就能最大化。"那么，作为一种清洁、可替代能源，美国政府又是如何对煤层气的产权进行界定的呢？

1. 确认煤层气为气体资源并赋予其独立于煤炭矿权的所有权

在美国煤层气还被当作有害物之时，人们在就煤炭签约、立法时，根本就不去考虑煤层气的所有权问题。能源危机让人们发现了煤层气的经济价值。不过，由于煤层气特殊的物理属性，当人们试图对它进行利用时，就不得不思考诸如"煤炭所有权人是否自然拥有伴生于煤炭中的煤层气"和"谁拥有煤层气的产权"这些问题。

Olson（1978）的研究表明，20 世纪 70 年代末 80 年代初，美国联邦政府关于煤炭和天然气等的法律法规还没有被运用到解决煤层气相关问题上来。Farnell（1982）的研究也表明，美国的法律并没有对煤层气的产权争议和冲突使用提供充分的解决方案。他认为当时商业化开采煤层气的最大障碍不是技术上的，而是法律上的。他在文中提及的著名的美国钢铁公司（United States Steel Corporation）诉玛丽·乔·霍格（Mary Jo Hoge）案以及其他学者对一系列煤层气开发方面产权纠纷案件的研究都表明，煤层气开采企业和煤炭开采企业之间一直在对煤层气的所有权进行着争夺。事实上，自 1981 年起，美国司法部就认定，煤层气是一种气体资源，气体承租人有权利进行煤层气开采，煤层气所有权不包含在煤炭矿权承租人的权利中。美国联邦法院也持同样的意见。这样，煤层气从法律上已经成为一种独立于煤炭矿权的气体资源。

2. 确定谁拥有煤层气的产权并且可以对其进行开发

法律上赋予煤层气独立矿权后，还必须让它成为事实上可以执行的一项权利。事实上，因为美国土地所有制的多样性和各州法律法规不同，究竟"谁拥有煤层气的产权并且可以对其进行开发"这个问题变得非常复杂。

美国的土地分为公有土地和私有土地两种。公有土地约占 40%，主要为国家公园、未利用的土地、生态保护区、公共设施和公益事业用土地，这些土地分别属于联邦、州、县或市政府所有；另外 60% 为私有土地。不同土地之下的煤层气资源也相应地有归属区别。

根据《能源政策法》（1992）中的 1339 条款，在美国联邦政府拥有地表权和地下矿产资源所有权，或者地表权已经转让但仍保有地下矿产资源所有权的土地上，煤层气资源由美国内政部负责管理。美国联邦政府法律规定，对公有土地实行规划，规划每 10 年审核一次，公众可广泛参与，私营公司支付给政府相应的租金和费用后，即可获得在公有土地的煤层气钻探权。同时坚持早登记者（早获得权利者）优先的原则，煤炭开采企业和煤层气开采企业都可以获得煤层气资源的开发权，依据"先后登记，批准顺序"而定，1994 年开始执行。为了促进各州煤层气的开发利用，1995 年 9 月，美国国会通过一项法案，要求那些尚未制定煤层气所有权法律的州，在 1995 年 10 月 24 日之前必须出台煤层气所有权的法律，否则将把该州煤层气的立法问题转交给联邦政府的内政部土地管理局进行处理。

至于私有土地地下的矿藏，总体而言，属于土地所有者。在私有土地上，煤层气开采企业可以直接与矿业权权利人签署租约，再与地表权权利人签署单独的设钻井和铺管道协议，并取得州政府管理机构的许可，就可以获得开采权。不过，即便同为私有土地，不同的州可能因为法律法规的不同，对煤层气资源的产权划分也不一定相同。比如，根据 Lyons（1996）的研究，在弗吉尼亚州，法律规定煤层气属于煤炭矿业权人，而不是气体租赁者或土地所有者。在宾夕法尼亚州，在美国钢铁公司诉玛丽·乔·霍格案中，煤层气的开发权被裁定给煤炭矿业权人，但其所有权仍然归土地所有者拥有。

尽管法律上有相关规定，黄立君（2014）却认为，从美国的煤层气发展实践来看，气煤冲突事实上一直存在。由于煤层气和煤炭相伴相生，煤层气矿业权人和煤炭矿业权人在各自行使自己的权利时，不可避免地会产生负的外部性，从而导致产权的不相容使用，当冲突发生时，州法院和联邦法院就开始发挥作用。前面论及的美国钢铁公司诉玛丽·乔·霍格案以及亚拉巴马州、圣胡安盆地、西弗吉尼亚州、弗吉尼亚州、怀俄明州等煤层气开发方面的产权纠纷案，最终都是由各级法院来决定煤层气的所有权。学者们关于气煤之争的诉讼案件研究表明，在美国，煤层气企业和煤炭企业可以通过民事诉讼的途径来主张自己认定的权利。而且随着法律法规的健全，当事人的权利得到了较好的保障。

如果某个开采区块的产权纠纷没有解决却仍要开采煤层气，也有一些替代性的制度安排可供选择。比如，《1991 弗吉尼亚油气法案》（*The Virginia Gas and Oil Act of 1991*）规定：如果煤炭矿业权人、煤层气矿业权人、土地所有者之间因为利益冲突而导致煤层气无法顺利开采，州油气委员会（Gas and Oil Board）就会介入，要求各相关方联营合作，并且建立一个第三方账户，让利益相关方在冲突未解决之前向该账户缴纳保证金。法律上的产权归属确定后的 30 日内，油气委员会决定该账户基金的分配（包括利息）。在阿巴拉契亚地区的西弗吉尼亚也有类似的法律，这种制度安排使即使产权纠纷没有解决，也不影响煤层气的开发。Mcclanahan 所研究的弗吉尼亚州也是通过这种方式使煤层气产业同样得到了发展。

（二）全方位的经济激励

在赋予煤层气独立矿业权和确认"谁拥有煤层气产权并且可以对其进行开发"后，美国政府制定了一系列的法律、法规、政策，从研发、生产和消费环节来帮助和扶持煤层气的开发利用。

1. 对煤层气研发者的激励

美国政府对煤层气前期技术研发和勘探研究进行资助。根据美国环境保护局的公开资料，美国政府直接向地质调查局（USUG）及天然气研究所（GRI）等国家机构、专业咨询公司或煤层气项目开发者提供资金，支持它们进行煤层气基础理论研究、煤层气资源评价和技术创新，并通过煤层气开发实验进行技术推广，最终提高煤层气勘探的成功率。比如，美国能源部（DOE）和美国环境保护局进行跨部门合作，通过国家能源技术实验室（NETL）对西弗吉尼亚州的煤层气开发利用示范项目进行资助。据估计，在最近的 30 年内，美国政府直接用于煤层气基础理论研究和技术开发的投资约为 4 亿美元。另外，统计数据显示，20世纪 80 年代至今，美国政府非常规气的勘探开发活动先后投入 60 多亿美元，用于培训与研究的费用将近 20 亿美元（金辉，2013）。

2. 对煤层气生产者的激励

联邦政府层面，美国政府对煤层气生产者的激励，最著名且影响最大的就是《原油意外获利法》。美国参众两院先在 1979 年通过《原油意外获利法》，并于 1980 年颁布实施。该法案制定的第 29 条税收补贴条款，旨在通过政府财政补贴的方式，使包括煤层气在内的非常规能源具有与常规油气能源相当的竞争力。

《原油意外获利法》第 29 条税收优惠政策是一项基于生产的激励政策。该法案第 29 条首先将煤层气作为独立的矿种对待；其次，该政策使煤层气成为当时获得补贴最高的一种非常规天然气能源。根据孙茂远（2013）的研究，自 1980 年《原油意外获利法》实施后的 10 年间，美国黑勇士盆地开采煤层气获得的税收补贴约为 2.7 亿美元，圣胡安盆地获得的税收补贴约为 8.6 亿美元。10 年之后，每生产和销售 1MBtu（百万英热单位）煤层气平均税收补贴约为 1.4 美元。税收补贴一般占气价的 45%～50% 以上。税收补贴之后，开采企业的内部收益率平均为 23%。持续一贯的激励使自 1983 年到 1995 年的 12 年间美国煤层气产量从 1.7 亿方米猛增至 270 亿立方米，煤层气的开发利用基本形成产业化规模。2003 年，美国煤层气产量为 453 亿立方米，2008 年，美国煤层气产量达到最高值 562 亿立方米。2006—2011 年连续 6 年煤层气产量都在 500 亿立方米以上。

除了《原油意外获利法案》，美国联邦政府的《国内税收法典》（1986 年）在财政支持非常规能源（如煤层气）和可再生能源发展方面也发挥了重要作用。类似地，《能源法》（2005 年）第 45 条的生产税收抵免政策以及《美国复苏与投资法》（2009 年）对那些利用可再生能源（包括煤层气）发电的公司提供课税免除和其他激励。1992 年 10 月 24 日布什总统签署的《能源政策法》（1992 年）建立了激励煤层气发展以及帮助解决煤层气产权冲突的制度安排。同年，美国联邦能源管理委员会还颁布了第 636 号法令，规定煤层气生产商可以自由通过天然气管网系统配送销售煤层气。这种管网设施第三方准入的管理模式解决了煤层气开发商输送的需求，支持了煤层气市场的商业化开展。1996 年 3 月，美国环境保护局发布《联邦政府对煤层气项目资助指南》，对煤层气开发利用项目提供优惠贷款。另外，为鼓励扶持煤层气生产，美国政府还出台了一系列政策，设立农业部援助项目、商业部援助项目以及中小企业管理局资助项目。

在州政府层面，为了吸引能源公司，州政府（如宾夕法尼亚州、俄亥俄州）设立拨款、免税、贷款担保等项目促进煤层气开发。根据美国环境保护局（2011）的报告，宾夕法尼亚能源发展局（PEDA）定期为包括煤层气在内的可替代能源项目提供拨款。2010 年 4 月，宾夕法尼亚能源发展局总共提供了 1 600 万美元支持州内包括煤层气在内的可替代能源开发基础理论研究、资源评价和技术创新，而且这些项目面向私人机构和公司、非营利组织、州内的大学和市政机构，最大的单笔拨款达 100 万美元。宾夕法尼亚州还为可替代能源生产进行课税免除。2008 年 7 月，宾夕法尼亚州颁布的《可替代能源投资基金法》对可替代能源生产项目税收减免 15%。在俄亥俄州，2007 年开始实施"优势能源"项目，以促进就业和经济发展。该项目采取拨款和信贷担保方式对煤层气开发进行激励，在过去 3 年中共提供 1.5 亿美元发展优势能源产业的发展。

在监管激励方面，土地使用授权与矿区使用费减免。2008 年，美国 40% 的煤炭生产来自美国西部联邦政府和州政府所有的土地，这些土地下的煤炭矿业权、油气矿业权都属于联邦政府或州政府。内政部的土地管理局负责管理联邦政府拥有的煤层气矿业权。在州政府层面，比如，在犹他州，油气矿业权由犹他土地信托管理局负责，怀俄明州则由土地和投资办公室负责。通过一系列法院判例，犹他州和怀俄明州确定了煤层气矿业权是一种独立于煤炭矿业权的矿产资源。私营公司支付给政府相应的租金和费用，通过竞标获得在公有土地的钻探权。另外，为了激励煤层气生产者，很多州对煤层气矿区使用费进行减免，以从经济上进行支持。比如科罗拉多州就对煤层气生产者免征 12.5% 的矿区使用费。怀俄明州和犹他州也采用了类似的激励政策。

3. 对煤层气消费者的激励

美国政府还对煤层气使用者进行激励。宾夕法尼亚州 1998 年 7 月开始煤层气消费试点项目，4 个月内有近两百万消费者进行登记注册。自 1999 年 1 月起，所有的消费者都可以从电力供应商那里得到最低 8% 的消费税减免。中部地区的伊利诺伊州则颁布了《电力重建法》（1997 年），该法案规定：自 1998 年 8 月开始给予煤层气消费者 15% 的税收减免。其他如落基山脉地区的科罗拉多州、东南地区的亚拉巴马州都有类似的制度安排。

五、结论

笔者对美国煤层气产业发展现状，美国联邦和州政府在煤层气产权界定，通过各种制度安排对煤层气研发、生产和消费等环节进行全方位激励以促进煤层气产业化发展的经验进行了阐释。这些经验表明，尽管美国的煤层气产业基本上都属于私有，政府并不强迫任何企业承担开发煤层气的任务，但是，各级政府为了实现能源、清洁、安全等目标，从机制设计上，通过立法和政策等方面的制度安排来对煤层气研发者、生产者、消费者进行宏观引导，大力扶持煤层气产业，使开发利用煤层气成为投资者有利可图的自觉行为，最终达到市场引导能源产业发展的目的。另外，美国联邦政府、州政府所采取的全方位经济激励政策都是可转化的，切实可行并落实到位。

美国政府在煤层气产业化发展过程中的帮助和扶持可以给未来中国的煤层气产业化发展带来启示。自 1996 年以来，中国政府就开始着力发展煤层气产业。在"十一五"和"十二五"期间，国家能源局都对煤层气开发利用进行 5 年规划，并制定发展目标，但这两个时期煤层气规划目标的完成率都不到30%。历经 20 多年的发展，中国的煤层气产业仍然处于初级阶段，没有形成规模化、产业化经营。事实上，国家发展和改革委、国家能源局和各级地方政府都有对煤层气开发利用的激励制度安排，但收效甚微。煤层气矿业权与煤炭矿业权之间的冲突、补贴等激励政策落实不到位、补贴不足、投入缺乏动力和煤层气运输管网等配套设施不足等是导致上述问题的主要原因。本文通过对美国经验的梳理发现，中国煤层气产业发展过程中存在的问题很大程度上都是制度设计和实施问题。因此，必须首先解决好煤层气产权的界定和转让问题，并从研发、生产、消费等环节做出制度安排，进行全方位的激励。至于我国政府应该如何进行机制设计，这是笔者下一阶段将要研究的问题。

参考文献

［1］R. K. Olson Coal Bed Methane Legal Considerations Affecting Its Development as Energy Resources［J］. Tulsa Law Journal,1978,13(3):377～405.

［2］S. K. Farnell Methane Gas Ownership：A Proposed Solution for Alabama［J］. Alabama Law Review,1982,33(3):521～543.

［3］J. Feriancek Coalbed Gas Development in the San Juan Basin:The Ownership Question［J］. Natural Resources & Environment,1990,4(3):59～60.

［4］J. L. Lewin H. J. Sirwardane,S. J. Ameri,S. S. Peng. Unlocking the Fire:A Proposal for Judicial or Legislative Determination of the Ownership of Coalbed Methane［J］. West Virginia Law Review,1992,94(3):563～691.

［5］J. Feriancek. Coal and Coalbed Methane Development Conflicts:No Easy Solution［J］. Natural Resources & Environment,2000,14(4):260～262.

［6］B. Johnson. Coalbed Methane Ownership Rights in Wyoming［J］. Great Plains Natural Resources Journal,2004,8(2):46～54.

［7］E. A. Mcclanathan. Coalbed Methane:Myths,Facts,and Legends of Its History and The Legislative and Regulatory Climate into the 21st Century［J］. Oklahoma Law Review,1995,48(Fall):471～562.

［8］G. C. Bryner. Coalbed Methane Development：The Costs and Benefits of an Emerging Energy Resource［J］. Natural Resources Journal,2003,43(Spring):519～560.

［9］H. Cohen. Developing and Producing Coalbed Gas：Ownership, Regulation, and Environmental Concerns［J］. Pace Environmental Law Review,1984,2:1～24.

［10］A. Ingelson. Sustainable Development and the Regulation of the Coal Bed Methane Industry in the United States［J］. Journal of Natural Resources & Environmental Law,2005,20(1):51～102.

［11］K. J. Reddy. 煤层气——能源与环境[M]. 李文魁,等,译. 北京:石油工业出版社,2015.

［12］A. Chakhmakhchev. B. Fryklund. Critical Success Factors of CBM Development Implications of Two Strategies to Global Development［R］. 19th World Petroleum Congress,Spain 2008.

［13］姚国欣,王建明. 国外煤层气生产概况及对加速我国煤层气产业发展的思考[J]. 中外能源,2010(4):25～33.

［14］理查德·A. 波斯纳. 法律的经济分析(上)[M]. 蒋兆康,译. 林毅夫,校. 北京:中国大百科全书出版社,1997:45.

［15］P. C. Lyons. Coalbed Methane Potential in the Appalachian State of Pennsylvania,West Virginia,Maryland,Ohio,Virginia,Kentucky,and Tennessee——An Overview［R］. Open－File Report 96－735,Department of the Interior,U. S. Geological Survey,Reston,Virginia 2019(2):1～66.

［16］黄立君. 气煤冲突与产权保护:法经济学视角[J]. 广东财经大学学报,2014 ,(5):81～88.

［17］金辉. 美国:为页岩气勘探开发创造有利环境［EB/OL］. http://dz. jjckb. cn/www/pages/webpage2009/html/2013－12/31/content_84617. htm? div =－1. 2013－12－31.

［18］孙茂远. 经济杠杆引导煤层气产业崛起[N]. 中国能源报,2013－12－30.

［19］U. S. Environmental Protection Agency. Financial and Regulatory Incentives for U. S. Coal Mine Methane Recovery Project ［R］. U. S. EPA Coalbed Methane Outreach Program ，August 2011 ，EP - W - 10 - 01：18.

伊斯兰银行效率实证研究

——基于数据包络分析模型[①]

黄立君　晋同祥[②]

摘要： 2008 年金融危机期间，伊斯兰银行的良好表现引发经济学者对其效率的关注。本文运用规模报酬可变条件下的数据包络分析模型测算 19 个国家 38 家伊斯兰银行 2007—2015 年的技术效率、纯技术效率和规模效率，然后从时间、地域、规模、伊斯兰文化程度、本国经济发展程度 5 个方面分析导致伊斯兰银行效率差异的影响因素，发现：首先，规模与管理水平的不匹配会导致伊斯兰银行技术效率下降。其次，伊斯兰银行能够减轻并延迟金融危机的影响。此外，欧美国家的伊斯兰银行效率较高但逐年下降，中东地区最低，而以马来西亚为代表的东南亚地区银行效率稳中有升；泛伊斯兰银行的效率要高于纯伊斯兰银行，但在金融危机期间，其效率低于纯伊斯兰银行；发达国家的伊斯兰银行效率要高于发展中国家伊斯兰银行效率。

关键词： 伊斯兰银行；效率；影响因素；数据分析包络模型

作为一种独特的金融形式，自 20 世纪 60 年代开始，伊斯兰金融的存在和发展就引起了投资者、学者以及相关政府官员的注意。在 2008 年全球性金融危机导致众多国家金融业脱水、传统银行业遭受重大损失的情况下，伊斯兰银行却在危机时期保持着较高的盈利能力，信贷、资产等也快速增长，这显示出以禁止利息和风险共担为显著特征的伊斯兰银行在抵御风险方面具有很大的优势。银行业是金融业的核心，其效率的高低决定了银行业的发展潜力。本文尝试探究不同因素（如区位因素、银行规模、伊斯兰文化程度、经济发展程度等）对伊斯兰银行运营效率的影响，并在时间维度上分析伊斯兰银行效率近几年的变化，以此加深对伊斯兰金融的理解。

一、国内外研究现状

伊斯兰银行迅速成长的原因目前有两种观点较为盛行：一是认为它受到 20

---

① 基金项目：中国政法大学人文社科研究项目"制度经济学视角下我国煤层气和煤炭协调开发机制研究"（14ZFG79001）、北京高校中国特色社会主义理论研究协同创新中心（中国政法大学）阶段性成果。

② 黄立君，副教授，中国政法大学商学院；晋同祥，政治经济学硕士，中国政法大学商学院。

世纪60年代伊斯兰教复兴的影响（Chong & Liu，2009）；二是把它归因为伊斯兰银行自身的效率性（Sufian，2007）。Rahim，Rahman和Rosman（2013）就曾指出，效率性是伊斯兰银行在金融市场中保持竞争力的重要原因。总体而言，现有的对伊斯兰银行效率的研究主要有两类：一是从地理位置、时间等维度对伊斯兰银行效率的研究；二是从经济活动、财务指标等角度建立模型衡量伊斯兰银行的效率，并与传统银行的效率进行比较研究。

在伊斯兰银行与传统银行的效率比较方面，Hassan（1999）比较了两个不同时期[①]的银行盈利能力、流动性、风险和偿付能力，结论显示，伊斯兰银行至少在现金存款方面比传统银行具有更高的流动性，总体上面临的风险要小于传统银行，但是在其后续发展阶段，风险会相应增加；Rosly和Bakar（2003）运用资产回报率（ROA）、投资利润率等财务指标分析了伊斯兰银行和传统银行的效率，结果表明，伊斯兰银行有较高的资产回报率，但由于中间费用较高，导致效率偏低；Mokhtar，Abdullah和Alhabshi（2008）运用数据包络分析模型（DEA）对马来西亚伊斯兰银行和传统银行的技术效率、成本效率进行了比较研究，研究发现，在马来西亚，银行效率由高到低依次为：传统银行、纯伊斯兰银行、混合伊斯兰银行。

在纯伊斯兰银行效率的比较方面，Ahmed（1998）以苏丹为例，研究了宗教信仰对纯伊斯兰银行和仅仅开展伊斯兰业务的银行运营管理方面的影响，发现宗教信仰会影响银行的投资结构和策略；Sufian（2007）以马来西亚为例，比较了国内和国外伊斯兰银行的效率，发现马来西亚伊斯兰银行与国外相比更加没有规模效率，同时，他也发现利润率与效率有着很强的正相关关系；Yudistira（2004）调查了18家伊斯兰银行的运行效率，并运用数据包络分析模型作为各银行效率比较测量方法，发现1998—1999年的效率要低于1997—2000年的效率，主要是由于纯技术无效；Aldohni（2008）以英国和阿拉伯国家为例对比分析了伊斯兰银行在伊斯兰国家和非伊斯兰国家发展的原因差异，发现宗教因素对伊斯兰国家的影响较大，但对英国影响较小。

国内对伊斯兰银行的研究多集中于定性分析，主要涉及伊斯兰银行的运营模式、盈利模式、风险管理等方面。王劲屹（2005）全面阐释了伊斯兰银行的盈利模式、运营规则以及潜在的问题；冯宗宪、陈志毅（2011）比较了伊斯兰银行和传统银行两种模式在制度、风险种类等方面的差异；李艳枝（2004）通过对伊斯兰相关教法教义的研究，以及对伊斯兰金融实践过程中的产品经营、金融服务、发展现状、需突破的瓶颈等问题的总结，预测了伊斯兰金融的发展趋势；祁学义、马玉秀（2009）研究了伊斯兰金融的基本原则和实践经验，发现伊斯兰教法教义与伊斯兰金融思想的相互融合可以推动当代伊斯兰金融业的完善；瞿强（2008）研究了现代伊斯兰金融的发展现状、基本理念、管理模式、风险规避等

---

① 1984年至1989年和1990年至1997年。

方面，该文认为，伊斯兰金融区别于传统金融模式的特色在于重视金融体系和实体经济之间的有效结合。对伊斯兰金融体系下的制度、运作模式、风险特征进行系统地研究能够为国际金融体系对抗金融危机提供一定借鉴，并且可以将其作为传统金融的补充，增强全球金融体系的稳定性。

通过对已有研究成果的梳理我们发现，国外相关研究主要集中在阿拉伯地区、马来西亚等伊斯兰国家，对非伊斯兰国家的研究较少。而且国外学者在伊斯兰银行的效率方面做了大量的定量研究，研究方法主要有数据包络分析模型（DEA）、熵权法等，但是选择的样本较小，这样会导致数据包络分析的结果不够准确。国内学者对伊斯兰银行的研究主要侧重于定性分析，包括风险、原则等角度，定量分析相对较少，而且目前研究成果不多，结论的说服力也难有实证基础。

本文在前述已有研究成果的基础上，第一，选择全球代表性国家的较大型伊斯兰银行为分析样本，结合数据包络分析法，从时间、地域、规模、伊斯兰文化程度、本国经济发展程度 5 个维度分析比较伊斯兰银行效率的差异，力图对伊斯兰银行的效率有一个全面的分析。第二，国外研究也有很多采用 DEA 模型分析伊斯兰银行的效率，但是对银行效率差异原因的研究分析较少，本文在效率分析的基础上，进一步分析风险管理、宗教信仰等因素对效率的影响。第三，国外的很多研究数据相对陈旧，大多在 2010 年之前，本文选取最新的数据，便于把握伊斯兰银行的最新发展趋势。

二、伊斯兰银行效率实证分析

从已有文献来看，评价银行效率主要有 5 种方法：随机前沿面法（Stochastic Frontier Approach，SFA）、自由分布法（Distribution – Free Approach，DFA）、稠密前沿面法（Thick Frontier Approach，TFA）、数据包络分析法（Data Envelopment Analysis，DEA）和无边界法（Free Disposal Hull，FDH），其中，数据包络分析法（DEA）是目前学者最常用也最有效的研究方法，这也是本文所采用的主要研究方法。

（一）数据包络分析模型的原理

数据包络分析法，简称 DEA，是由美国运筹学家 A. Charnes 和 W. Cooper 在 Farrell 测度基础上发展起来的一种借助线性规划来评价效率的非参数方法。由于其在处理多项投入和多项产出问题方面的优势，该方法被广泛用于评价行业绩效、资源配置的有效性等诸多方面。

DEA 主要通过计算产出投入比来衡量目标决策单元的效率，将每一个决策单元的投入产出分别表示为：

$$X_i = (x_1, x_2, \cdots, x_m)^T, Y_r = (y_1, y_2, \cdots, y_q)^T$$

投入与产出的权重分别表示为：

$$U_i = (u_1, u_2, \cdots, u_m), V_r = (v_1, v_2, \cdots, v_q)$$

则目标决策单元 DMU_k 的产出投入比表示为：

$$\theta_k = \frac{V_r Y_{rk}}{U_i X_{ik}} = \frac{\sum\limits_{r=1}^{q} v_r y_{rk}}{\sum\limits_{i=1}^{m} u_i x_{ik}} \tag{1}$$

上述产出投入比满足不同的约束条件，可以得到不同的 DEA 模型，从而得出技术效率、规模效率、纯技术效率等不同的效率指标。

（二）模型构建

DEA 模型分为投入导向型和产出导向型两种。投入导向衡量的是产出不变情况下要素投入减少的比例，也就是说，在产出一定的情况下使投入最小化。产出导向衡量的是投入不变的情况下产出增加的比例，也就是说，在投入一定的情况下使产出最大化。从规模报酬是否可变的角度，又可将 DEA 模型分为规模报酬不变模型（CCR）和规模报酬可变模型（BCC），二者的区别在于 BCC 模型增加了凸性假设。

本文选择规模报酬可变条件下的投入导向型 DEA 模型（即 BCC – DEA 模型）测算伊斯兰银行的效率。一方面，我们把银行看作决策单元时，调整其投入要素（人员、营业支出等）要远比调整其产出容易，并且根据效率的高低对银行的资源投入进行合理调整也正是我们主要关注的。因此，本文采用投入导向型的 DEA 模型。另外，实践中，规模报酬不变基本不存在，因此选择规模报酬可变的条件更加合理。

模型具体形式如下：

$$\min\theta$$

$$\text{subject to} \begin{cases} \sum\limits_{j=1}^{n} \lambda_j x_{ij} \leqslant \theta x_{ik} \\ \sum\limits_{j=1}^{n} \lambda_j y_{rj} \geqslant y_{rk} \\ \sum\limits_{j=1}^{n} \lambda_j = 1 \\ \lambda_j \geqslant 0, j = 1,2,\cdots,n \end{cases} \tag{2}$$

将模型（2）转化为对偶形式，得到：

$$\max \theta_k = \sum_{r=1}^{q} \gamma_r y_{rk} - \gamma_0$$

$$\text{subject to} \begin{cases} \sum\limits_{r=1}^{q} \gamma_r y_{rj} - \sum\limits_{i=1}^{m} \mu_i x_{ij} - \gamma_0 \leqslant 0, j = 1,2,\cdots,n \\ \sum\limits_{i=1}^{m} \mu_i x_{ik} = 1 \\ \mu_i, \gamma_r \geqslant 0, \gamma_0 \text{ is free} \\ i = 1,2,\cdots,m; r = 1,2,\cdots,q \end{cases} \tag{3}$$

其中，θ_k 表示第 k 家银行的效率值；x_{ij} 表示第 j 家银行第 i 种投入的量，$x_{ij} > 0$；y_{rj} 表示第 j 家银行第 r 种产出的量，$y_{rj} > 0$；γ_0 是自由变量，取值范围是实数域。

（三）分析样本和指标体系构建

目前，世界上共有 183 家伊斯兰银行，主要集中于阿拉伯地区、东南亚、南亚、北非地区，以及英国、美国等发达国家。本文旨在探究不同因素（如区位因素、银行规模、伊斯兰文化程度、经济发展程度等）对伊斯兰银行运营效率的影响，并在时间维度上分析伊斯兰银行效率近几年的变化。同时，基于银行数据的可获得性，本文选择了 38 家伊斯兰银行在 2007—2015 年的数据作为分析样本，数据均来源于《全球银行与金融机构信息数据库》。①

使用 DEA 模型测算银行效率时，投入与产出指标的确定一直是争论的焦点，目前主要有 3 种方法：中介法、生产法和资产法。中介法将银行视为金融中介机构，将资金从资金盈余者手中转移到资金短缺者手中，实现资金融通，因此该方法将存款额、贷款额作为产出，人力和固定资本作为投入；生产法认为，银行生产金融产品，因此将产出指标定为存款和贷款账户的数量，投入指标定为员工数量和固定资产；资产法则从资产负债表的结构入手定义投入与产出指标，资产法只将资产负债表中资产一侧的项目作为产出，如贷款额、利息收入，在此方法中，存款额作为负债归入投入指标。

3 种方法选取的指标各有利弊，比如，生产法选取存款和贷款账户数目，其数据可获得性是很大的问题，此外，对存款额作为产出指标还是投入指标一直都有很大的争议。本文认为，从目前伊斯兰银行的发展状况来看，其主要是作为金融中介，发挥资金融通的作用，因此本文以中介法为基础选取指标，同时结合资产法。此外，本文认为，银行的投入不仅包括固定资产或人力资本，在运营过程中还会产生费用，因此应该包括一定的营业支出。对存款，本文遵照中介法的处理，放入产出指标中。此外，本文也选取贷款总额和营业收入作为产出指标。

本文选择的指标如表 1 所示：

表 1　评价银行效率的指标体系

投入指标	产出指标
营业支出	存款总额
固定资产	贷款总额
员工费用	营业收入

（四）指标体系的可行性

对所选取的指标做相关性检验，可以看出指标之间的相关性较强（见表 2），

---

① 全球银行与金融机构信息数据库，https：//bankscope. bvdinfo. com/ip，2016 年 12 月 15 日。

说明指标之间存在一定的因果关系，可以保证评价结果的可靠性（芦锋等，2012）。

表 2　相关性检验结果

	营业支出	固定资产	员工费用
存款总额	0.979	0.947	0.979
贷款总额	0.969	0.935	0.968
营业收入	0.984	0.951	0.981

此外，数据包络分析要求指标数量与决策单元之间满足"决策单元的数量大于两倍的投入指标和产出指标的数量"这一条件，本文选取全球 38 家伊斯兰银行为分析样本，满足 38 > 2 × （3 + 3）的要求，可以保证测算结果的准确性。

（五）结果分析：伊斯兰银行效率变化趋势及影响因素

1. 伊斯兰银行效率变化趋势

对所选取的 38 家伊斯兰银行的技术效率（TE）、纯技术效率（PTE）和规模效率（SCALE）分别求均值得到了图 1 的结果。从图 1 可以看出，2007—2015 年，伊斯兰银行总体的平均纯技术效率和平均规模效率较为稳定，但也有略微下降的趋势，这就导致了平均技术效率的下降。这是由于随着伊斯兰银行规模的不断扩大，规模水平超过其管理水平，而且从结果来看，大部分银行都是规模报酬递减的，这就造成大量的人员冗余和资源浪费，使技术效率下降。此外，还可以看到 2008—2009 年金融危机期间，伊斯兰银行的技术效率和纯技术效率都达到最高，很多学者由此认为伊斯兰银行在抵御危机方面较传统银行更具优势、更加稳定，但是 2010 年其效率又出现大幅度下降。本文认为，伊斯兰银行建立在实物基础上的交易模式只是延后了危机的影响。

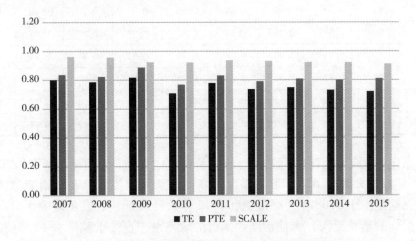

图 1　2007—2015 年 38 家伊斯兰银行的平均效率值

注：TE 表示技术效率，PTE 表示纯技术效率，SCALE 表示规模效率。

2. 伊斯兰银行效率的地域差异

为了分析伊斯兰银行的地域分布差异，本文将样本银行分为三个地区：欧美地区（4 家）、阿拉伯地区（24 家）、东南亚地区（10 家），对每个地区伊斯兰银行所有年份的技术效率、纯技术效率、规模效率求平均值得到表 3。

表 3　不同地区银行效率平均值

	TE	PTE	SCA
欧美地区	0.87	0.95	0.92
阿拉伯地区	0.73	0.79	0.93
东南亚地区	0.77	0.83	0.92

从表 3 可以看出，欧美地区的银行效率是最高的，这一方面是由于欧美地区伊斯兰银行的规模都比较小，另一方面，欧美地区金融业更加发达，纯技术效率明显高于阿拉伯和东南亚地区，资源配置等都更合理，从而使技术效率得到提高。并且大部分东南亚地区和阿拉伯地区的伊斯兰银行都是规模报酬递减的（详见表 4），所以，银行应该着重提高管理水平和资源配置水平，而不是盲目扩大银行规模。

表 4　不同年份各个地区的银行效率值

地区\年份	欧美地区			阿拉伯地区			东南亚		
	TE	PTE	SCA	TE	PTE	SCA	TE	PTE	SCA
2007 年	0.97	0.97	1.00	0.79	0.82	0.97	0.75	0.82	0.92
2008 年	0.95	1.00	0.95	0.76	0.79	0.96	0.79	0.84	0.94
2009 年	0.86	0.91	0.95	0.83	0.88	0.94	0.77	0.89	0.87
2010 年	0.84	0.91	0.92	0.68	0.75	0.92	0.71	0.76	0.94
2011 年	0.94	0.99	0.95	0.75	0.81	0.93	0.79	0.81	0.96
2012 年	0.87	0.91	0.96	0.70	0.76	0.93	0.77	0.83	0.91
2013 年	0.82	0.92	0.90	0.72	0.78	0.92	0.80	0.83	0.94
2014 年	0.80	0.91	0.89	0.70	0.77	0.90	0.78	0.82	0.92
2015 年	0.79	1.00	0.79	0.69	0.79	0.92	0.77	0.84	0.92

根据图 2，欧美地区伊斯兰银行的技术效率总体呈下降趋势，特别是 2008 年和 2012 年都有大幅度下降，下降幅度明显要大于阿拉伯地区和东南亚地区。本文认为，这是由于 2008 年金融危机和 2012 年后经济低迷，欧美地区作为全球金融中心受到的影响更大，致使伊斯兰银行的效率也一直处于较低水平。阿拉伯地区作为伊斯兰金融最发达的地区，其银行效率却没有处于领先地位，反而在三个地区中最低，低水平的纯技术效率加之持续走低的规模效率造成了这样的结局，

该地区伊斯兰银行应重视自身管理水平、资源配置水平的提高。东南亚地区伊斯兰银行的效率稳中有升，特别是以马来西亚为代表，逐渐建立起完善的双轨制银行系统①、伊斯兰金融市场体系和监管体系，这都极大地促进了东南亚地区伊斯兰银行的发展。

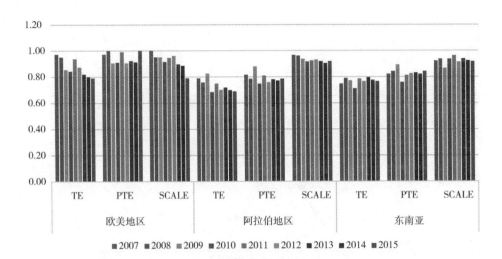

图 2　伊斯兰银行效率的地区分布差异

3. 伊斯兰银行规模对效率的影响

马来西亚学者Čihák 和 Hesse（2014）在研究伊斯兰银行的稳定性时，以 10 亿美元为限将样本银行分为大型伊斯兰银行和中小型伊斯兰银行，本文沿用该文的标准对样本银行进行分类，其中，大型银行有 24 家，大部分位于中东阿拉伯地区和马来西亚等国，中小型银行有 14 家，主要位于欧美国家和一些东南亚国家。DEA 测算的效率值如表 5 所示：

表 5　大型和中小型伊斯兰银行的效率值

	大型			中小型		
	TE	PTE	SCA	TE	PTE	SCA
2007 年	0.76	0.81	0.95	0.86	0.88	0.98
2008 年	0.74	0.78	0.96	0.85	0.89	0.95
2009 年	0.80	0.87	0.92	0.85	0.92	0.92
2010 年	0.65	0.73	0.90	0.79	0.83	0.94
2011 年	0.71	0.78	0.92	0.89	0.91	0.97

---

①　双轨制银行系统是指传统银行和伊斯兰银行并存，拥有各自的市场运营规则和法律监管体系，该系统在马来西亚发展得最为完善。

续表

	大型			中小型		
	TE	PTE	SCA	TE	PTE	SCA
2012 年	0.65	0.72	0.91	0.87	0.89	0.96
2013 年	0.71	0.77	0.92	0.80	0.87	0.92
2014 年	0.69	0.76	0.90	0.78	0.86	0.91
2015 年	0.68	0.78	0.93	0.77	0.89	0.86
mean	0.71	0.78	0.92	0.83	0.88	0.94

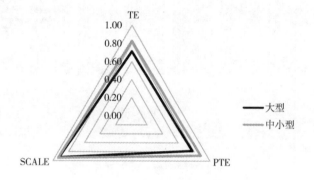

图 3　伊斯兰银行效率的规模差异

总体来看，中小型银行在效率上更具优势（见图 3），这也验证了之前的结论：中小型银行规模较小，纯技术效率高，资源配置水平和管理水平都比较高，从而提高了银行的技术效率；大型银行的规模与其管理水平不相符合，规模扩大的同时却没有带来产出的同比增加，导致技术无效。

从图 4 可以看出，大型伊斯兰银行的技术效率和纯技术效率的走势基本一致，规模效率则保持在较高水平，这也说明纯技术效率是约束大型伊斯兰银行效率提高的主要因素。而中小型银行的技术效率虽然高于大型银行，但大致呈下降趋势，纯技术效率一直保持在较高水平，说明中小型银行在管理方面并没有问题，但银行规模较小，且大多分布于欧美等传统的金融中心，与传统银行的竞争不足，应该适当扩大规模、创新金融产品，适当拓宽经营领域，争取规模收益，由此才能促进本地区伊斯兰银行的发展。

从以上分析可以看出，伊斯兰银行的规模过大过小都会影响其效率。因此，本文又对最优银行规模做了初步推测。在选取的样本中，有 6 家银行的效率值一直保持在 0.95 以上，其中有 3 家马来西亚的银行和 1 家巴基斯坦的银行效率值在 2007—2015 年都是 1，它们的银行总资产都在 20 亿 ~ 30 亿美元之间，员工人数在 5 000 ~ 6 000 人之间（详见表 6 和表 7）。所以，从效率值上来说，马来西亚和巴基斯坦的伊斯兰银行规模可以作为全球伊斯兰银行最优规模的参考标准，由

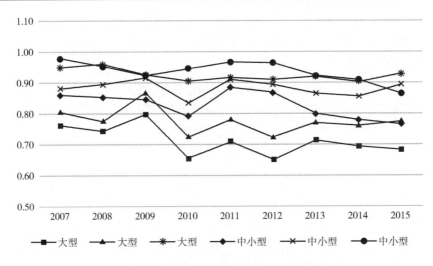

图4　伊斯兰银行的规模对效率的影响

于规模过大或规模过小造成效率损失的银行可以在此基准上做适当调整。对小型银行来说，可以适当合并，增加规模收益；对大型银行来说，应当放缓规模的扩大而着手提高自身的管理水平。同时也进一步表明，马来西亚很有可能会成为未来的伊斯兰金融中心。

表6　银行总资产　　　　　　　　　单位：千美元

	2007 年	2008 年	2009 年	2010 年	2011 年	2012 年	2013 年	2014 年	2007 年
马来西亚	23 948	25 182	25 515	26 012	26 637	26 932	27 166	27 637	27 935
马来西亚	23 142	24 376	24 709	25 206	25 831	26 126	26 360	26 831	27 129
马来西亚	22 687	23 921	24 254	24 751	25 376	25 671	25 905	26 376	26 674
巴基斯坦	21 654	22 888	23 221	23 718	24 343	24 638	24 872	25 343	25 641

表7　员工人数　　　　　　　　　　单位：人

	2007 年	2008 年	2009 年	2010 年	2011 年	2012 年	2013 年	2014 年	2007 年
马来西亚	4 568	4 802	5 135	5 232	5 257	5 312	5 386	5 457	5 555
马来西亚	4 316	4 550	4 883	4 980	5 005	5 060	5 134	5 205	5 303
马来西亚	4 155	4 389	4 722	4 819	4 844	4 899	4 973	5 044	5 142
巴基斯坦	4 036	4 270	4 603	4 700	4 725	4 780	4 854	4 925	5 023

4. 伊斯兰文化程度对银行效率的影响

本文将伊斯兰教是否为国教作为伊斯兰文化程度的衡量指标，将伊斯兰教作为国教的视为伊斯兰文化程度较高，大多是中东和东南亚国家，包括 32 家银行，将这些银行称为纯伊斯兰银行。未将伊斯兰教作为国教的视为伊斯兰文化程度较低，主要是欧美、泰国等国家，包括6家银行，将这些银行称为泛伊斯兰银行。统计结果如表8所示。

表8　不同伊斯兰文化程度的银行效率值

	高			低		
	TE	PTE	SCA	TE	PTE	SCA
2007年	0.79	0.83	0.95	0.87	0.87	1.00
2008年	0.76	0.80	0.95	0.91	0.94	0.97
2009年	0.80	0.88	0.91	0.88	0.91	0.97
2010年	0.69	0.75	0.92	0.82	0.86	0.94
2011年	0.75	0.81	0.93	0.90	0.95	0.95
2012年	0.72	0.77	0.93	0.82	0.87	0.94
2013年	0.74	0.80	0.92	0.77	0.86	0.91
2014年	0.72	0.79	0.91	0.75	0.85	0.90
2015年	0.71	0.80	0.93	0.74	0.94	0.79

　　总体来看，泛伊斯兰银行的技术效率和纯技术效率要明显高于纯伊斯兰银行（见图5）。本文认为，这是由于泛伊斯兰银行大多处于非伊斯兰国家，可以同时经营伊斯兰金融业务和传统银行业务，这在一定程度上弥补了伊斯兰银行发展不成熟带来的效率损失。但是在2008年金融危机和2012年经济下行期间，纯伊斯

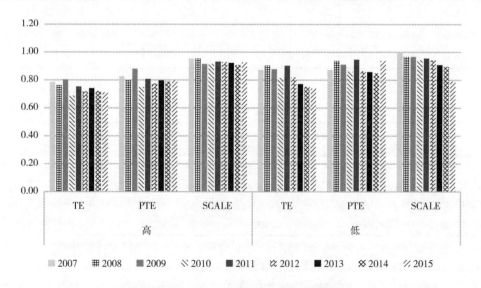

图5　伊斯兰文化程度对银行效率的影响

兰银行所受的影响要小于泛伊斯兰银行，这是因为纯伊斯兰银行严格遵循沙利亚法①，严令禁止投机性的金融产品，并且对投资实体企业也有很高的要求（比如，要求被投资企业要严格披露公司的财务信息），这些都在一定程度上提高了纯伊斯兰银行抵抗风险的能力。但是，也正是由于纯伊斯兰银行要严格遵照沙利亚法和伊斯兰教的法令，这也带来了无形的运营成本的增加，致使其效率低。

5. 本国经济发展程度对伊斯兰银行效率的影响

根据世界银行公布的数据，将样本银行按发达国家和发展中国家分类，其中，发达国家的银行共 4 家，发展中国家的银行共 34 家，统计结果如表 9 所示。

表9　不同经济发展程度的银行效率值

	发展中国家			发达国家		
	TE	PTE	SCA	TE	PTE	SCA
2007 年	0.78	0.82	0.96	0.97	0.97	1.00
2008 年	0.77	0.80	0.96	0.95	1.00	0.95
2009 年	0.81	0.88	0.92	0.86	0.91	0.95
2010 年	0.69	0.75	0.92	0.84	0.91	0.92
2011 年	0.76	0.81	0.93	0.94	0.99	0.95
2012 年	0.72	0.78	0.93	0.87	0.91	0.96
2013 年	0.74	0.79	0.92	0.82	0.92	0.90
2014 年	0.72	0.78	0.91	0.80	0.91	0.89
2015 年	0.71	0.80	0.93	0.79	1.00	0.79
mean	0.74	0.80	0.93	0.87	0.95	0.92

从表 9 可以看出，发达国家的伊斯兰银行技术效率和纯技术效率都明显高于发展中国家的伊斯兰银行。本文认为，这是由于欧美发达国家金融业较发达，金融产品丰富，并且管理模式非常成熟，可以为伊斯兰银行提供一定的借鉴。另外，发达国家的伊斯兰银行大多会同时经营一些传统的金融业务，传统金融业务带来较高的产出，伊斯兰金融业务又能增加一定的稳定性，抵御风险，从而使发达国家伊斯兰银行的效率高于发展中国家的伊斯兰银行。

三、结论和建议

通过对不同方面的比较分析，本文得出以下结论：

第一，2007 年以来，伊斯兰银行的技术效率呈下降趋势，是银行规模与纯

---

① 沙利亚法是在《古兰经》和"圣训"的基础上形成的，用于指导伊斯兰世界的经济、政治、文化、生活等诸多方面的一套行事规范，也可以称为"国法""教法"。

技术效率不匹配造成的，大型伊斯兰银行一味注重合并扩大规模，管理水平却没有相应提高，小型伊斯兰银行虽在管理水平上占优势，但规模较小，没有规模收益，在与传统银行的竞争中处于不利地位。研究发现，伊斯兰银行的最优规模应该在总资产 20 亿~30 亿美元，员工人数 5 000~6 000 人。此外，伊斯兰银行建立在实物基础上的交易模式能够减轻并延迟不利冲击带来的影响。

第二，从地域上来看，欧美地区的伊斯兰银行在效率上领先于其他地区，但呈逐年下降的趋势；阿拉伯地区作为伊斯兰银行的发源地，在银行效率上并没有任何优势；东南亚地区则相对稳定，并呈逐年上升趋势，这得益于其完善的双轨制银行系统，也许会成为未来的全球伊斯兰金融中心。

第三，从规模上来看，当前大型伊斯兰银行规模过于庞大，造成人员冗余和资源浪费，导致效率低下；小型伊斯兰银行虽然效率较高，但由于受到规模限制，发展空间有限。

第四，伊斯兰文化程度会限制伊斯兰银行的效率但可以提高其抵抗风险的能力，严格遵守沙利亚法运行的银行在效率上一般要低于其他银行，但在危机期间其效率却超过其他银行。

第五，一个国家的经济发展程度会影响到本国伊斯兰银行的效率，以欧美为代表的发达国家经济发展程度较高，金融业发达，传统金融产品与伊斯兰金融产品同时运营，提高了本地区伊斯兰银行的效率。

基于上述结论，我们认为：①目前，大型伊斯兰银行应着力提高银行的纯技术效率，可以适当学习传统银行先进的管理经验，提高资金管理水平；同时，调控银行规模达到能够适应的最优水平，不能盲目合并，造成人员和资金的浪费。小型伊斯兰银行应适当合并以扩大规模，在维持较高管理水平的基础上，适当增加规模经济和范围经济的收益，以扭转因规模过小造成的与传统银行竞争中的不利地位。②伊斯兰银行也要提高创新能力，逐步开发一些新型的金融产品，提高资产的流动性，不能仅仅依靠有限的短期传统工具运作，也要着力开发中期和长期的产品，比如，在遵循沙利亚法的基础上开发渠道，将闲置的资产证券化，拓宽金融交易市场。

参考文献

[1] 苏丁·哈伦，万·纳索非泽·万．阿兹米．伊斯兰金融和银行体系——理论、原则和实践 [M]．刚健华，译．北京：中国人民大学出版社，2012.

[2] B. S. Chong, M. H. Liu. Islamic Banking：Interest-free or Interest-based？[J]. Pacific-Basin Finance Journal, 2009, 17(1)：125~144.

[3] F. Sufian. the efficiency of Islamic Banking Industry in Malaysia：Foreign vs Domestic Banks [J]. Humanomics, 2007, 23(3)：174~192.

[4] A. Rahim, A. Rahman, R. Rosman. Efficiency of Islamic Banks：A Comparative Analysis of MENA

and Asian Countries[J]. Journal of Economic Cooperation & Development,2013,34(1):63~92.

[5] M. K. Hassan. Islamic Banking in Theory and Practice: the Experience of Bangladesh [J]. Managerial Finance,1999,25(5):60~113.

[6] S. A. Rosly, M. A. Bakar. A. Performance of Islamic and Mainstream Banks in Malaysia [J]. International Journal of Social Economics,2003,30(12):1249~1265.

[7] H. S. A. Mokhtar, N. Abdullah, S. M. Alhabshi. Efficiency and Competition of Islamic Banking in Malaysia[J]. Humanomics,2008,24(1):28~48.

[8] T. E. Ahmed. The Impact of Religion on Management Control System of Islamic and Islamized Banks in Sudan[J]. Savings and Development ,1998,22(2):215~232.

[9] D. Yudistira. Efficiency in Islamic Banking: An Empirical Analysis of Eighteen Banks[J]. Islamic Economic Studies,2004,12(1):1~20.

[10] A. K. Aldohni. The Emergence of Islamic Banking in the UK: A Comparative Study with Muslim Countries[J]. Arab Law Quarterly,2008,22 (2):180~198.

[11] 王劲屹. 基于 PLS 模式的伊斯兰银行业浅析[J]. 国际金融研究,2005 (9):46~51.

[12] 冯宗宪,陈志毅. 基于风险视角的伊斯兰银行与传统银行的比较[J]. 国际金融研究,2011 (7):74~81.

[13] 李艳枝. 伊斯兰金融机构研究[D]. 西安:西北大学,2004.

[14] 祁学义,马玉秀. 伊斯兰金融思想初探[J]. 北方民族大学学报(哲学社会科学版),2009 (4):43~47.

[15] 瞿强. 伊斯兰金融的近期发展[J]. 国际金融研究,2008 (11):39-43.

[16] 芦锋,刘维奇,史金凤. 我国商业银行效率研究——基于储蓄新视角的网络 DEA 方法[J]. 中国软科学,2012(2):174-184.

[17] M. Čihák, H. Hesse Islamic Banks and Financial Stability: An Empirical Analysis[J]. Journal of Financial Services Research,2010,38 (2):95~113.

2008 年经济危机的原因和对策

齐　勇[①]

摘要：本文从经济危机发生的原因入手，指出经济危机不是资本主义特有的，而是市场经济共有的。与以往的经济危机不同，2008 年经济危机不是发源于生产领域和实体经济，而是由金融监管不力导致的金融秩序混乱和虚拟经济泡沫破裂所引起的金融动荡诱发的，但是危机爆发的根本原因与以往并无本质上的不同。本文试图用马克思主义的基本观点和立场分析经济危机的原因，并找出应对危机的对策。

关键词：经济危机；金融危机；虚拟经济；宏观调控

2008 年经济危机的发生看上去是由美国次贷危机造成，实际上是由于过度投机超过临界点自然引发，次贷危机只是一个偶然的诱因。这种经济危机是生产过剩的危机，但这种过剩不是生产的绝对过剩，而是相对过剩，即相对于劳动人民有支付能力的需求不足的过剩。例如：一方面，房地产市场低迷、大量商品房积压，另一方面，大量的普通居民买不起房子。要走出经济危机，必须改革收入分配制度，提高劳动者的收入，建立健全社会保障体系，从而有效地拉动内需。

一、全球范围的经济大危机

2006 年年底开始，美国爆发次级债问题。2007 年，一些拥有房地产次级抵押债券的银行陷入困境，并出现大面积倒闭现象。进入 2008 年，局势进一步恶化，有着悠久历史的美国四大投行之一的雷曼兄弟申请破产保护，贝尔斯登被摩根大通收购，美林被美国银行收购，美国政府宣布接管房地美和房利美。

受美国影响，金融危机席卷世界，各国股市暴跌，截至 2008 年 12 月 22 日，美国道琼斯指数下跌了 35%，跌去了十年的涨幅，日本日经指数下跌了 44%，英国股市跌幅超过 1/3，法德两国股市跌幅均在 40% 以上。俄罗斯股市跌幅超过 70%，中国股市本轮熊市最大跌幅达 72.82%（见图 1）。

在金融危机的打击下，主要发达国家经济增速大幅减缓。美国 2008 年三季度 GDP 负增长 0.3%，这是自 2001 年经济衰退以来的最高水平，预示着 1/4 个世纪以来最严重的经济衰退可能到来。日本 2018 年三季度国内生产总值较前一

[①]　齐勇，副教授，中国政法大学商学院。

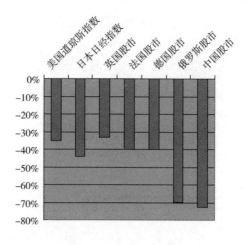

图1　各国股市跌幅图

季度下降0.1％，连续第二个季度收缩，日本经济已经进入了衰退期。法国工业生产总值也出现了负增长。德国和英国预计明年也将出现负增长。

中国经济也未能独善其身，出口、进口、金融市场都受到影响。海关总署的进出口数据显示，2008年前8个月，我国外贸出口额增幅下行放缓的趋势明显，这是由于美国、欧洲的外部需求降低造成的。国内进口商品成本增加，石油、铁矿石等进口大宗产品价格居高不下。美元走软将会带动人民币走弱，从而带来汇率风险。同时，国内金融市场的信心也遭到重创，美国一批金融业百年老店相继破产，给中国投资者心理蒙上了一层阴影。国内金融机构也由于持有次级债券而受到直接损失。在多重因素的作用下，2008年中国经济增长率大幅度降低，大批企业陷入困境，失业率上升。

二、危机原因的马克思主义分析

当前的经济危机是由美国金融市场泡沫的破裂引发的。从某些方面来说，这次危机与第二次世界大战结束后每隔4年至10年爆发的其他危机有很大的不同。以往的经济危机往往是从实体经济开始的，但是这次却发端于虚拟经济。

经济危机产生的原因是什么呢？最开始，在西方经济学中没有危机的概念，这是因为资产阶级经济学者把资本主义看作人类历史上最完美和最成熟的制度，他们不承认资本主义存在其自身不能解决的根本矛盾，所以他们对经济危机的分析是很少的。直到1929—1933年，资本主义世界爆发了空前严重的经济危机，凯恩斯经济学弥补了西方经济学理论的空白，解释了萧条的成因。凯恩斯以有效需求不足为逻辑起点，侧重从经济行为主体的心理角度分析经济危机的原因。

他认为，社会总需求是消费需求与投资需求之和，心理上的消费倾向使消费的增长赶不上收入的增长，因而引起消费需求不足；心理上的灵活偏好及对资本未来收益的预期使预期的利润率有偏低的趋势，从而与利息率不相适应，这就导致了投资需求的不足。在这3个产生有效需求不足的心理因素中，凯恩斯特别强调资本边际效率的作用。他认为，在经济繁荣后期，一般人对资本品未来收益做乐观预期，同时成本和利率也随之上升，这时投资必然导致资本边际效率下降，从而使投资吸引力减弱，人们对货币流动偏好加强，结果投资大幅度下降，经济危机爆发。

值得注意的是，在2008年金融危机中，出现了所谓的萧条经济学的回归。2008年获得诺贝尔经济学奖的克鲁格曼认为，金融危机的根源不在于货币政策和财政政策，而在于"有效需求不足"，因此他提出"如何增加需求，以便充分利用经济的生产能力"，这其实是凯恩斯主义的药方。

对于这场危机的成因，有很多不同看法。有人认为，美国投资市场以及全球经济和投资环境过去一段时期持续积极、乐观情绪，部分美国银行和金融机构违规操作，忽略了按揭贷款、证券打包行为的风险。而美国金融监管当局特别是美联储过去一段时期实施由松变紧的货币政策，并放松了对金融衍生品市场的监管，最终引发了一系列的问题。这种观点可以用一句话概括——"格林斯潘要对经济危机负责"。

然而，上述看法流于表面，没有抓住经济危机产生的根本原因。马克思认为，资本主义经济危机是生产过剩的危机，但这种过剩不是生产的绝对过剩，而是相对过剩，即相对于劳动人民有支付能力的需求不足的过剩。资本主义的基本矛盾是经济危机爆发的根源。生产的社会化和生产资料资本主义私人占有之间的矛盾是资本主义的基本矛盾。这一矛盾有两个具体表现：一是个别企业内部生产的有组织性和整个社会生产的无政府状态之间的矛盾，二是资本主义生产无限扩大的趋势同劳动人民有支付能力的需求相对缩小之间的矛盾。基本矛盾的激化导致资本主义经济危机的爆发。正如马克思在《资本论》中所说："一切真正的危机的最根本的原因，总不外乎群众的贫困和他们的有限消费，资本主义生产却不顾这种情况而力图发展生产力，好像只有社会的绝对消费力才是生产力发展的界限。"

马克思的论断是针对资本主义的，但是对初级阶段的社会主义也是适用的。这是因为资本主义和初级阶段的社会主义都以市场经济为基础，生产无限扩大的趋势同劳动人民有支付能力的需求相对缩小的矛盾在社会主义初级阶段同样存在。以房地产市场为例，一方面，房地产市场低迷，大量商品房积压，一些地方政府纷纷出台政策扶持房地产企业，甚至政府官员出面喊话号召买房子力挺房地产企业，另一方面，大量普通居民的居住面积和居住条件很差，买不起房子。

需要说明的是，马克思主义者对经济危机的原因也有不同的看法，这种不同不是本质性的区别，只是考察的重点和切入点不同。

南京财经大学教授何干强指出，马克思主义经济学关于资本主义经济的基本矛盾及其衍生的资本金融化、虚拟化及金融市场中投机、赌博和欺诈盛行的论述，对解释当前危机具有根本的指导意义。河南大学教授巫继学认为，虚拟资本无节制地背离实体经济是危机爆发的根源所在，财富分配的两极分化，高科技带来的效益被少数人获取，是危机爆发的深层原因。

有专家认为，劳动价值论和剩余价值论是分析资本主义运行机制的切入点。在马克思的经济理论体系中，资本家唯一的目标是把剩余价值不断地转化为新的追加资本，导致资本积累呈现出脱离社会需要而无限扩张的态势。也有专家指出，金融危机也让人们想起马克思在《资本论》第 3 卷着重研究的虚拟资本理论。马克思深刻地分析了虚拟资本的产生机理、基本属性、运行规律以及虚拟经济和实体经济的关系。游动资本对产业链上游的过度投机造成了通货膨胀，游动资本对金融体系的过度投机造成了金融危机，通货膨胀和金融危机共同构成了现代经济危机，现代经济危机通过产业链上游和金融体系两个角度对实体经济造成损害。当游动资本的投机开始时，其对实体经济的危害并不明显，然而当投机本身也难也为继时，危机就爆发了。由于资本的全球性流动，现代经济危机不会局限于单一国家，而是扩散于全世界。1997 年东南亚金融危机就是现代经济危机的典型代表。

现代经济危机是资本全球化的结果，由于资本主义对资本自由的普遍迷信，单一国家各自的监管已不奏效，必须对经济产业链的上游和金融体系进行国际性监管，将游动资本固化到产业范围内。目前来看，对资本的国际性监管仍是一个任重道远的过程，现有的国际性经济组织如世界贸易组织、国际货币基金组织、世界银行等仍不能承担起这个重任，这就需要出现一个更完善的国际性经济组织。

三、走出经济危机的对策

从上面的分析中我们看到，经济危机产生的根本原因是群众的贫困和他们的有限消费与不顾这种情况而无限扩大的社会生产之间的矛盾。

美国为走出经济危机，主要采用向金融市场注资的办法，比如，直接接管"两房"，为金融企业的并购提供资金支持，实施 7 000 亿美元救市方案，将利率降低至 0 ~ 0.25%，计划直接从市场上购买债券和证券。总体来看，美国的方法是向金融市场注入流动性，防止金融企业和工业企业股价暴跌，避免出现大面积的破产。

中国为避免经济危机，主要采用积极的财政政策和宽松的货币政策，发挥宏观调控的作用，一方面实施 4 万亿刺激经济方案，大兴基础设施和重点工程建设，另一面不断降低利率和存款准备金率，力度非常大。总体来看，中国的方法是通过扩大政府投资，以期达到提振实体经济的目的。

比较中美两国的危机应对政策，我们可以看到，美国的政策主要是为金融资本家服务的，华盛顿用纳税人的钱为金融资本家的错误投资决策买单，7 000 亿美元的资金有相当部分流入了华尔街大老板的腰包。有报道称，救市资金有的直接作为薪酬或者奖金发给了金融企业的高管。这既不公平，也无效率，不可能解决美国经济的根本问题，也无法阻止局势的进一步恶化。中国的政策是以中央政府投资来带动地方政府投资，以政府投资来带动社会投资，总体来说是投资主导型，这种举措曾发挥过很大的作用，也有过成功的经验，但是也有很多的问题。政府投资容易产生重复建设问题，造成资源的极大浪费。同时，政府主导型的投资也易滋生贪腐现象，不如直接向全体居民发放 3 000 元/人的效果好，既改善了老百姓的生活，又直接拉动了内需。因此，要走出经济危机，必须改革收入分配制度，提高劳动者的收入，建立健全社会保障体系，从而有效拉动内需。

参考文献

[1]马克思. 资本论[M]. 1 卷,3 卷. 北京:人民出版社,1975.

[2]杨健生. 经济危机理论的演变[M]. 北京:中国经济出版社,2004.

[3]朱连波. 世纪阴影:经济危机[M]. 北京:北京大学出版社,2001.

[4]厄斯纳. 经济危机[M]. 北京:人民出版社,1956.

论日本女性经济学及其对中国的启示

支小青　滕雨桐[①]

摘要： "释放女性经济学的力量"作为安倍倡导"第三支箭"的口号，试图在老龄化日益严重、劳动人口持续减少的日本增加女性就业率，利用日本"闲置"的资源——女性劳动力拉动经济增长。基于增长核算理论，本文将对日本女性就业率与经济增长的相关性进行经验估算，根据研究结果对日本大环境下女性经济学进行政策评析，其经验及教训都对与日本有诸多共性的中国女性就业问题具有重大现实意义。

关键词： 女性经济学；就业；经济增长；中国女性

一、"女性经济学"提出的背景

日本在经济泡沫破灭后经历了"停滞的20年"，少子老龄化和日本经济长期低迷致使日本劳动力供应量不足。日本女性就业率从1993年的49%开始呈递减趋势，逐年下降到2003年的45.9%，在2003年到2007年小幅上升后，2008年开始再一次呈递减趋势直至2012年[②]。为此，安倍在2013年9月发表题为《释放"女性经济学"力量》一文，提出了"女性经济学"这一理念，并于2015年借由《日本复兴战略》正式出台了一系列结构改革举措，旨在缓解20世纪80年代至今日本经济持续的低迷状态。该计划旨在提高女性占管理层人员的比重以及扩大保育设施规模，借以提高日本女性就业率并拉动日本经济增长。

二、实证检验

（一）就业对经济增长的影响机制

根据增长核算方程，经济增长的直接因素与生产要素的增长和技术进步有关。设经济的生产函数为：

$$Y = AF(L,K) \tag{1}$$

其中 Y， K 和 L 分别表示总产出、投入的资本量和投入的劳动量。 A 代表经济的技术状况。将公式（1）中的变量替换为劳动变动 ΔL 、资本变动 ΔK 、技术

---

① 支小青，副教授，中国政法大学商学院；滕雨桐，经济学硕士，中国政法大学商学院。

② 数据来源于日本总务省：《平成22年劳动力调查年报》。

变动 ΔA，根据微分学知识及边际产量的概念，可将公式（1）变为：

$$\Delta Y = MP_L \times \Delta L + MP_K \times \Delta K + F(L,K) \times \Delta A \tag{2}$$

式中，MP_K 和 MP_L 分别表示劳动和资本的边际产量。将公式（2）两边同时除以公式（1），化简得：

$$\frac{\Delta Y}{Y} = \left(\frac{MP_L \times L}{Y}\right)\frac{\Delta L}{L} + \left(\frac{MP_K \times K}{Y}\right)\frac{\Delta K}{K} + \frac{\Delta A}{A} \tag{3}$$

在竞争性市场上，厂商使用生产要素的前提是，要素的需求量固定在使要素的边际产量等于要素实际价格的水平上，因此，公式（3）中的 $MP_L \times L$ 和 $MP_K \times K$ 分别表示劳动和资本的收益，$\frac{MP_L \times L}{Y}$ 就是劳动收益在产出中所占的份额，记为 α，$\frac{MP_K \times K}{Y}$ 表示资本收益在产出中所占的份额，记为 β。令 $G_Y = \frac{\Delta Y}{Y}$，$G_K = \frac{\Delta K}{K}$，$G_L = \frac{\Delta L}{L}$，$G_A = \frac{\Delta A}{A}$，则公式（3）变形为：

$$G_Y = \alpha G_L + \beta G_K + G_A \tag{4}$$

G_Y 代表产出增长率，G_k，G_L 分别表示资本和劳动的增长率，G_A 反映技术进步，如管理技术知识的进步以及技术进步带来的生产率的提高等[①]。

公式（4）表明，产出的增长可以由 3 种力量来解释，即劳动量变动、资本量变动和技术进步。理论上，经济增长与劳动投入增长的变化趋势存在一致性。因此，鼓励技术进步、资本存量的上升以及增加劳动供给会促进经济增长，而鼓励资本存量的上升主要归结为鼓励储蓄和投资。

（二）样本选择

基于本文的研究目标，本文将以就业率代表劳动量变动，以真实 GDP 增长率代表产出增长，资本投入增长率代表资本量变动，全要素生产率代表技术进步，并将就业因素进一步细化为女性就业与男性就业两部分，以研究日本女性就业与经济增长之间的关系。

本文使用日本实际 GDP 增长率、女性就业增长率、男性就业增长率、资本投入增长率和全要素生产率的年度数据，其中，实际 GDP 增长率由同年名义 GDP 增长率与当年通货膨胀率相减得出，数据均来源于世界银行。女性与男性就业增长率数据均来自日本总务省。资本投入增长率与全要素生产率来源于日本独立行政法人经济产业研究所数据库。由于数据的缺失和可用性，样本区间选取为 1971—2012 年，共计 42 年。

（三）日本女性就业与经济增长的经验估算

为了进一步检验日本女性就业是否与经济增长具有相关性，本文将使用经济

---

① 保罗·克鲁格曼、罗宾·韦尔斯，赵英军等译：《宏观经济学》，中国人民大学出版社 2009 年版。

计量模型与方法进行实证检验。本文计量检验结果由 Eviews 运算输出。

1. 单位根检验

为了避免对非平稳时间序列进行度量而出现伪回归现象，保证回归结果的无偏、有效和稳健性，本文采用 ADF 检验方法对上述变量进行平稳性检验。

表 1 给出了各变量序列的单位根检验结果。由单位根检验结果可以看出，实际 GDP 增长时间序列、女性就业增长时间序列、男性就业增长时间序列以及资本投入增长时间序列都为一阶单整。因此，四者间可能存在协整关系，可以进行协整检验。

表 1　变量的 ADF 单位根检验结果

变量	ADF 的检验值	各显著性水平下的临界值			p 值	结果
		1%	5%	10%		
实际 GDP 增长率	−2.798 7	−3.601 0	−2.935 0	−2.605 9	0.067 2	不平稳
D（实际 GDP 增长率）	−7.051 9	−3.610 5	−2.939 0	−2.607 9	0.000 0	平稳
女性就业增长率	−2.583 9	−3.605 6	−2.936 9	−2.606 9	0.104 6	不平稳
D（女性就业增长率）	−3.352 7	−3.605 6	−2.936 9	−2.606 9	0.018 9	平稳
男性就业增长率	−0.746 8	−3.605 6	−2.936 9	−2.606 9	0.823 0	不平稳
D（男性就业增长率）	−3.552 0	−3.605 6	−2.936 9	−2.606 9	0.011 5	平稳
资本投入增长率	−2.697 4	−3.601 0	−2.935 0	−2.605 9	0.083 1	不平稳
D（资本投入增长率）	−6.004 4	−3.605 6	−2.936 9	−2.606 9	0.000 0	平稳
全要素生产率	−6.437 5	−3.610 4	−2.939 0	−2.607 9	0.000 0	平稳

注：D 表示为对变量的一阶差分。

2. 协整性检验

为进一步检验上述检验得出的四个变量序列之间各自是否存在平稳的线性组合，即是否存在长期的均衡关系，需要对其进行协整性检验，Johansen 协整检验结果如表 2 所示。

表 2　三个模型的协整性检验结果

模型	检验变量	特征值	迹检验统计量	5% 显著性水平临界值	协整方程的个数
模型一	实际 GDP 增长率	0.250 3	17.848 5	15.494 7	没有 *
	女性就业增长率	0.146 2	6.323 5	3.841 5	至多一个 *
模型二	实际 GDP 增长率	0.227 8	10.531 7	15.494 7	没有
	男性就业增长率	0.004 8	0.193 5	3.841 5	至多一个
模型三	实际 GDP 增长率	0.232 8	20.279 3	15.494 7	没有 *
	资本投入增长率	0.215 0	9.680 5	3.841 5	至多一个 *

注：* 表示在 5% 的显著性水平上显著，不加标志表示统计上不显著。

由表 2 可知，实际 GDP 增长时间序列与女性就业增长时间序列、资本投入增长时间序列间存在稳定的协整关系，而与男性就业增长率不存在协整关系。

3. 格兰杰因果关系检验

上述协整性检验表明，长期来看，虽然实际 GDP 增长时间序列与女性就业增长时间序列以及资本投入增长时间序列存在稳定的相关关系，但并不确定实际 GDP 增长时间序列与两者存在因果关系，因此，需要对三者变量进行格兰杰因果检验。

在检验因果关系时，由于因果方向对滞后期 n 的选择非常敏感。本文利用赤池信息准则（AIC），滞后期分别选择为 2、3、4、5 和 6 进行综合考虑，检验结果见表 3 与表 4。

表3　女性就业增长率与实际 GDP 增长率的格兰杰因果检验结果

检验变量	零假设	滞后期	F 值	P 值	结论
女性就业增长率，实际 GDP 增长率	女性就业增长率不是引起实际 GDP 增长率变化的格兰杰原因	2	0.377 9	0.688 1	女性就业增长率不是引起实际 GDP 增长率变化的格兰杰原因
		3*	3.302 2	0.032 6	女性就业增长率是引起实际 GDP 增长率变化的格兰杰原因
		4	1.601 6	0.200 5	女性就业增长率不是引起实际 GDP 增长率变化的格兰杰原因
		5	1.056 7	0.406 5	女性就业增长率不是引起实际 GDP 增长率变化的格兰杰原因
		6	0.842 0	0.550 7	女性就业增长率不是引起实际 GDP 增长率变化的格兰杰原因

表4　资本投入增长率与实际 GDP 增长率的格兰杰因果检验结果

检验变量	零假设	滞后期	F 值	P 值	结论
资本投入增长率实际 GDP 增长率	资本投入增长率不是引起实际 GDP 增长率变化的格兰杰原因	2	1.729 0	0.192 3	资本投入增长率不是引起实际 GDP 增长率变化的格兰杰原因
		3	2.069 3	0.123 9	资本投入增长率不是引起实际 GDP 增长率变化的格兰杰原因
		4	0.947 14	0.451 0	资本投入增长率不是引起实际 GDP 增长率变化的格兰杰原因
		5	0.301 2	0.907 7	资本投入增长率不是引起实际 GDP 增长率变化的格兰杰原因
		6	0.304 2	0.928 3	资本投入增长率不是引起实际 GDP 增长率变化的格兰杰原因

由表 3 可知，当滞后期选择为 2 时，拒绝女性就业增长率不是引起实际 GDP 增长率变化的格兰杰原因的犯错概率为 68.81%，由此可知，女性就业增长率不是引起实际 GDP 增长率变化的格兰杰原因。但当滞后期选择为 3 时，可推翻原假设，得出女性就业增长率是引起实际 GDP 增长率变化的格兰杰原因的结论。随后，当滞后期分别选择为 4、5 和 6 时，得到与滞后期选择为 2 时同样的结论。

由表 4 得出，当滞后期选择 2、3、4、5 和 6 时，拒绝原假设的犯错概率都高于 5%，因此，资本投入增长率不是引起实际 GDP 增长率变化的格兰杰原因。

4. 计量结果

通过上述单位根检验、协整性检验以及格兰杰因果关系检验的结果可知，虽然日本实际 GDP 增长率与日本女性就业增长率、日本资本投入增长率有稳定的相关关系，但结果表明，只有在滞后期为 3 时，日本女性就业增长是日本实际 GDP 增长的格兰杰原因，即日本女性就业增长率的提升可增加日本实际 GDP 的增长，而日本资本投入的增长对实际 GDP 增量无作用影响。

因此，"女性经济学"的提出对时下日本经济复兴和增长具有长远意义。上述结果也表明，日本女性的经济作用可见一斑，提高日本女性的经济活跃度，如何运用"休眠的""闲置的""浪费的"资本是日本是否能摆脱经济停滞的关键。但是否"女性经济学"能同理论上一致拯救日本经济，还需要多方面的考量。

三、政策分析

(一)"女性经济学"

"女性经济学"作为"安倍经济学"其中一项补充性政策，旨在针对日本经济长期低迷和少子老龄化的背景，通过扩大女性就业（量的增加）以及提高女性管理层比重（质的改善），促进日本经济增长，实现日本新增长战略的目标。通过前文的历史背景和实证检验不难发现，"女性经济学"有其必然性和现实意义。提高女性就业率，利用"闲置"的劳动力提升日本经济增长，是经济发展必需也是必经之路。

(二)日本"女性经济学"面临的困境

前文的实证分析支持了"女性经济学"的逻辑，但放到当下的现实中，政策的合理和严谨并不等同于有效实施。目前，日本社会中存在许多阻碍女性就业的因素。

1. 根深蒂固的性别观念

纵观日本历史上女性的社会地位（除武家社会形成之前），日本男性和女性在家庭中是男外女内的相处模式，在经济上是支配与被支配的主从关系。日本女性地位卑微，从平安时期封建经济的发展起，男子在农业中的优势逐渐凸显，继而到镰仓时代，武家文化的出现以及中国儒家伦理纲常的影响，女性一直被视作男性的附庸。直至明治维新，才使女性的行为和思想得到解放。战后直至 20 世纪 80 年代，《日本国宪法》《教育基本法》的出台相继给予日本女性基本受教育权利和相应的尊重。石油危机后，由于日本实现了产业结构升级，第三产业的迅速发展也给日本女性提供了就业机会。

即使这样，历史背景和固有的文化传统与观念依旧是难以彻底改变日本女性就业处境和待遇的一个重要原因。日本劳动当局对 5 万家企业进行的调查报告显示，20 年前，日本女性的月薪是男性的 60%，如今，这一差距仍保留在 73% 的高度不平等状态。

在日本，长期存在男主外女主内的社会分工、男女同工不同酬、女性职务晋升机会少于男性等女性受歧视的现象，大大挫伤了女性就业的积极性。对不利的制度安排和企业惯例进行彻底改革并非易事，改革效果更是未知数。①

2. 日本税制改革

日本超过 80% 的女性自主选择为非正式就业，主要原因是迎合日本税制和社会保险制度。1960 年，日本税收制度规定，如妻子收入低于某一额度，丈夫的个人所得税可按扣除需要抚养配偶部分的起征点计算。这一"配偶特别扣除"制度本是为消除工薪阶层与企业主的税负不平，但也间接地说明了男主外女主内的"主流"观点。1985 年，日本提出女性年金制度，若妻子收入低于约 103 万日元，可作为"第三号保险人"随有正式工作的丈夫加入国民基础年金，不需缴纳保险费即可领取退休金。因此，在这一制度下，如果妻子收入超过约 103 万日元，则会提高家庭总支出，从而降低家庭总收入。

因此，在日本税制偏向无正式工作的妇女的条件下，日本女性对就业选择更加持保留意愿，不利于就业率的提高。更中立的税制改革和社会保障方式才会帮助女性提高工作能力和社会参与度，这无疑也是日本政府推进"女性经济学"重中之重的一环。

3. 日本老人鲜少介入孙辈抚养

日本没有如中国父母那样代为照顾下一代的传统，又囿于托儿所数量稀缺、幼师数量不足等原因，导致 300 多万的产后女性放弃就业。首先，日托数量稀缺主要原因有二：一是在日本，托儿所的抗震能力和逃生的安全系数被视为其是否能被建造的关键因素，要求的烦琐和精细导致建立新的托儿所计划难以实施；二是日本对噪音的容忍度极小，建立的托儿所大多因为周围居民投诉噪声过大而被搁置。幼师离职率居高不下一是因为幼师身心的巨大压力，二是幼师薪资待遇并不高，据日本政府进行的薪资调查，日本幼师的月薪在所有职业收入中排行末位。综上种种原因，致使日本女性为子女的抚养不得不放弃就业，选择成为全职主妇，这也成为提高日本女性就业率的阻碍因素之一。

---

① 车维汉："日本就业政策特征分析及其对我国的启示"，《经济研究参考》，2002 年，第 89 期，第 39 ~ 40 页。

（三）日本"女性经济学"的政策效应

日本总务省统计局女性就业结果表明，自 2013 年"女性经济学"提出，2014 年，女性年均就业率升至 47.1%，同比 2012 年的 46.2% 增长 0.9%，2014 年增长为 47.6%，2015 年继续维持增长态势，达到 48%，2016 年则为 48.9%。显然，此政策推出后，日本女性就业率同比逐渐增长，呈稳步上升趋势。

在男女就业收入差距方面，日本内阁府公布的《2015 年男女共同参画白皮书》表明，2014 年，女性就业者与男性就业者在规定劳动时间内所得收入差距与 2013 年相比缩小了 0.9%。并且在 2014 年，女性在管理层中所占的比例同比上一年小幅增长，系长级增长 0.8%，课长级增长 0.7%，部长级增加 0.9%。

四、日本"女性经济学"对中国女性就业的启示

中国与日本同受儒家文化的影响，虽然中国女性就业率远高于日本，但在市场经济快速发展的背景下仍存在许多共性的问题。比如，人口老龄化加剧、女性保护权益意识不足、不平等的性别待遇等。因此，对日本"女性经济学"的研究和分析，对发展我国的女性经济学有着重大的现实意义。

（一）发展女性经济学，缓解人口老龄化带来的劳动力不足

《中国老龄产业发展报告 2014》已明确指出，相较于法国、美国、德国、日本等发达国家，中国仅仅用了 18 年（1981—1999）就进入了老年社会。这也侧面地表明，中国老龄化具有增速快、未富先老的特点。老龄人口的迅速增加不仅给国家财政带来了沉重的负担，同时也必然在未来的某一时刻带来如同日本现如今一样的劳动力不足的困境。如今日本面临的问题，我国在未来的几年或者十几年同样会面临。因此，发展适合中国国情的女性经济学，鼓励全职妇女选择再就业，不失为一种促进经济增长的方法。例如，通过加强对外开放、吸引外资、国有企业改革、乡镇企业改制等举措来提升中国女性的地位及就业率，从而缓解劳动力不足的问题。

（二）提高女性维权意识

日本的"配偶特别扣除"制度和"第三号保险人"制是以家庭为单位，充分考量了性别因素，为全职妇女的权益提供了保障。另外，日本在 2008 年提出新的"离婚时厚生年金分割制"，该制度规定，离婚时无论丈夫的意愿，作为全职主妇的妻子可以自动得到丈夫厚生年金的一半，并且该制度规定，婚姻时间越长，妻子分割到的厚生年金越多。

中国家庭主妇的未来并非如此平等。我国《婚姻法》第 40 条规定，夫妻书面约定婚姻关系存续期间所得的财产归各自所有，一方如若付出较多的义务，离婚时有权向另一方索要补偿，但前提是夫妻持有书面约定，在中国鲜少有夫妻会签署约定。更何况在安倍"女性经济学"的文章中提到的"熟年离婚"并让女

性走出家门再就业，更是不易见到。

我国的社会保障是以个人为单位缴纳费用，相较于全职妇女，这样的权益保障机制与日本对比稍显不合理。毕竟女性是劳动力市场中的弱势群体，中国女性与日本女性一样承受着兼顾生育和家庭的双重负担，因此，在承担相同的劳务工作及劳务时间内，女性更应该享有健全的社会保障制度和关怀。

因此，健全法制建设成为重中之重，完善相关的法律法规，包括在司法执行中的具体相关条例，在保障公平公正的前提下，尽可能做到维护和保护女性权益。在教育方面，国家应加大推进女性权益的宣传和普法教育，走近城乡社区及其他偏远地区，注重帮助女性提高自我维权意识和能力。在执法方面，虽然维护女性权益的法律法规已出台不少，但在执行时还存在很大的差距。能否保障女性权益不单在于出台了多少法律条文，制定了多少条框，更重要的是当其权益受到损害时，是否有相关部门能出面捍卫女性权益，落实相应的法规赔偿，保护女性的名誉及地位。国家应具体落实执行部门及监督部门，以更加有效的方式保障女性权益，相关措施也应落实到位。因此，提高女性维权意识不单能消除女性在家庭中的不利态势，建设文明和谐家庭，提高整个家庭的思想道德素质，还能鼓励女性消除固有的传统观念，走出家庭。

（三）提高平等意识

2015 年世界经济论坛发布的《全球性别差别报告》显示，我国职业女性的经济机会排名仅处于 81 位，不光低于美国等发达国家，也低于菲律宾等发展中国家。同时，我国男女性收入差距较大，并且女性仍然面临着职业层级低的问题。由此可见，中国同样面临着与日本相同的职业性别差异对待的问题。

为女性就业创造公平的竞争机会，向日本学习，颁布相应的法律，给予女性优越的工作环境与无差别的工作机遇和待遇，不仅是促进女性就业，而且是提高女性积极性的制胜之路。关键还是要将任务落实到机构和个人，比如，美国根据1964 年民权法设立了独立的平等就业机会委员会，专门制定并执行反就业歧视的联邦立法，并由联邦财政支持，处理晋升、解雇、薪金、雇佣等一系列不平等的就业问题，以及在肤色、种族、性别和信仰等方面的歧视案件。反观中国，并没有相关机构可以处理以上问题，男女就业优势不对等一直以来都是一个难以解决的社会问题，2007 年出台的《就业促进法》和 1992 年出台的《妇女权益保障法》虽然是反歧视基本法和反性别歧视法的立法，依旧存在规定不足、政策性过强法制化过弱的问题，更不用说设立反就业歧视专门的管辖治理机构。

因此，在立法层面，国家应针对各种歧视问题制定详细且具体的法律法规，如中国还没有具体的反残疾歧视法；在执法层面，国家应在立法阶段规范执法的程序，构建执法机构建设，健全执法监督机制，提高执法效率；在就业者方面，应及时进行正确的法律意识和维权意识的宣传和教育；在雇主方面，应提高雇主在公平就业机会方面的相关认识，进行定期的教育宣传工作。

参考文献

[1]日本总务省.平成 22 年劳动力调查年报[EB/OL].http://www.stat.go.jp/data/roudou/report/2010/index.htm,2017.

[2]保罗·克鲁格曼,罗宾·韦尔斯.宏观经济学[M].赵英军,等,译.北京:中国人民大学出版社,2009.

[3]杨河清.论日本就业状态的变化及其影响因素[J].人口与经济,2001(6).

[4]车维汉.日本就业政策特征分析及其对我国的启示[J].经济研究参考.2002(89).

[5]张乃丽,刘俊丽.日本女性就业与经济增长的相关性研究[J].日本学刊,2015(3).

[6]师艳荣.日本女性 M 型就业模式的变迁及发展趋势[J].日本研究问题,2013(1).

实质自由与经济发展

——对阿玛蒂亚·森经济伦理思想的解析

支小青　杨晓静[①]

摘要： 经济学早期是作为伦理学的一个分支发展起来的，之后逐渐偏向"工程学"的逻辑思维，20 世纪后，主流经济学渐渐失去了"道德"的支撑并日趋"无伦理"。但经济学解释现实问题仅有科学的技术逻辑是不够的，还必须关注经济学背后的伦理问题。阿玛蒂亚·森致力于恢复和重建经济学与伦理学之间的关系，在继承了从古到今诸多经济伦理思想的基础上，强调经济发展要注重人的全面发展，并提出了一种信息基础更广、包容性更强的衡量经济发展的价值判断标准——可行能力。

关键词： 阿玛蒂亚·森；经济伦理；可行能力；实质自由

一、继承与批判——森经济伦理思想的理论渊源

（一）对自然法则中的经济学伦理化特征的解读

早在古希腊时期就出现了被我们称为"经济学伦理化"的理念，其中具有代表性的就是亚里士多德的"自然法则"。亚里士多德作为古希腊思想的代表，在其《政治学》以及《伦理学》等著作中均有涉及经济伦理问题，最突出的就是对"自然法则"的阐述。"自然法则"较通俗的解释是：人类的认知准则是基于自然基础而来的，因而"自然"就是人类社会一切行为举止的准则和尺度，"合乎自然"就是事物的运动不是出于强制。只有在合乎正义和公平的前提下，人们的经济行为才有意义和价值，这就是一个适度的自然法则。对财富的追求本质上是合理的、自然的，但对个人基本需求之外的财富的追求则是违背自然法则的，因而追求财富必须适度。在自然法规框架下，人们才能够推行市场中的慈善等一系列符合伦理道德的行为，打压高利贷等违背伦理道德的行为，保证社会秩序有序运转，平衡人与人之间的不和谐关系……以上种种皆为自然法则中经济伦理思想的体现。森曾指出，在《尼各马可伦理学》开篇，亚里士多德就把经济学与人类行为的目的联系起来，指出了经济学对财富的关注。但在更深的层次上，经济学的研究还与人们对财富以外的其他目标有关，包括对更基本目标的评

---

① 支小青，副教授，中国政法大学商学院；杨晓静，经济学硕士，中国政法大学商学院。

价和增进。森认为，经济学研究最终必须与伦理学研究和政治学研究结合起来这一观点在亚里士多德的著作中已有体现①。显然，自然法则是阿玛蒂亚·森经济伦理思想的理论渊源之首。

（二）人性理念的矛盾与平衡

亚当·斯密的人性理念具有双重含义。在《道德情操论》一书中，斯密追求的是利他的世界，遵循的是利他主义，也就是尽最大努力将经济市场当中活跃的"经济人"转变为"道德人"；在《国富论》一书中，斯密却从利己的角度来论述市场经济主体如何实现利益的最大化，目的是把市场经济主体塑造成一个完整的经济人。曾有学者将斯密关于人性的利己与利他的双重定义看作其经济伦理思想的自相矛盾，从而提出了引起热议的所谓"斯密问题"。人性中利己与利他当真是相互矛盾的吗？其实不然。对于生活在经济社会中的个体而言，只有将自己的行为置于利己的框架之下，才能最大限度地发挥自己的劳动潜能，从而为自身以及社会创造更多的利益，进而刺激整个经济社会的持续发展。可见，每个人在利己心的驱动下实现自我价值的同时也在创造社会价值。而一个有利己心的人如何在社会环境中控制自己，维持整个社会的公正与规律，从本质上讲与利他具有内在一致性，这也恰是斯密的题中之意。与亚里士多德的自然法则相比，斯密的人性理念从自然哲学的视角回归到了经济生活的主体即人的视角，促使人们关注人性对经济生活的影响，将人视为其经济伦理思想的出发点，体现了人本身的重要价值。

（三）森的思想同自由全面发展观的相似之处

马克思的发展观对森的影响与20世纪五六十年代马克思主义运动的活跃有一定关系。马克思的思想体系具有浓厚的伦理经济特点，对人的自由全面发展给予了高度关注，认为发展的本质是对人的终极关怀。站在人自身发展的角度来看待社会发展问题，是马克思自由发展观的逻辑起点，也是其经济伦理思想的核心内容。森与马克思一样注重人的自由发展。马克思在对经济发展问题进行研究时，将经济发展的落脚点定位到人身上，重视社会的公平自由对人的影响；森的可行能力发展观同样从人自身的实质自由出发，关注人本身的发展。同时马克思认为，无论是形式自由还是真实自由，在资本主义制度下都很难实现，因此，应当以社会变革的方式推动社会向前发展，为人的自由全面发展提供良好的社会环境，这与森提出的"发展是自由的手段"有相似之处。此外，在对权利进行探讨时，森也大量引述了马克思的人权观点，论述了马克思所坚持的权利不可能先于政治体制的观点。②

---

① 阿玛蒂亚·森：《伦理学与经济学》，商务印书馆2014年版，第9页。

② 阿玛蒂亚·森：《以自由看待发展》，中国人民大学出版社2013年版，第233页。

（四）对已有自由与正义价值评价框架的批判

森在继承以往经济伦理思想的同时，也批判了包括边沁的功利主义、罗尔斯的正义论、诺齐克的自由至上主义在内的已有价值评价框架。

功利主义长期以来就是道德哲学和福利经济学领域中占主导地位的学说，正如乔治·施蒂格勒所说："经济学说史中最重要的哲学体系是功利主义。"[①] 边沁功利主义的核心思想是"提倡最大幸福"，也就是追求效用的最大化。阿玛蒂亚·森认为，作为一种道德标准，功利主义可以分为 3 个方面，即"福利主义""总和排序""结果主义"。森认为，功利主义方法将社会评价需要的比较排序仅仅体现在成就方面，并把成就等同于效用，这种方法使功利主义在评价社会和个人时将信息焦点集中在个人效用的比较中。然而，每个人的效用函数不同，同一个人在不同状态下的效用函数也不同，相同的选择行为和需求函数在不同情况下也无法得出相同的效用函数。所以当我们用效用作为评价标准时，不仅无法正确反映福利，而且存在狭隘的信息基础，这就是功利主义中"福利主义"的狭隘的信息一元论。

所谓公平，是指前提公平和目标公平，即正义原则不仅在公平的最初状态下被普遍接受，而且能产生一个公平的结果。正义论的核心观点就是，每个公民都享有平等的自由权利，个人的自由权利神圣不可侵犯。因此，正义论是自由与公正相结合的价值评价标准。正义理念通常又包含社会正义和个人正义两个部分，而罗尔斯所阐述的正义是基于前者，相比个人正义，他更关注社会正义。罗尔斯把正义观视为社会发展的基石，将正义理解为"作为公平的正义"。罗尔斯否定了功利主义仅仅把效用作为社会判断的基础，取而代之的评价标准是"基本善"，即"每个理性人被假定都想要的东西"。"基本善"实际上是一种被拓宽了的个人利益概念，强调"平等自由原则"的优先地位，罗尔斯认为，社会中每个公民享有自由权利的平等和神圣不可侵犯。森认为，"基本善"虽然关注自由，但它更倾向于关注实现自由的手段与方式，并不是关注自由本身。

诺齐克的自由至上主义主要表现在其权利正义观上。他认为，每个人都拥有权利，这种权利在任何状态下都是不能被侵犯的。在他的观念中"权利"是指自然状态中的个人权利，是所有人都拥有的而不是来自立法规定的法律上的权利，包括言论自由、信仰自由、政治自由、人身自由等自由权以及其他相关权利，其中最重要的是个人的财产所有权不可被侵犯，每个人都有权利决定如何支配自身自由和劳动力自由，有权收获其劳动成果。总之，诺齐克认为，个人对自身的生命权、自由权和财产权等都有绝对的权利，就算是为了社会整体福利而压制或牺牲个人权利，也是绝对不能允许的。

森对上述 3 种体系都进行了批判。首先，森认为功利主义的信息基础狭隘，

---

① 乔治·施蒂格勒：《经济学家和说教者》，上海三联书店 1990 年版，第 26~27 页。

效用虽然是反映福利的一种便捷指标，但效用是人的主观心理表现，很容易因环境的改变而改变，难以具体量化，因此，用效用来衡量自由与权力的内在价值是一种错误的分析方式，这种用效用来衡量福利的观念是一种一元论的信息观。罗尔斯的正义论强调"基本善"，在一定程度上体现了经济学中的伦理思想，但由于罗尔斯把正义局限于政治范围内，忽视了人作为"最普遍的人"所追求的善，将这种善看成是实现自由的手段而不是自由本身，这就有很大的局限性。诺齐克的自由至上主义虽然倡导权利的内在价值，却不考虑权利分配的平等性，忽视权利运用时会产生的后果。理想的自由发展分析方法是用可行能力分析框架把个人享有的权利置入事件状态的结果评价之中加以考察。

二、实质自由——森经济伦理思想的核心

（一）从可行能力角度理解实质自由

森的自由观是在"实质"意义上提出的，森在阐述实质自由观时引入了"可行能力"这一概念，他认为一个人选择有理由珍视的生活的实质自由即可行能力。一个人的"可行能力"是一种功能性活动组合，这一组合体现了人们想要拥有的自由，功能性活动即个人实际达到的成就，而可行能力便是个人有实现这些成就的自由。"功能性活动"的概念源于亚里士多德，它是指个体认为有价值的或认为值得去做的事情或状态，包括不受饥荒困扰、免于疾病纠缠甚至参与政治选举等各方面的活动。一个人享有的自由与可行能力的实现息息相关，一个人为达到自己想要珍视和追求的符合自身价值观的生活的可行能力就是自由。例如，一个没有选举权的人和有选举权但未投票的人所具有的可行能力是不同的，虽然他们最终都未投票，结果似乎没什么不同，后者是可以选择投票而前者是根本无选择投票的权利。这样一来，一个人能获得多少他所想要享有的功能性活动，就有多大的能力获得可行能力。显然，可行能力分析框架的关键是掌握好可行能力与实质自由之间的关联。

（二）实质自由的两个层面——过程与机会

森提出的实质自由就是人的可行能力的实现。实质自由不仅包括个人享有自由的"机会"，也包括个人选择自由的"过程"。以可行能力来判别的自由，不仅涉及个人所享有自由的"机会"，即实现自由的能力，还包括个人选择自由的"过程"，即实现自由的手段。森对于自由的机会层面的分析，主要基于阿罗有关社会选择偏好方面的理论，在分析自由与偏好之后，他提出了个人"最低限度的自由"。自由的过程层面包含了自由的机会层面未涉及的一些内容，这就要求人们在决策时不仅要达到某种最终状态，还要考虑达到这种状态的方式。

自由的机会层面与过程层面之间存在非常明显的对照。具体来说，自由的"机会层面"是指人们有这样一种能力，这种能力使他能够追求自身所珍视的最终目标，至于如何实现这一目标，也就是追求这一目标的过程，并不在"机会层

面"考虑的范围内。与此相对应的自由的"过程层面"所重视的就是一个人获取自由的过程，也就是说，无论他追求自由所产生的结果怎样，只要保证他能够自由地选择自己想要的东西，不受外界的干涉与阻挡，那么，自由的"过程层面"就得到了实现。森提出，不能只把注意力集中于自由的过程层面（如自由至上主义），或将分析点局限于机会层面（如后果主义），而应当以一种宽广的全面综合的视角来看待自由、机会与过程。机会与结果同等重要，不应偏重机会不顾结果，也不能为了结果不择手段，平衡二者的关系才能实现全面自由发展。

（三）自由作为发展的目的和手段

森摒弃了将经济增长等同于经济发展的狭隘的发展观，否定单纯以财富和效用作为判断标准的片面的自由观念，取而代之的是一种体现实质自由的发展观，即将自由视为发展的评价基础，将发展看作拓展人类所拥有的自由空间的过程，并将自由作为判断社会选择的价值标准。

人特别强调自由是发展的首要目的。森认为，自由具有自带价值的属性，它无须通过他物来证明自身的价值，因而对人类社会的发展而言，自由本身就是一种永恒的追求和幸福的要素。对经济发展而言，自由是基本前提和保证，也是评价一种机制发展有效性的最基本的因素。按照这一思想，要想实现人类社会的发展以及经济社会的繁荣稳定，就必须重视实质自由的实现。因此，重视实质自由的作用对自由的维护以及扩展是十分必要和关键的，而自由也对人类的经济社会发展起到"工具性作用"和"建构性作用"

工具性自由作为发展的手段，体现自由怎样通过权益、机会、权利等方式来实现人类的经济发展，从而保障人类的一切基本需求。工具性自由主要体现在政治自由、经济条件、社会机会、透明性保证和防护性保障5个方面。人类的基本政治权利应得到保证，每个人都拥有一个可以对经济资源进行消费或交换的机会，交易的各项环节应完全公开，社会保障、教育等方面必须得到合理有效的安排，政府宜提供安全网以让人们免遭生存威胁……诸如此类。森认为，实现实质自由的这种主观能动性的可行性并不只意味着个人在享受福利或者资源上的优势条件，即个人的发展不仅是个人财富和效用的增加，还应当享受政治权益，应当具有运用经济资源的机会，应当享有社会教育、医疗保健等机会，应当对社会事务具有知情权，也应当享有防止遭遇深重痛苦、挨饿或死亡的保障……显然，森开创性地提出从实质性自由的角度看待发展，否定了"人的发展仅仅是富国才支付得起的某种奢侈品"的信念，证明了发展的最终目的是为了寻求人的完全的自由。

三、贫困的本质是可行能力的被剥夺

森的实质自由观强调实质自由的实现是人的全面发展的重要组成部分，实现人的实质自由是经济发展的前提条件。实质自由不仅是发展的最终目的，同时也是实现经济发展的重要手段。为理解森的理念在现实生活中的应用，选取贫困问题这一当今世界普遍存在的热点问题来分析森的思想运用是十分必要的。

（一）贫困问题的本质

从森的实质自由观来看，贫困问题本质上是权利的被剥夺，确切地说是可行能力的被剥夺，个人是否拥有可行能力是贫困能否解除的重要因素。个人对商品是否有绝对的支配力取决于个人所拥有的权利与拥有权利后体现出的能力，公民能否支配一个商品，取决于这个人所拥有权利的多少，公民的权利是否被剥夺可以从此人对商品的支配权中看到。同理，如果公民在对可以预防的疾病与死亡面前依然无能为力，那么，代表此人的权利在某种程度上已经被剥夺了。贫困问题本质上就是权利剥夺问题。不论是内在权力还是外在权力，只要它出现在公共的视野范围，就会被视为判断贫困与否的先决条件①。

（二）贫困问题的度量：森的贫困度量指数

传统方法中，人们常用"收入法"来测量贫困，根据两种贫困指数来计算总贫困。一种是穷人人数度量，即度量贫困发生率（绝对贫困指数），另一种是贫困缺口度量，即全体穷人的收入与特定贫困线的差距的总和，也就是穷人的平均收入与贫困线的差距的百分比。两种度量方法各有局限性。

阿玛蒂亚·森将贫困人口数量的多少与收入多少及收入分布状况结合起来，以一种更为直观的数据来度量贫困程度，提出了考虑穷人收入分配不平等的贫困衡量法。森在构建其贫困指数时，用 P 表示贫困的程度，H 表示贫困发生率，I 表示贫困缺口率，G 表示贫困者的收入分配的基尼系数，则贫困指数：

$$P = H \times [I + (1 - I) \times G]②$$

当基尼系数在所有贫困人口的收入一致时为 O，也就是 $P = HI$；当贫困人口的比率与贫困缺口的平均数不变时，贫困程度 P 就会随着基尼系数的增长而增长，这就体现出贫困基数以下的贫困者们在收入上存在的区别。由此可见，贫困程度 P 是贫困基数之下人们收入差与贫困总数和贫困缺口之间的体现。森的贫困指数为我们分析贫困问题提供了新的思考，其实践价值已经得到了广泛的认可、运用与改进，其中包括将通过单一的收支水平来进行贫困度的判断更改为通过综合指数来对这一问题进行判断，如 FGT 贫困指数。

（三）森对贫困问题的分析

阿玛蒂亚·森的贫困理论与方法迥异于传统贫困度量，传统贫困度量的最大问题不只限于敏感性较弱，还有对贫困性质的片面理解。通常，贫困首先是源于收入的缺乏，由此，各国消除贫困的政策倚重于各种形式的收入再分配也就不奇

---

① 阿马蒂亚·森，让·德雷兹：《饥饿与公共行为》，社会科学文献出版社 2006 年版，第 15 页。
② 阿玛蒂亚·森：《贫困与饥荒》，商务印书馆 2014 年版，第 51 页。

怪了。森没有否定收入对人们生活方式的重大影响，但认为贫困的根本原因需要通过具体生活环境与生活背景等方面进行整体考量，而不能只是单纯地通过收入水平来判断。

森的贫困度量指数是为了解决个体福利问题，它的目的是通过定义自由与权利，以增加个体福利来解决贫困问题，从而提高贫困者的可行能力。森表示：只有准确解读贫困与剥夺，了解它们的真正成因，才能真正通过提高可行能力来解决贫困问题，也才能将注意力从获取手段转为有目的的追求并进而转为使目的得以实现的自由[①]。不过森认为，通过可行能力框架来解释贫困问题并没有否认收入低和可行能力被剥夺之间的密切关系，事实上，二者的关系是双向的。一方面，收入是可行能力提高或者降低的重要手段，低收入可能导致饥饿、疾病、得不到良好教育；另一方面，可行能力的提高或降低反过来也会影响人们获得收入的能力，享有良好的教育和医疗同时也能提高获取收入、摆脱贫困的能力。所以在森的可行能力视角下，贫困可以表现为低收入，但贫困的根本原因是人们获取收入的能力，即可行能力被剥夺。

森之后提出，我们需要绝对重视自由且通过自由来实现发展的可能性，以自由的角度看待发展，提高自由的绝对关注度。他认为，经济的增长进程应当是通过解决个人的贫困问题而使社会经济更为快速稳步发展，个人要想获得自由，首先必须在物质方面不被束缚，其次还要以其他可行能力能够实现为前提。森通过结合政治与权利等因素进行分析，提出社会繁荣发展的过程本身可能就是导致贫困问题产生的主要因素。

四、基于森的可行能力发展观的终极思考

从森经济伦理思想的理论渊源及核心内容可以看出，其经济伦理思想的核心是：以实质自由看待经济发展。对此需要从发展和自由两个角度来解读森的经济伦理思想。

首先，什么是发展？在森的经济发展理念里，发展的关键是经济繁荣，发展的前提是经济增长，但经济增长并非是发展的主要目的。森认为，GDP等传统指标仅仅是衡量经济发展的手段，而不是发展所真正追求的目标。森对发展的理解体现在他对人的生活状况以及能力、权利实现的关注上。"以人为本"是森可行能力发展观的核心。森的可行能力发展观是关于平等、正义与自由的学说，将"人的发展科学"作为终极目标。森对发展的解读表达了他对"人的价值高于一切"的信念的追求。在他看来，发展既包括了个人物质能力的实现，这一能力强调个人内在需要的满足；又包括个人实现其所珍视的功能性活动的转换能力，这一能力强调个人主观能动性的实现。森的理论强调发展向人这一主体的回归，强

---

① 阿玛蒂亚·森：《以自由看待发展》，中国人民大学出版社2013年版，第87页。

调发展作为扩展人们享有实质自由的一个过程的重要意义。简言之，这种可行能力发展理念的终极目标在于实现人的内在功能与实质自由。

其次，什么是自由？森对自由的理解体现在对发展理论的伦理考量上。他认为，自由其实就是一种可行能力，凭借这一能力，个人能实现他认为有价值的功能，个人有实质自由意味着一个人可以选择他所认为的有价值的生活。森对自由的理解与应用的创新之处体现在他对自由的研究不仅局限于对自由本身进行定义与思辨，而是将自由的概念与其他价值概念结合在一起加以分析，同时将自由与不平等问题、贫困问题以及发展问题等相联系，在其相互作用关系中阐释自由的概念、价值与实现方式，无疑是其将经济学与伦理学贯通融合的体现。

森的可行能力发展观将自由与可行能力作为发展的衡量标准，可以为我们解决现实经济社会问题提供独特的视角。森的理论把对贫困以及歧视的关注重点由传统的收入视角过渡到可行能力，能够让人们更加深入地了解平等，为妥善解决贫困与不平等提供了与传统理论迥异的思路。在对收入贫困与可行能力贫困进行概念区分时，绝不可忽视两个概念的内在联系。一般而言，收入对可行能力会有很大影响，可行能力是获得收入所必须具备的能力，当人们的可行能力得到增强后，通常收入也会相应地得到提高，因而我们不应当只重视从收入提高到可行能力提高这一单向联系，同时也要重视从可行能力的提高到收入大幅提高这一反向的联系。

因此，理论研究中必须看到收入贫困与可行能力贫困之间存在的双向联系，实践操作中须谨防将减少收入贫困作为解决贫困问题的终极目标的做法。如果用狭隘的收入剥夺的观点来看待贫困，就混淆了解决贫困问题的目的和手段的差别。因此，森认为需要通过现实中能够获得的权利和所享有的自由等方面分析贫困问题，这意味着提高可行能力才是解决贫困和剥削问题的有效手段。通过提高人们的可行能力来扩展人们获取收入的能力，借由可行能力的改善来直接或间接地帮助贫困者改善生活，才是最终解决贫困问题的最有效的路径。

作为"经济学界的良心"，森用实质自由的发展观念看待经济发展，将经济学回归到伦理学的研究领域中。可行能力分析框架的核心在于增强可行能力，从而最大限度地释放个人能力，让人们认识到人是经济进步的核心所在，正常的社会应该让人们具备个人选择的自由。人类进步是人的自由的延伸环节，是创造足够的条件来实现人的可行能力。森的发展观将发展问题的研究分析从推动物质财富增长的角度转变到以自由看待发展的可行能力观的角度，进而诠释了发展的"包容性"，从而提出发展不单要关注经济总量的提高，还需要关注人的权利的实现与转变。发展的最终价值标准理应是自由，也就是人们能够遴选自己最理想的生活的可行能力，这正是理论发展的进步意义所在，也是经济学回归伦理学的巨大意义所在。

参考文献

[1]亚里士多德．政治学[M]．吴寿彭,译．北京:商务印书馆,1965.

[2]约翰·罗尔斯．政治自由主义[M]．万俊人,译．上海:译林出版社,2000.

[3]约翰·罗尔斯．正义论[M]．何怀宏,等,译．北京:中国社会科学出版社,2001.

[4]亚里士多德．尼各马可伦理学[M]．北京:商务印书馆,2002.

[5]亚里士多德．物理学[M]．北京:中国人民大学出版社,2003.

[6]阿马蒂亚·森,让·德雷兹．饥饿与公共行动[M]．苏雷,译．北京:社会科学文献出版社,2006.

[7]马克思．资本论[M]．1~3卷．北京:人民出版社,2008.

[8]亚当·斯密．道德情操论[M]．北京:中央编译出版社,2008.

[9]罗伯特·诺齐克．无政府、国家与乌托邦[M]．姚大志,译．北京:中国社会科学出版社,2008.

[10]亚当·斯密．国富论[M]．北京:中央编译出版社,2010.

[11]马克斯·韦伯．经济与社会[M]．下、下册．上海:上海人民出版社,2010.

[12]阿玛蒂亚·森．正义的理念[M]．王磊,李航,译．北京:中国人民大学出版社,2012.

[13]阿玛蒂亚·森．理性与自由[M]．李风华译．北京:中国人民大学出版社,2013.

[14]阿玛蒂亚·森．以自由看待发展[M]．任赜,于真,译．北京:中国人民大学出版社,2013.

[15]斯坦利·L．布鲁、兰迪·R．格兰特．经济思想史[M]．8版．北京:北京大学出版社,2014.

[16]阿玛蒂亚·森．贫困与饥荒[M]．王宇,王文玉,译．北京:商务印书馆,2014.

[17]阿玛蒂亚·森．伦理学与经济学[M]．王宇,王文玉,译．北京:商务印书馆,2014.

[18]阿玛蒂亚·森．论经济不平等[M]．王利文,于占杰,译．北京:中国人民大学出版社,2015.

[19]厉以宁．经济学的伦理问题[M]．北京:生活·读书·新知三联书店,1995.

[20]厉以宁．超越市场与超越政府——论道德力量在经济中的作用[M]．北京:经济科学出版社,1999.

[21]汤剑波．重建经济学的伦理之维[M]．杭州:浙江大学出版社,2008.

[22]闵凯．伦理经济思想溯源及视角演化[D]．长春:吉林大学,2014.

[23]曾召国．阿玛蒂亚·森的经济伦理思想研究[D]．武汉:武汉大学,2012.

"复数基轴货币"体系改革"美元本位制"缺陷的思考[①]

张毅来[②]

摘要：2007 年开始席卷全球的美国次贷危机和曾经的 1997 年东亚货币金融危机存在一定的共通性，这就是"美元本位制"所固有的内在缺陷。本文在解析这些缺陷的基础上，提出通过深化东亚货币金融合作，最终构筑"复数基轴货币"的国际货币体系，并且详细阐述了这个体系对当前"美元本位制"各种内在缺陷存在的潜在改善机制。

关键词：美元本位制；复数基轴货币体系；国际货币体系；美国次贷危机；东亚货币金融危机

2007 年开始席卷全球的美国次贷危机和曾经的 1997 年东亚货币金融危机引发了许多思考，这两场国际经济危机其实具有深刻的内在共通性。这个共通性就是当前的国际货币体系——"美元本位制"所固有的内在缺陷。改革"美元本位制"的各种方案中，"复数基轴货币"体系是值得我们认真思考的，本文将对此进行探讨。

一、两场国际经济危机的共通性——"美元本位制"的缺陷

当前"美元本位制"缺陷的焦点在于美国独享"负债结算"的"货币霸权"。"美元本位制"的主要特征体现在以美元作为国际基轴货币。所谓国际基轴货币，就是最强大的国际货币，它在国际上充当货币间兑换的中介货币，具备货币兑换的自然便利性，必然也就可以在民间层面充当"标价货币""结算货币"，在国家层面充当"基准货币""介入货币""储备货币"。可见，对大多数国家而言，要想维持正常的国际交易，就必须使用大量的美元。同时，当前世界主流汇率制度是浮动汇率制，也就是说，美国可以不必太在意美元价值的变化[③]

---

① 中国政法大学"新入校青年教师科研启动资助计划"（2012 年度），中国政法大学校级科学研究项目资助（项目号：1061/20116046），中国政法大学青年教师学术创新团队支持计划资助项目（16CXTD07）。

② 张毅来，副教授，中国政法大学商学院。

③ 在布雷顿森林体系的固定汇率制下，美国的国际结算能力名义上尚有黄金储备限制，使美国不得不更关注美元价值的变动。

而大量印刷美元，这些美元大部分被其他国家需求和使用着，这是一种除美国以外其他国家所没有的特权，可以说是美国独有的"货币霸权"，而这样的"货币霸权"体现在美国的国际收支上，就形成了连年巨额的经常项目收支赤字。也就是说，美国通过常年的经常项目收支赤字，向世界源源不断地供给其印刷品——美元，同时源源不断地获取其他国家的商品和劳务。从国际收支表上看，对应这些巨额经常项目收支赤字的是同等规模的资本项目黑字，也就是说，不断有他国的美元又再次回流美国，从账面上实现了美国的动态国际收支平衡。回流的目的是多样的，但为了规避美元汇率变动风险，甚至寻求美元资产升值，或者为了进行必要的国际结算是其中主要目的。当然，每年账面平衡的美国国际收支掩盖了美国过度印刷美元的真相。需要注意的是，除了部分回流美国的美元，还有相当部分继续滞留在了美国境外，这可以从日益膨胀的欧洲美元市场来体现。具体来说，在布雷顿森林体系刚刚崩溃后不久的1972年，欧洲美元市场的规模是0.09兆美元[①]，而到2010年的时候，这个规模已经膨胀到了号称5兆美元的规模，也就是说不到40年膨胀了56倍。而同时期的美国名义GDP扩张多少倍呢？1972年的名义GDP是1.2兆美元，而2010年的名义GDP是14.6兆美元，扩大了仅12倍。[②] 可见自布雷顿森林体系崩溃以来，美元的发行速度远远大于美国实体经济的发展速度，美元过剩是显而易见的。美国巨额的资本项目黑字其实是其他国家借给美国的钱，因此对美国而言实质上是负债。美国实际上是通过资本负债来进行最终国际结算的，也正因为如此，这种结构又被称为美国享有"负债结算"的"货币霸权"，这就是当今国际货币体系的根本缺陷，是迫切需要考虑如何变革的重大课题。[③]

在当前这种国际货币体系下，过剩货币资本全球范围内的过度投机和汇率不稳定性相辅相成，互相推波助澜成为一种常态。在这个背景下，各国汇率的不稳定性与需要汇率稳定以保障各国国际交易的需要之间存在根本矛盾，推动了本意是用来规避各种金融风险的金融衍生品的高速发展。但这些金融衍生品只是转嫁了个体风险，对个体风险的规避有一定作用，但在风险转嫁过程中又会导致风险连锁，结果局部风险很容易扩散成整体风险，最终反而增大了整体风险，而衍生商品对整体风险是无能为力的。更糟糕的是，金融衍生商品在现实中往往被用于高风险、高收益的国际投机交易，更加严重地扰乱了正常的国际金融市场秩序，进一步增加了整体风险。

在这样的背景下，随着各国开放金融市场，实现全球范围内的资本账户交易自由化，以过剩美元为中心的巨额过剩货币资本能够利用各国货币汇率的变动和

---

① 奥田宏司.1999.ドル体制の変遷と現局面［J］.経済学研究，九州大学経済学会，（66-4）.

② 《美国国民经济统计年鉴》。

③ 张毅来："关于当前国际货币体系——对'美元本位制'内在缺陷的思考"，引自黄立君、岳清唐主编：《全球化与中国经济》（第2辑），首都经济贸易大学出版社2014年版。

金融资产的利率差获得巨大投机收益，因而在各国到处"流窜"成为常态，造成了全球过剩的国际资本移动。在一定条件下，如果这种规模的资本发生单向移动，就很容易对一国货币正常汇率构成严重干扰，这种干扰程度早已凌驾于很多国家当局的控制力之上，1997年的东亚货币金融危机只不过是其中一个例子而已。同时，即便是当前这种国际货币体系的最大受益者——美国，也同样存在巨大的风险，它很容易通过风险连锁造成全球性金融危机。比如，2007年发生的影响全球的美国次贷危机就是表现之一。跳出美国当时金融界存在的严重道德风险和风控问题等技术和操作层面因素，需要强调的是，由于美国享有"负债结算"的"货币霸权"，促成了美国长期的经济繁荣局面，这助长了美国泡沫经济的发展。由于这次危机爆发在国际基轴货币国——美国，在全球范围风险连锁的条件下，形成了由美国的局部房地产市场风险迅速发展成为波及全球的世界金融危机。

需要注意的是，尽管这次危机的影响至今未完全消除，但这尚不是最危险的情况。在当前的国际货币体系下，国际基轴货币国——美国的双赤字规模仍在不断扩大，在此背景下，对美元价值的质疑长期存在，在一定条件下，倘若发生美元暴跌事件，届时整个国际交易的价值体系都有可能崩溃，它造成的危害之大将是空前的，最终也将反噬美国。在这样的大背景下，各国都不可能独善其身，因此有必要认真考虑如何改革当前的国际货币体系。作为早在1997年就深受"美元本位制"缺陷其害的东亚各国，更应有动力认真思考如何改革"美元本位制"的问题。

二、地区深度货币金融合作的必要性

不可否认的是，只要存在国际基轴货币，那其相对于其他货币就必然存在上述不对称关系，也必然存在"货币霸权"。那么，如何改革"美元本位制"、解决美元"货币霸权"、形成较为对称的货币关系呢？首先，如果根据"$N-1$理论"①，完全实现各货币之间的平等对称关系是不现实的。此外，尽管世界统一货币和世界中央银行的终极解决方案也很容易设想，但毕竟在可预见的相当长历史时期内是难以实现的，所以各国都有必要认真思考更为现实和可操作的方案。对此，构筑"复数基轴货币"改革"美元本位制"的方案是值得认真考虑的，而深化东亚的货币金融合作和经济一体化是实现这个方案的重要途

---

① 假设世界存在N种货币，那么，如果要实现各货币完全独立的兑换关系，也就是各货币之间能够直接进行兑换的话，就必然产生$N(N-1)/2$对汇率。现实中，由于存在190多个国家货币（或地区货币），因此要实现所有货币都能直接兑换而不通过基轴货币加以中介的话，所有国家都将必须同时管理着庞大的汇率体系，这是极其低效和不现实的。要解决低效问题，就有必要使这N种货币中的一种成为各货币兑换的中介，使其他所有货币都以这个货币标价，那么，世界各国就仅需要$(N-1)$对汇率就能够形成完整的货币间兑换价格体系，并以此为依据实现高效率的货币间价值交换。

径之一。

众所周知，在 1997 年爆发的东亚货币金融危机之后，东亚各国为了防止类似危机再度重演，针对这次危机的一些独特发生机制实行了一系列国内改革和区域国际合作[①]。这些成果无疑是积极和重要的，但也是非常初步的，因为这些方法尚属于治标不治本，这个"标"是那次危机的独特发生机制，而这个"本"就是上述详细分析的"美元本位制"缺陷。当然，从根本上改革国际货币体系的"本"并不容易。首先，单纯依靠一国之力很难改变"美元本位制"，这是因为一国货币一旦成为国际基轴货币，就自然具备比其他货币更便捷的兑换性，进而具备更低的兑换成本和兑换风险，如此又进一步强化了其国际基轴货币的地位，形成良性循环，具有很强的"惯性"，因此，在很长的历史时期内，别的国家货币根本就难以取代。在美元确立国际基轴货币地位后，试图挑战美元地位的最具代表性的实践例子有两个，一个是日元国际化的失败例，另一个是德国马克国际化的成功例。[②] 20 世纪 80 年代初开始，日本就利用其世界第二大经济体的实力开始积极独立推动日元国际化，但时至今日，日元的国际化进程也并没有太大起色，经济上的根本原因还是最终没有能够克服美元作为国际基轴货币的"惯性"。与其相对照的例子是德国马克在欧洲地区顺利地实现国际化，并最终成为欧洲地区的基轴货币。德国马克的成功经验与欧洲各国深度的地区货币金融合作——欧洲货币体系（EMS）密切相关。可以说，如果没有欧洲各国的深度货币金融合作，就不可能有德国马克在欧洲地区的基轴货币化。不仅如此，之后不久，欧元的最终形成帮助加盟的欧洲国家最终摆脱了国际交易中不得不使用美元的尴尬境地，摆脱了必须使用美元进行国际结算的宿命，使这些国家至少在自己的区域内极大程度地克服了"美元本位制"所带来的危害。[③] 对此，自 20 世纪 90 年代后期开始，日本也开始反省其自身的日元国际化战略，提出通过深化东亚货币金融合作，首先试图实现日元的"亚洲化"战略。可见，一国货币在短期内是很难依靠单打独斗有效克服和改变美元的国际基轴货币地位的。因此，要想改革"美元本位制"，集结多国力量共同应对才是较现实的方法。但即便如此也绝非易事，相对于涉及极其复杂利害关系的全球范围内的多国合作，首先实现具有较多共同利益的地区性多

① 张毅来："当今国际货币体系的构造缺陷与东亚货币金融危机的内在联系"，转引自：陈明生、巫云仙主编：《全球化与中国经济》，首都经济贸易大学出版社 2013 年版。

② 关于货币国际化的评价标准有很多，本文鉴于"基轴货币是最大最强的国际货币"这一特点，将以某个国家的主权货币是否能够成为或者接近成为国际或地区基轴货币为标准来评价其国际化的成功程度。

③ 比如，由于集结了地区各国的经济力量，因此，面对国际货币金融投机的抵御能力获得很大提高；由于国际交易中不再必须使用美元，自然规避了美元价值波动对各国国际交易带来的不良影响，规避了因使用美元而必然负担的"国际货币发行税"；由于使用地区共同货币，使地区国家之间的交易成本降低，促进了地区内交易的发展，等等。

国合作更具有可操作性。① 欧元就是目前最成功的实践。

随着东亚经济的高速发展，东亚地区展现出了前所未有的整体欣欣向荣的局面，地区经济一体化进程也日益加速，地区各国的共同利益不断增强。在这样的历史背景下，未来如果在东亚最终能够实现共通区域货币——亚元，那么将形成以美元、欧元、亚元为中心的新的国际货币体系——"复数基轴货币"体系，以取代"美元本位制"。这个新的国际货币体系将相对"美元本位制"更有利于形成货币间更公平、公正的关系。需要明确的是，东亚深度的货币金融合作不单对各参与国有利，也符合世界其他国家和地区的利益。当然，不可否认的是，即便是这样的地区合作方案，也并非短期内简单就能实现的。但我们首先需要明确的是这个方案所具备的改革国际货币体系的潜能，否则如果连前景和目标都不能明确的话，行动将更加难以为继。因此较详细分析和了解"复数基轴货币"体系对"美元本位制"的改革机制就显得尤为重要。

三、"双基轴货币体系"中潜在的基轴货币的竞争机制

尽管欧元的形成使其成员国在欧洲地区摆脱了以美元作为货币兑换中介的束缚，使这些国家在欧洲地区摆脱了美元作为国际基轴货币的影响，对改革"美元本位制"起到了积极的促进作用。对这一点的理解，我们首先需要了解支撑美元货币霸权的一股重要国际资本循环。

从图1我们可以明确：美国首先通过经常收支赤字向其他国家供给大量美元，其中主要是经常收支黑字国家获得美元后，又使这些获得的美元中的相当部分再次回流美国。其中，从国家公共部门来看，很多经常收支黑字国家获得美元后，为了保持其必要的流动性和保值，多热衷于购买美国的短期国债；而从民间部门来看，这些国家的企业（包括银行）为了进行必要的国际结算或者美元资产的保值增值等目的，也热衷通过对美国银行的存款储蓄、证券投资、直接投资等金融投资方式，使所获的美元资金大量回流美国。这样的国际资本循环，长期使资本流入基本抹平了其经常收支赤字，使美国在不发生危机的情况下国际收支账面得以平衡，这种情况如果换成美国以外的其他任何国家，早就发生严重货币金融危机了，根本难以为继，这只有货币霸权国才能做得到。在这个资本循环中，美国恰好扮演了国际资本中介角色，成为世界唯一的中央兼商业银行。之所以这样的国际资本循环能够成立，是由于一直以来，美国以外的经常收支黑字国家除了把所获美元运用到上述各种美元资产之外，别无其他更好的资产选择。随着欧元的登场，这种国际资本循环出现了变化的可能性，这是我们所不能忽略的。为了将这种可能性简单明确地呈现出来，我们暂且假定欧元是能够匹敌美元

---

① 对此，李晓、丁一兵（2005）称为"次善的选择"。但与笔者不同的是，同氏（2010，2011）并不认为东亚货币金融合作具有改变"美元本位制"的潜力。

的另一个国际基轴货币。在这样的假定下，将会出现类似图2的新的国际资本循环。

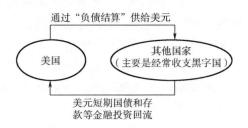

图1 支撑美国"负债结算"霸权的国际资本循环

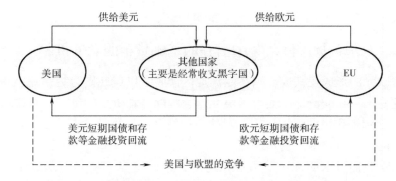

图2 "双基轴货币体系"下美元和欧元的竞争假象图

从图2可以看出，当假设欧元是能够匹敌美元的另一个国际基轴货币时，国际货币将成为"双基轴货币体系"。在这样的体系下，其他国家与欧盟之间也将出现与美国之间类似的国际资本循环。这里与"美元本位制"的情况相区别的重点在于，欧盟与美国之间产生了竞争关系。具体来说，如果作为国际基轴货币的欧元和美元实力相当的话，其他国家将能够将美元金融资产换成欧元金融资产，其结果必将使回流美国的美元资本减少。那么，美国为了确保其他国家的美元资本能够继续回流以支撑其"负债结算"的话，就必须持续提供比欧元资产回报率（如利率）更高的回报率，或者降低投资风险。因此，为了稳定国际投机家对美国经济的投资评价，防止出现不利于美国的投机行为，美国必然将更为谨慎地处理本国经济问题。如此一来，对美国而言就可能出现遵守更强的货币金融政策纪律，改善其经常收支赤字的内生动力。当然，这样的竞争局面对欧盟同样存在。因此，无论美国还是欧盟，即便主观上不想改善经常收支赤字，但只要同时存在另一个国际资本的回流渠道，就会因这个渠道的存在分流相当部分本应回流本国（或本地区）的国际资本，所以在这样的体系下，无论美元还是欧元，其作为国际基轴货币的"负债结算"能力都会大打折扣。也就是说，美国与欧盟之间产生了相互牵制作用，这样的竞争关系将有可能对"美元本位制"的美元霸权形成较强的制约。但是这样的制约成立的前提是欧元必须是能与美元匹敌的国际基轴货币，并对其他国家来说，美元金融资产和欧元金融资产必须是对等的。遗憾的是，欧元至今也没有成为与美元匹敌的国际基轴货币，自然，欧元金融资产在其他国家眼中也尚不能与美元金融资产真正相提并论。正因为如此，图2所描绘的"双基轴货币体系"在现实中并没有实现。况且，即便这样的"双基轴货币体系"能够实现，对包括中国在内的东亚各国而言，由于既非美国也非欧盟成员，与基轴货币之间的货币非对称问题依然存在，所以也绝非最好的国际货币体系。对东亚各国来说，就不得不考虑其他的解决途径。

四、"复数基轴货币体系"才具备改革"美元本位制"的能力

二战后，欧盟各主要国家[1]对美国都曾保持长期的经常收支黑字，对支撑二战后确立的"美元本位制"起到了支柱性作用。由于欧盟国家较早意识到自己与美国在"美元本位制"中的不对称地位，加之地区整合的传统理想等综合因素，促成了该地区包括地区货币金融合作深化在内的政治经济整合，首先出现了德国马克在地区内的基轴货币化，紧接着又出现了地区共同货币——欧元。如此一来，各国特别是欧盟各国就能以德国马克和后来的欧元金融资产代替美元金融资产，回流美国的资本开始急剧减少，这直接造成了美国在欧盟地区"负债结算"能力的丧失。虽然这一历史性事件严重动摇了美国作为国际基轴货币的地位，但如上所述，尚不能使"美元本位制"彻底崩溃。其原因除了欧元尚没有形成与美国匹敌的另一极国际基轴货币的因素之外，还有一个重要的原因在于，支撑美国"货币霸权"的资本来源并非仅仅来源于欧盟各国，其主要来源还包括东亚各国[2]。

在东亚，从中国和日本这两大经常收支黑字国家回流美国的美元是东亚各国中最多的。特别是进入20世纪90年代以后，中国经济的高速发展带来了中国外汇储备（主要是美元）的激增，其中的大部分又以购买美国国债的方式回流美国。关于这一点可以从表1中加以确认。

表1　东亚各国持有的美国国债数额　　　　单位：10亿美元

世界排名	国家（及地区）	数额及比率
1	中国（大陆）	868.4
2	日本	836.6
7	中国香港	137.8
8	中国台湾	130.2

---

[1]　如法国、德国、意大利等。

[2]　此外，还包括一些石油输出国。但其拥有的"石油美元"规模已远远不能与东亚所拥有的美元规模相提并论。

续表

世界排名	国家（及地区）	数额及比率
13	泰国	60.9
15	新加坡	52.7
17	韩国	41.6
31	菲律宾	13.7
34	马来西亚	11.7
东亚各国持有美国国债总额		2 153.6
世界各国持有美国国债总额（美国除外）		4 212.9
东亚各国占世界各国持有美国国债总额的比率		51.1%

数据来源：美国财政部：联邦准备制度，*Major Foreign Holders of Treasury Securities*，2010 年 10 月 18 日。

表 1 反映了至 2010 年 8 月末东亚各国所拥有的美国国债的规模，从中可以确认，中国和日本是美国国债的最大买主，如果加上其他持有美国国债的主要东亚国家所有的美国国债数额，东亚保有的美国国债总额高达 2 兆美元以上，占了除美国以外世界各国持有美国国债总额的 51% 以上。可以说，当前东亚各国，特别是各经常收支赤字国家以购入美国国债的形式使巨额美元再次回流美国，已经形成了支撑当今美元霸权的一大支柱。讽刺的是，早在 1997 年东亚货币金融危机中就已经饱尝"美元本位制"缺陷所带来巨大苦果的东亚各国，如今正肩负着支撑"美元本位制"的"重任"。正因为如此，东亚各国必须认真考虑如何才能摆脱这种尴尬的局面，改革"美元本位制"。而改革的重点之一就在于如何减少当前东亚各国回流美国的巨额美元资金，因为当前这一股国际资本循环支撑了美国的"负债结算"，支撑了美元的"货币霸权"，而这正是"美元本位制"的核心。对此，欧元的经验是值得东亚各国认真思考的。

如果东亚各国能够真正致力于深化东亚货币金融合作，仿效欧元构筑成另一个地区共同货币——亚元，那么，国际上就能形成由美元、欧元、亚元三个基轴货币形成的"复数基轴货币体系"，代替"美元本位制"，一举解决其固有的内在缺陷。具体来说，如果能够构筑亚洲共通货币，那么，东亚各国目前为了维持本国货币与美元汇率稳定而不得不持有的巨额美元储备将不再必要，因此，来自东亚各国公共部门的美元资金回流额将大幅减少。同时，由于使用了区域内的共通货币，那么，区域内的国际结算将能够以其代替美元，这将导致目前东亚各国民间部门为了进行国际结算而不得不持有的巨额美元储蓄也大幅减少。更重要的是，随着亚元的各种金融资产的不断充实和亚洲债券市场的发展等，有利于持有亚元的基础建设的完备，东亚各国所持有的大量资本将更多地滞留在本地区，形成对本地区进一步发展的有力支撑，减少目前回流美国的数额。这样，无论从公共部门来看，还是从民间部门来看，当前支撑起美元"货币霸权"的来源于东亚各国的美元回流都将大幅度减少，这将导致美国的"负债结算"结算能力的衰减，使美国的"货币霸权"受到极大制约。在这样的局面中，在上述"双基轴货币体系"中无法真正实现的基轴货币之间的竞争，也将随着美元作为基轴货币能力的大幅下降和另一基轴货币——亚元的崛起而真正实现。这是因为在当前"美元本位制"下，欧元之所以尚不能匹敌美元的主要原因在于东亚的经常收支黑字国（特别是作为世界第二和第三大经济体的中国和日本）对美国巨额资金回流强有力地支持了美元，造成当前美元一强独霸的局面，而在"复数基轴货币体系"下，东亚将脱离"美元圈"，来自于这一地区的对美国际资金回流将大幅减少，美元、欧元和亚元作为国际基轴货币的能力将大抵相当，只有这样，基轴货币间的竞争才能真正成为现实。也正因为如此，在"复数基轴货币体系"下，美国、欧盟以及东亚共同体都不能像当前美国在"美元本位制"下一样乱印钞票，这将极大改善目前美国乱印钞票导致的世界范围内的过剩货币资本及其带来的一系列问题，国际货币体系应相比目前将更加公正和稳定。而且在"复数基轴货币体系"下，在实力基本相当的三极基轴货币的基础上，世界范围内的货币金融合作也可能更加容易形成，从更长期来说，国际货币金融体系的终极目标——世界共通货币和世界中央银行的构筑也可能更加容易实现。

参考文献

[1]奥田宏司．ドル体制の変遷と現局面[J]．经济学研究，九州大学经济学会，1999,66(4)．

[2]李晓．ドル体制の持続可能性–東アジア通貨協力及び人民元国際[J]．国際金融，外国为替貿易研究会，2010,1217.

[3]李晓．东亚货币合作为何遭遇挫折[J]．国际经济评论，中国社会科学院世界经济与政治研究所，2011(91)．

[4]张毅来．当今国际货币体系的构造缺陷与东亚货币金融危机的内在联系［M］//陈明生，巫云仙，主编．全球化与中国经济．北京：首都经济贸易大学出版社，2013.

[5]张毅来．关于当前国际货币体系——对"美元本位制"内在缺陷的思考［M］//黄立君，岳清唐，主编．全球化与中国经济．2辑．北京：首都经济贸易大学出版社，2014.